新时代大学英语教学研究

冯建平 著

吉林大学出版社
·长春·

图书在版编目（CIP）数据

新时代大学英语教学研究 / 冯建平著. —长春：吉林大学出版社，2020.7
ISBN 978-7-5692-6758-7

Ⅰ. ①新… Ⅱ. ①冯… Ⅲ. ①英语—教学研究—高等学校 Ⅳ. ① H319.3

中国版本图书馆 CIP 数据核字 (2020) 第 137393 号

书　　名：新时代大学英语教学研究
XINSHIDAI DAXUE YINGYU JIAOXUE YANJIU

作　　者：冯建平　著
策划编辑：邵宇彤
责任编辑：赵雪君
责任校对：代红梅
装帧设计：优盛文化
出版发行：吉林大学出版社
社　　址：长春市人民大街 4059 号
邮政编码：130021
发行电话：0431-89580028/29/21
网　　址：http://www.jlup.com.cn
电子邮箱：jdcbs@jlu.edu.cn
印　　刷：定州启航印刷有限公司
成品尺寸：170mm×240mm　　16 开
印　　张：16
字　　数：297 千字
版　　次：2020 年 7 月第 1 版
印　　次：2020 年 7 月第 1 次
书　　号：ISBN 978-7-5692-6758-7
定　　价：65.00 元

版权所有　　翻印必究

前 言
Preface

　　德国的雅斯贝尔斯曾经说过"教育意味着一棵树摇动另一棵树，一朵云推动另一朵云，一个灵魂唤醒另一个灵魂"。新时代，随着中国越来越走向世界舞台中央，我们更需要讲好中国故事，传播好中国文化，发出中国声音。在这样的背景下，全国普通高校的大学英语教育与教学面临着前所未有的挑战。如何完善教学模式，如何发挥大学英语对各大高校、社会、国家的服务作用等都是所有英语教师必须面临的问题，同时也为教师提高个人教学和研究创造了宝贵的机遇。

　　国无德不兴，人无德不立。如果一个民族、一个国家没有共同的核心价值观，莫衷一是，行无依归，那这个民族、这个国家就无法前进。当代大学生的特征是求知欲强、有竞争性，同时又有可塑性。陶行知先生曾经讲过"你的教鞭下有瓦特，你的冷眼里有牛顿，你的讥笑中有爱迪生"，所以"爱人者，人恒爱之；敬人者，人恒敬之"。亲其师，信其道，教师真切的付出和对学生温暖的爱会使学生感受到幸福。

　　这几年是我国课堂教学发生深刻变化的几年。信息技术与高等教育教学的深度融合，老师们以混合式教学为契机，"微课""慕课""雨课堂"等被带到课堂，在完成专业知识教学的同时，也在不断培养提升学生的创新能力、沟通能力、解决问题的能力和实践能力，铺展了高校的人才培养、科学研究、服务社会和文化传承创新的壮丽征程。特别值得一提的是在2020年新冠肺炎面前，几乎全国所有高校开设了在线教学活动，这样规模空前的尝试首先就给学生传递了生命教育和责任教育，也使高校教师在以后的教学过程中越发重视线上教学与实体课堂的结合。

　　"三全育人"成为新时代高校教育的高频词，以提高学生核心素养为抓手，促进中国文化融入大学英语教学，全面推进"三全育人"工作，可以提升课堂的温度，启迪智慧、培养人格。

　　有关提高学生核心素养研究已经成为一大热点，外语界对提高学生核心素养的探索目前还没有完全成型。编者在已有的研究基础上，试图对新时代背景下大学英语教学进行研究。第一章探讨新时期高校英语教育与教学发展，重点涉及了 OBE（Outcome Based Education）教学理念和混合式教学，并对 2020 年新冠病毒疫情背景下，大学英语在线教学实施进行了深入思考，这些都推动了大学英语教学，体现了大学英语积极应对新技术挑战、主动服务国家战略发展的需要。第二章是关于大学英语应如何提高学生核心素养的相关内容，探讨如何将教师培养学生的家国情怀、个人品格、科学观等有机融入课程，做到春风化雨、润物无声。增强大学英语时代性、实效性和思想性。第三章是探讨中国文化融入英语教学，增强学生文化自信的问题。中国文化是大学英语提高学生核心素养的一个重要方面，中国文化有关内容应选择适合当代大学生的心智水平，增强学生的接受度和认可度的内容。第四章是编者与教师团队把提升学生核心素养中的中国文化融入英语教学的案例展示。第五章是教师成长，教师成长是需要学校和教师个人为了共同的目标而互相支持的，之所以要有备课组和教研室，是将个人的发展需要和团队的进步相结合，因为一个人可以走得快，一群人可以走得很远。专著最后一部分是结语和参考文献。

  编者对提升学生核心素养以及中国文化融入大学英语教学的方法做出了一些初步的有关理念、路径与方法的探索，都是刚刚起步，有一些收获的同时也有很多困惑，但更多的是触发了编者对英语教学最为本质的内涵进行了思索。编者认为中国文化融入英语教学可以应用混合式教学展开，教师可以主动利用教学资源在课堂内外加强与学生互动，帮助学生在获得知识的同时得到思想上的熏陶与成长，重新找回学生对课程和课堂的关注。

  本书得到了 2019 年贵州省高等学校教学内容和课程体系改革项目"文化自信视域下中国文化融入大学英语教学研究"（项目号：2019097）和 2019 年贵州省社会科学界联合会项目"新时代背景下贵州乡村教师能力素质提升机制创新研究"（项目号：GZLCLH-2019-070）以及 2020 年贵州省教育厅高校人文社会科学研究项目"新时代高校基层党建与课程思政建设协同育人研究"（项目号：）的大力支持，编者在此表示衷心感谢。

  本书在撰写过程中，参考了大量已有研究成果，在写作过程中以参考文献的形式进行了说明，但同时难免存在挂一漏万的现象，在这里我对所有的有关研究者表示敬意和感谢。同时非常感谢贵州理工学院外国语学院的所有教师对我编写此专著的大力帮助和支持。此专著纯属我当教师十余年来教学与育人实践之体会，都是一些零散不成体系的经验之谈，可以称之为教学拾零，所以如有不当之处，希望大家批评指正。

冯建平
2020 年 4 月于贵州理工学院

目 录
Contents

第一章　大学英语教学 / 1

第一节　大学英语教育与英语教学概述 / 2

第二节　新时代大学英语教学 / 6

第三节　疫情背景下大学英语教学实践与思考 / 42

附：编者所在学校线上教学教师适应性和需求调查 / 49

第二章　围绕"核心素养"协同育人 / 71

第一节　核心素养提出和意义 / 72

第二节　大学英语课程中核心素养的培养 / 81

第三节　培养学生核心素养的注意事项 / 88

第四节　高校基层党建和核心素养培养协同育人 / 93

第三章　中国文化融入大学英语教学 / 103

第一节　中国文化 / 104

第二节　中国文化融入英语教学 / 108

第三节　中国文化融入英语教学的缘由及意义 / 111

第四节　中国文化融入英语教学的策略与途径 / 118

第五节　地方民俗文化融入英语教学 / 127

第六节　传播中华文化讲好中国故事 / 131

第四章　中国文化融入英语教学的案例 / 135

　　第一节　慕课课程 / 135

　　第二节　慕课课程的录制 / 137

　　第三节　慕课课程内容 / 143

　　第四节　中国文化融入英语教学案例 / 168

第五章　教师发展 / 199

　　第一节　高校教师成长 / 200

　　第二节　教师成长途径与策略 / 205

　　第三节　助力乡村教师能力素质提升 / 206

　　第四节　高校进行教育扶贫之思考 / 224

　　第五节　永远在路上 / 232

结　语 / 235

参考文献 / 239

第一章　大学英语教学

"Tell me and I forget; show me and I may remember; involve me and I will learn."

"告诉我，我会忘记；给我看，我会记住；让我参与，我会理解。"

随着社会的发展，中国社会各个方面都有了较大提高，也越来越走向了世界舞台的中央，当今中国最鲜明的时代主题，就是实现"两个一百年"奋斗目标，实现中华民族伟大复兴的中国梦。

随着中国发展，教育是中国基本国策的先行者和受益者，同时教育也助推了国家的发展。在中国刚刚恢复高考之时，高等教育属于千军万马挤独木桥，当时的毛入学率特别低，大约是2.7%，在高校的人数大约是228万人。随着社会的发展，到2016年为止，我国有2 852所普通高校，在校生达3 647万人。中国的高等教育在世界教育规模中比例达到20%。中国教育发展立足中国实际国情，扎根中国，融通中外，在借鉴吸取外来经验教学的同时，结合自身实际探索提出了一系列新的教育理念、育人模式和教学方法等，同时中国的教育为解决全球教育发展的诸多难题提供了新的方案。

全世界三分之一的人讲英语，45个国家的官方语言是英语，75%的电视节目用英语播出，80%以上的科技信息是用英语表达，全球互联网信息90%以上是英语文本信息。英语已成为全球的通用语言，这是由经济全球化趋势和英语的国际地位决定的。

中国办教育，是要坚持根植中国与借鉴世界的统一，特别是着力构建中国特色外语教育理论体系、学科体系和话语体系，为世界外语教育学科的理论建设和学术发展贡献中国智慧和中国方案,这也正是党的十九大对我国新时代哲学社会科学提出的新的重大任务。

英语具有工具性和人文性的属性,编者认为大学英语教学模式是混合式的教学模式,教学理念是 OBE 教学理念,测评模式是全过程学业评价、综合测评和多元测试。

第一节 大学英语教育与英语教学概述

在我国,高等教育发展迅速,随着中国的发展,对外交流活动增多,相对于其他类型的专业,英语教育发展迅速,目前全国高校的外语专业点已超过 3 300 多个,涉及的高校有 1 000 多所,在校学生达 80 多万人。截至 2013 年,我国 1 145 所普通本科高校中,994 所开设了英语专业,英语类专业学生有 57.8 万人。

高校开设大学英语课程,一方面是为满足国家战略需求,为国家经济社会发展服务,另一方面,是为满足学生专业学习、国际交流、继续深造、工作就业等方面的需要。《国家中长期教育改革和发展规划纲要(2010-2020 年)》指出:"提高质量是高等教育发展的核心任务。"提高高等教育教学质量要求我们能为高校大学生提供优质外语教育。

一、英语教育和教学的发展与现状

图 1-1 是世界知识中心的迁移历史:

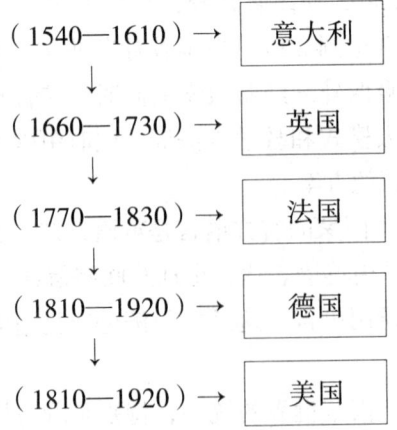

图 1-1 世界知识中心的迁移历史 （翟亚军,2011）

从上图可以看出世界知识中心发生转移的历史进程，我们希望中国的教育能在世界中发挥越来越重要的作用。

王守仁老师主编的《高校大学外语教育发展报告》（1978—2008）将大学英语教育的发展历程总结为三个阶段：恢复阶段（1978—1984）、稳定阶段（1985—2001）、改革阶段（2002—2008），2008 年到现在都应该属于大学英语教育与教学自身完善阶段，且高校教育逐渐与中国的国情相结合。

编者把 2007 年版的《大学英语课程教学要求》、2014 年版的《大学英语课程要求》、2017 年版的《大学英语教学指南》的教学性质和教学要求列表如表 1-1 所示。

表 1-1　2007、2014、2017 年不同版本要求和指南中教学性质和教学要求对比

	教学性质	教学要求
2007	大学英语教学是高等教育的一个有机组成部分，大学英语课程是大学生的一门必修的基础课程。大学英语是以外语教学理论为指导，以英语语言知识与应用技能、跨文化交际和学习策略为主要内容，并集多种教学模式和教学手段为一体的教学体系	培养学生的英语综合应用能力，特别是听说能力，使他们在今后学习、工作和社会交往中能用英语有效地进行交际，同时增强其自主学习能力，提高综合文化素养，以适应我国社会发展和国际交流的需要
2014	大学英语教学是高等教育的一个有机组成部分，大学英语课程是大学生的一门必修的基础课程。大学英语是以英语语言知识与应用技能、学习策略和跨文化交际为主要内容，以外语教学理论为指导，并集多种教学模式和教学手段为一体的教学体系	培养学生的英语综合应用能力，特别是听说能力，使他们在今后工作和社会交往中能用英语有效地进行口头和书面的信息交流，同时增强其自主学习能力，提高综合文化素养，以适应我国经济发展和国际交流的需要

续 表

	教学性质	教学要求
2017	大学外语教育是我国高等教育的重要组成部分,对于促进大学生知识、能力和综合素质的协调发展具有重要意义。大学英语作为大学外语教育的最主要内容,是大多数非英语专业学生在本科教育阶段必修的公共基础课程,在人才培养方面具有不可替代的重要作用 大学英语课程应根据本科专业类教学质量国家标准,参照本指南进行合理定位,服务于学校的办学目标、院系人才培养的目标和学生个性化发展的需求	大学英语课程是高等学校人文教育的一部分,兼有工具性和人文性双重性质。就工具性而言,大学英语课程是基础教育阶段英语教学的提升和拓展,主要目的是在高中英语教学的基础上进一步提高学生英语听、说、读、写、译的能力。大学英语的工具性也体现在专门用途英语上,学生可以通过学习与专业或未来工作有关的学术英语或职业英语,获得在学术或职业领域进行交流的相关能力。就人文性而言,大学英语课程重要任务之一是进行跨文化教育。语言是文化的载体,同时也是文化的组成部分,学生学习和掌握英语这一交流工具,除了学习、交流先进的科学技术或专业信息之外,还要了解国外的社会与文化,增进对不同文化的理解、对中外文化异同的意识,培养跨文化交际能力。人文性的核心是以人为本,弘扬人的价值,注重人的综合素质培养和全面发展。社会主义核心价值观应有机融入大学英语教学内容。因此,要充分挖掘大学英语课程丰富的人文内涵,实现工具性和人文性的有机统一

通过上表的对比,可以看出2017年版的《大学英语教学指南》改变了之前只把大学英语课程看成是一种工具的属性,明确强调了英语课程的人文性,同时也强调了学生个性化发展。

1949年至21世纪,大学英语很长时间以来都只是处于英语教学的阶段,到了新世纪,特别是近10年以来,英语教学向英语教育发生了转向。进入新世纪后,世界全球化与文化多元化交织发展对中国教育的发展提出了新的要求,第一阶段从引进和学习西方的外语教学理论已不能满足当前的需要,我国英语教育在构建人类命运共同体的伟大使命的过程中面临着机遇和挑战。在新时代背景下,英语教育更多的是本土化研究和创新,英语教学明确提出要服务国家的战略,也更加重视国情和对学生价值观的培养。

最初,由于国家急需英语技能人才,培养国家和社会需要的技能型人才为导向的培养理念持续了很长时间。经过几十年的发展,英语已成为全国发展最快、专业点最多的一个专业,综合类、理工类、外语类、师范类、财经类等各类型高校都开设有英语专业,培养具有系统学科性知识和国际视野的英语专业人才，能从事科学探索、创新性人才。

中国的英语教育事业目前取得了巨大发展，我国有着世界上规模最大的外语学习者群体，外语教育的有效与否直接关系到千百万人学习的得失成败，关系到国家外语人才储备和国家语言能力的提升。这些都是毋庸置疑的，但是客观评价和反思我国英语教育的现状仍然是很有意义的。

二、英语教育与教学面临的挑战

（一）注重工具性，忽视人文性

仲伟合教授提出，中国外语教育的问题有"外语教育工具理性和市场导向性明显，对外语教育的战略意义认识有限""战略规划不足，市场投入有限"，等等。一直以来，社会上很多人，包括高校英语教师都认为英语就是一种交流工具，学生学会英语单词、句型就可以了，甚至对于英语是否是一门学科都存在争议，英语的人文性很少被人重视。

（二）多媒体和机器翻译增多

随着社会和科学技术的进步，特别是近几年，人工智能如机器翻译发展迅速，"慕课"已经在中国有了长足发展，很多人会有疑问：机器翻译最终会取代人工翻译吗？人工智能或慕课能否取代教师？……这些都是近年来随着社会发展出现的话题，也是教师们很关心的一些话题。

（三）人才培养的单一性

英语人才培养单一性受到批判，很大原因是英语专业毕业的学生由于课程的单一性，用英语解决实际问题的能力相对而言欠缺，人才培养口径过窄，对其他专业领域涉足不深，培养人才的效果差强人意。要以开设厚基础、宽口径、多样化的教育课程为目标。学生不能仅仅只学习这些书本上的知识，也要去涉及有关哲学、文学等方面的知识，也只有这样才能对课本上的知识进行更好的吸收。

传统的外语教学理论与方法很多，如：语法-翻译教学法（Grammar-Translation Method）、任务型教学（Task-Basked Language Teaching，简称 TBL）、听说法（Audio-Lingual Method）、交际语言教学法（Communicative Language Teaching Approach）、内容型教学法（Content-Based Instruction，简称 CBI）等，每一种教学方法都有自己的优缺点，尽管近年来不少人对这些教学方法进行批判，但同时这些教学方法随着教学的实践也得到了进一步的丰富和完善。

随着中国社会的发展，我们要进一步认识自己，挖掘本土资源。我国百余年来的英语教育实践需要总结，英语教育中的母语和母语文化背景需要剖析，基于此背景的学习者因素需要分析。同时,我国新时代英语教育的新使命需要认识,新方略有待探索。现实呼唤我国外语学术增强主体意识,在继续学习借鉴世界先进理论学说的同时,鼓励进行本土创新精神和创新理论的勇气。

从学界的研究路径上可以看出,文秋芳老师提出的"产出导向法",主张以输出为驱动,同时主张"学习中心说""学用一体说"和"全人教育说",即外语教学与教育相融合。

新时代英语教学的核心问题是培养什么样的英语人才的问题。教师是一个终生学习者,是一个研究者、创新者。教师还必须是一条奔腾不息的河流,只有这样才能源源不断地把新知识传授给学生。同时英语教育要坚持全人教育,要坚持人文教育的价值取向。在培养学生获取知识的多元化和丰富性的同时,老师们也要培养自己的跨文化能力、跨学科能力、语言能力、教学能力和研究能力、团队能力。

发现问题,透过现象看本质,高等教育完成了从规模发展到内涵发展的过程,英语教育也到了必须完善人才培养模式、提高培养质量的阶段。转变教学理念,正确科学地确定学生的中心地位,在各个环节要牢记以学生为本,以学生为中心,来重新审视教学大纲、教学内容和课程体系,规范教学活动,真正把人才培养质量放在首位。

第二节 新时代大学英语教学

《大学英语教学指南》指出大学英语是大多数非英语专业学生在本科教育阶段必修的公共基础课程,在人才培养方面具有不可替代的作用。目前高校英语学时、学分普遍被压缩,大学英语在人才培养体系中严重失位,有逐渐被弱化和边缘化的趋势,因此需要重新审视大学英语教学,并做出必要的调整。

在我国启动工程教育认证背景下,高等学校英语教育如何应对"互联网+"带来的机遇与挑战,充分发挥大数据、人工智能等信息技术在新时代教育中的独特优势都是值得思考的课题。外语是工程教育认证标准的重要指标之一,需要融入人才培养的大框架,建设以跨学科合作为特色的自成体系的大学外语教育。

一、工程教育认证

(一)背景

时代演变,教育也发生了重大变化。农业时代,以土地和劳力为主要生产资料，农业收入为主要的生活来源，教育方面主要是以师傅带徒弟的方式进行传授知识和技能的。17—18世纪的工业时代，蒸汽机的使用标志着进入了蒸汽机时代。19—20世纪初的第二次工业时代，流水线作业和电气的应用，标志着进入了电气时代。20世纪四五十年代的第三次工业时代，半导体、计算机、互联网的应用，使人类进入了信息化时代。21世纪以来的第四次工业时代，大数据、云计算、智能机器人和3D打印已经进入我们的日常生活，对高等教育产生了变革性的影响，也为后发国家建设一流高等教育提供了历史性的机遇。信息成为比物质和能量更重要的资源，教育要素主要集中在网络平台上，教育实施将以个人选择为主，实现了个性化学习，即从教师传授转变到学生个性化学习。

新时代背景下，高等教育的新工科、新文科、新农科、新医科建设势在必行，工程教育进入了快速和根本性变革时期，最好的工程教育不再限于世界一流研究型大学和小而精学校，工程教育竞争越来越激烈。

2016年6月2日，华盛顿协议主席宣布全票通过中国正式成为会员，中国工程教育正式加入《华盛顿协议》，实现从跟随到比肩而行跨越的历史性一刻，中国在《华盛顿协议》闭门会议上首次行使表决权。

该协议承认签约国认证的工程专业培养方案具有实质等效性，经任一缔约方认证的专业毕业生即达到从事工程师职业的学术要求和基本质量标准，加入《华盛顿协议》，不只是融入世界，更是影响世界，最终目的是提高工程教育人才培养能力，开创我国高等教育发展新局面。为了这历史性的时刻，中国整整奋斗了10年，这一举动标志着我国参与国际高等工程规则制定的新时代。

我国高等工程教育规模位居世界第一，是高等工程教育大国。现阶段加快使我国由工程教育大国转变为工程教育强国，为我国培养创新能力强、适合经济社会发展、具有国际竞争力的优秀工程师和工程科技人才是迫切需求，但目前存在的问题如下：

（1）工程教育的发展战略与目标定位还不够清晰，不同类型学校办学目标趋同。

（2）工程教育与工业界脱节，工程设计与实践教育教学不足。

（3）工科专业课程体系相对陈旧，与我国产业结构调整不相适应。

（4）工科教师队伍工程经历不足，影响工程教育质量。

（5）工程师职业资格制度缺失，工程师培养体系不够健全。

（二）核心概念

工程教育认证是中国特色、世界水平高等教育质量保证体系的重要组成部分，高等工程教育规模较大，在全国1 100余所高校中占91%，占50 000个专业中的32%，占1 600万在校生中的33%。工程教育认证是推动我国工程教育质量的重要手段和工具，是持续提升专业人才培养质量，是较高专业教育质量检验的"合格证"，是人才培养与注册工程师制度衔接的"许可证"，是工程师跨国流动的"通行证"。

中国工程教育的三大理念是：1. 以学生为中心（Students Centered）；2. 成果导向教育OBE（Outcome-Based Education）；3. 质量持续改进（Continuous Quality Improvement），建立"评价—反馈—改进"闭环，形成持续改进机制。

外语是工程教育认证标准的重要指标之一，需要融入人才培养的大框架。2015年工程教育认证标准对外语的相关要求为"沟通"：能够就复杂工程问题与业界同行及社会公众进行有效沟通和交流，并具备一定的国际视野，能够在跨文化背景下进行沟通和交流，突显了外语在国际化工程教育人才培养中的重要地位。工程教育占中国高等教育专业设置毕业生总量的三分之一，工程师走向世界和在国际流动都要依靠外语支撑。大学英语的教学内容、方法与效果密切关系到人才培养目标的实现，所以应抓住这一良机，积极推动自身和工程教育的协同发展。

（三）深入理解认证理念，推进课程建设

2000年以来，新建本科院校（含独立学院）600多所，占全国普通本科院校50%以上，占据了半壁江山，在新时代，这些本科院校需要后发优势，主动创新变革，实现后发先至，需求导向、标准导向、特色导向，针对教学方面，课程需要进行反向设计，以未来发展对人才的要求为依据，倒推教学大纲等。在这样的背景下，以成果为导向的OBE教育模式的提出具有重要的现实意义。

在新时代，工程教育进入了快速和根本性变革时期，传统教学方法已不能满足现代学生需求，通过在英语教学中对以成果为导向的教学模式研究，能够深入理解认证理念，推进课程建设，提高教学效果，为大学英语教学发展提出新思路和新方法。

二、OBE教育理念

近年来OBE被广泛应用到高校工程教育类人才培养、教育教学及专业建设方面。OBE教育理念是为培养社会需求的创新工程人才而提出的，为激发和培养学生学习英语的兴趣、培养学生英语应用能力、自主学习能力和团队合作能力，并初步具有国际竞争力的国际化工程高技能人才提供了先进的教学理念和教学方法。

(一) 文献综述

通过贵州数字图书馆检索可知，以"OBE 教学模式"为全部字段，进行文献搜索，其中相关的中文图书 36 种，中文期刊 1 135 篇，中文报纸 2 篇，中文学位论文 6 篇，中文会议论文 16 篇。以"OBE"为字段进行文献查询，其中外文期刊 13 544 篇，外文图书 307 种，外文学位论文 468 篇，外文会议论文 1 152 篇。相关的中文图书 110 种，期刊 4092 篇，学位论文 77 篇。

以成果为导向的 OBE 最早出现于美国和澳大利亚的基础教育阶段。从 20 世纪 80 年代到 90 年代早期，OBE 在美国教育界是一个十分流行的术语。OBE 理论的代表人物 Spady W. D.，在《基于学习成效的教育：关键问题及答案》(*Outcome-Based education: Critical issues and answers*) 一书中，阐述了 OBE 的基本原则和策略等，并在他撰写的《基于产出的教育模式：争议与答案》一书中对此模式进行了深入研究。该书把 OBE 定义为"清晰地聚焦和组织教育系统，使之围绕确保学生获得在未来生活中获得实质性成功的经验。"他认为 OBE 实现了教育范式的转换。因为在 OBE 教育理念中，学生学到了什么和是否成功远比怎样学习和什么时候学习重要。澳大利亚教育部门把 OBE 定义为："基于实现学生特定学习产出的教育过程。教育结构和课程被视为手段而非目的，如果它们无法为培养学生特定能力做出贡献，它们就要被重建。学生产出驱动教育系统运行。"另一位专家特克认为 OBE 是一个学习产出驱动整个课程活动和学生学习产出评价的结构与系统。

国内学者如申天恩、王明海等对成果导向教育的研究主要从专业建设的视角进行探究。董耐婷、韩燕对 2006—2010 年通过认证的 100 个专业点的自评报告和专家现场考察进行了统计，在工程教育认证标准背景下从建设外语教育中心、教学内容、完善多语种教育、协助双语教学、服务于未来职业发展等视角开展大学外语教育进行了研究。

我们熟悉的课堂五重境界：1. 安静 (silence)，即学生不愿意发言；2. 回答 (answer)，即学生只回答对或不对；3. 对话 (dialogue)，即师生有一定互动；4. 批判 (critical)，即学生对教师的讲授内容提出自己的质疑；5. 辩论 (debate)，即学生和教师能够进行互动反驳。中国大学的课堂更多的是处于第一种和第二种境界，所以对教改还是要更加深入，教育工作者任重而道远。

(二) OBE 主要优势

OBE 教学理念是为培养社会需求创新工程人才，激发和培养学生学习英语的兴趣，培养学生英语应用能力、自主学习能力和团队合作能力而提出的，虽然定义繁多，但具有共性，且较为明显。在 OBE 教育系统中，教育者必须对学生毕业时应达到的能力及其水平有清楚的构想，然后寻求设计适宜的教育结构来保证学生达到这些预期目标。非教科书或教师经验的学生产出，成为了驱动教育系统运作的动力，这显然同传统上内容驱动和重视投入的教育形成了鲜明对比。从这个意义上说，OBE教育理念可被认为是一种教育范式的革新，为具有国际竞争力的国际化工程高技能人才提供了先进的教学理念和教学方法。OBE教学设计和教学实施的目标是学生通过教育过程最后所取得的学习成果（产出）。OBE具有如下实施原则：清楚聚焦学习者最终的产出、围绕预期产出的反向设计、扩大学生成功机会并提供帮助、对学生的成功具有高期待。

OBE的主要优势在于：（1）明晰性。它清晰地确定了课程结束时学生应该达到的预期产出。教师必须清楚为达到预期产出需要将何种知识和技能传授给学生；（2）灵活性。它是一种以学生为中心的教学模式，但并不局限于某一种教学方法，而是综合使用多种教学手段和评估工具来发现学生的多样性；（3）可比性。它可以有效衡量学生能做什么，而不是学生知道什么，同时也促使学校与同类院校相比，发现自身的不足；（4）参与性。它不但增强学生参与学习的主动性，而且调动了相关行业人员参与教育标准的制定和评估的积极性。

OBE是为培养社会需求的创新工程人才而提出的，为激发和培养学生学习英语的兴趣，培养学生英语应用能力、自主学习能力和团队合作能力，OBE强调下列5个问题：1.我们想让学生取得的学习成果是什么（目标）；2.我们为什么要让学生取得这样的学习成果（需求）；3.我们如何有效地帮助学生取得这些学习成果（过程）；4.我们如何知道学生已经取得了这些学习成果（评价）；5.我们如何保障学生能够取得了这些学习成果（改）。持续改进是专业认证的重要特征，在评价—改进—再评价—再改进的循环中学生的学习效果得到了提升。

教师根据这些问题展开了一系列的研究，同时也要注意以下几个方面：

（1）思想准备：学校和各个学院要从思想上接受认证理念。

（2）组织准备：要有一批致力于研究改进专业的教师。

（3）工作准备：完善培养目标和毕业要求，修正培养方案，启动评价反馈机制。

（4）管理准备：调整既有的教学管理模式，适应认证要求。

（5）教学建设准备：培养环节教学建设、师资队伍、保障条件等，关注支撑毕业要求达成，为国际化工程高技能人才提供先进的教学理念和教学方法。

（三）教学设计

对于采用以成果为导向教学（OBE）的课程，其教学基本设计是：（1）预设该门课程涉及的学习成果及其要求，包括学生达成学习成果的情境、学习方式、考核形式与评分标准，在课前与学生沟通并达成共识。（2）教学内容及过程要围绕预期学习成果，激发学生朝着完成预期学习成果而思考与努力。（3）及时修改及反馈学生学习成果，对学生提交的学习成果，如电子作业、实操、测试等进行批改，注释需要改正的意见或建议，对部分有共性的问题将会在课堂上讲解，同时针对每次预期学习成果的评改成绩要及时向全班同学公布，以利于学生及时了解学习效果进展。

有关 OBE 理念的课程研究集中在 OBE 理念指导下的课程建设、能力培养及学习评价等方面。在课程建设方面，OBE 模式下的课程群设计，本质是课程计划的"反向设计"，明确各门课程、每节课对于实现预期学习产出的贡献程度。国内走在前列的如汕头大学已将 OBE 引入工程教育专业中，对课程开展了"反向设计"，明确每门课程对于实现预期学习产出的贡献，最终形成了无缝的匹配矩阵。在能力培养方面，OBE 理念下更注重学生创新思维能力、工程实践能力和综合协调能力的培养等；在学习评价方面，利用 OBE 理念的课程学习评价主要是坚持以人为本、优化评价方法和健全评价机制。

（四）师生一起发展，形成强大合力

工程教育认证背景下，提升教师水平，潜心育人是大学英语 OBE 研究对教师提出的要求，具体要做到以下几点：

（1）建好教师发展中心，骨干教师讲、带，青年教师听、学。

（2）加强基础教学组织，教师研起来、动起来、团队强起来。

（3）完善教师评价体制，潜心教学的要奖励，敷衍了事的要惩罚。

（4）强化教师发展保障，提高待遇、建好平台。

要让管理严起来，学生忙起来，教学活起来。具体要求：转生态，严抓教学秩序，强化学习过程监督考核；转变学风，严把考试毕业出口，实现学分制，改进实习；转教风，贯彻新理念，应用新技术，实施新教法。

在使用 OBE 教学理念开展教学过程中，采取个人设计教案和教学过程，然后通过教研组打磨，再修改再磨课等，经过上课之后，再进行磨课，成型后作为示范课模板。

（五）实现教育范式由"内容为本"向"学生为本"的根本转变

OBE 教育理念的核心是培养学生能力，实现教育范式由"内容为本"向"学生为本"的根本转变。新时代的学生获取知识渠道多元，具备从网上获取学习资源的习惯和能力。

新时代的大学教师不再是知识的垄断者，不再是当然的权威，传统的灌输

式教学，无法吸引大学生们的关注。智能环境改变了教学方式，所以教师角色必须转变，要从知识传播者转变为知识促进者。同时教师的能力结构也必须改变，不懂技术的教师将被取代。OBE教学理念使教师从学生的角度来设计教学，对教学进行反思和完善，把怎么样有利于学生达成预期目标作为教学的始终，评价的焦点是对学生表现的评价。

三、混合式教学

2018年11月，教育部专门印发了《关于狠抓新时代全国高等学校本科教育工作会议精神落实的通知》，"淘汰水课、打造金课"首次正式写入教育部的文件。世界正在变化，传统的教育模式也要随之发生变化，时代呼唤新的教育形式，以培养学生当今和未来社会所需要的能力。通过混合式教学，可把OBE教育理念与传统教学方法在大学英语教学中进行比较，探讨课前兴趣、教学方法、课堂学习行为以及学习效果等之间的关系。

（一）混合式教学综述

混合式教学（Blended Teaching）由网络学习（E-learning）的概念发展而来，指的是线上与线下的混合，通过引进面对面教学来改进E-Learning的不足。混合学习是一种在线数字媒体与传统课堂教学相结合的教育项目。它需要师生的现场授受，同时可以让学生自己把控学习的时间、地点、路径或步调（Wikipedia）。混合式教学是把学生作为教学活动的主体，将教学活动分解为不同的模块，为每一个模块制定教学目标，在多种教学手段的支持下，在连续的教学活动中采用最适宜的教学方法，完成对学习者学习活动的引导、指导、辅导和学习效果评价的教学模式。

国内首次正式倡导混合式教学概念的是北京师范大学何克抗教授，他认为"所谓混合式教学就是要把传统学习方式的优势和网络化学习的优势结合起来，既要发挥教师引导、启发、监控教学过程的主导作用，又要充分体现学生作为学习过程主体的主动性、积极性与创造性。"随后上海师范大学黎加厚教授、华南师范大学李克东教授等对混合式教学模式做了深入研究，并提出了自己的观点。

在国外实施混合式教学比较著名的代表性高校有：澳大利亚的格里菲斯大学（Griffith University）和美国的宾州州立大学（Penn State University）。澳大利亚的格里菲斯大学拥有整套的混合式教学规划、战略等，从目标、设计到实施、评价等均系统完善；美国宾州州立大学希望通过混合式教学提升关键课程的教学设计效力，打破跨校区教学的限制，增强课程在师生两个层面上的灵活性。

在国内，很多高校也展开了混合式教学。清华大学、北京大学、复旦大学、南京大学、上海交通大学等都建立了中国高校平台。教育信息的应用是时代发展的结果，线上线下混合式教学是英语教学的趋势。

（二）混合式教学基础

新时代下，高校坚持内涵发展，加快教育由量的增长向质的提升转变。把质量作为教育的生命线，坚持回归常识、回归本分、回归初心、回归梦想。始终坚持以学习者为中心。为不同层次、不同类型的受教育者提供了个性化、多样化、高质量的教育服务，促进了学习者主动学习、释放潜能、全面发展。

混合式教学是为了课程的有效性，学校也有自己的专业特色，大学英语是放在学校的培养目标当中，所以要与学生的专业相结合，与学校的发展目标相适应。要利用混合式教学模式的有效手段和方式，发挥在线教学和课堂面授各自的优势。以编者所在的学校，在工程教育认证的大背景下，重新审视大学英语教学，对2017级的学生英语课程进行分级教学，利用OBE教育理念进行混合式教学。

1. 大学英语分级、分层教学

分层级模块化教学的目标一方面是为了做到因材施教，确保各类英语水平的学生都能达到不同标准，另一方面是为了提升教学质量。以编者所在的高校为例，进行了大学英语分级、分层教学，现将具体的分层、分级教学介绍如下：

2017年9月，大学英语课程开始实施分级教学，教师在课堂教学中积极并大胆采用了以产出为导向的OBE教育理念来培养学生，制定好的教学模式，形成了课前、课中、课后采用多种形式启发学生思考，促进学生学会学习，进而发挥课堂教学的育人功能。

对2017级学生实施英语分层、分级推进模式，贯彻培养目标多元化，培养模式多样化的办学思路，充分体现了因材施教、分类指导的原则，发挥了学生个性化学习特长，让学有余力的优生更好地掌握了应用英语的能力，能够继续深造攻读学位，基础一般的学生能进一步提升英语技能。

2. 大学英语分级教学实施方案

为进一步深化英语教学，提高教学质量，根据教育部高等学校大学外语教学指导委员会《大学英语课程教学指南》等文件精神，按照分类指导、因材施教的原则，以适应个性化教学的实际需要，充分调动学生英语学习的积极性和主动性，结合我校实际情况，特制定本实施方案。

（1）参加分级教学的对象

2017年之后入学学生，均参加大学英语分级教学。

（2）分班

①分班依据

根据高考英语单科成绩划分A、B两级（统一按照英语单科满分150分计算，对于少数省份英语单科满分不是150分的，按150分折算）。按照学生英语单科成绩从高到低排序，全年级排名前20%的学生编入A班，其余学生编入B班，尽量以班级、专业或学院为单位进行分班，便于学生上课时间的安排。按照此原则，2017级的学生总计12个A班，48个B班。

②授课教师安排

A、B班授课教师均由大学外语教学部统筹安排，两年的英语课程，尽量确保任课教师不做调换。

（3）教材及教学内容

①教材及教辅资料

2017级A班学生使用《21世纪大学英语应用型综合教程（修订版）》（复旦大学出版社）、《新视野大学英语（第三版）视听说教程》（外语教学与研究出版社）、《新视野大学英语综合训练（第三版）》（外语教学与研究出版社）、《新探索大学英语快速阅读教程（四六级新题型版）》（商务印书馆，上海外语音像出版社）、《新潮大学英语新四级考试教程（第2版）》（复旦大学出版社）等教材及教辅资料。

2017级B班学生使用《21世纪大学英语应用型综合教程（修订版）》（复旦大学出版社）、《新世纪大学英语系列教材（第三版）视听说教程》（上海外语教育出版社）、《21世纪大学英语应用型自主练习（修订版）》（复旦大学出版社）、《新思维大学英语快速阅读》（外文出版社）、《新潮大学英语新四级考试教程（第2版）》（复旦大学出版社）等教材及教辅资料。

当然大学外语教学部根据教学需要，可对教材做适当调整。

②教学内容

a. 理论教学

A班在基础教材内容的基础上，第一、二学期增加了大学英语四级考试相关的内容（基础教材内容占40%，四级内容占60%）；第三、四学期增加大学英语六级考试相关内容（基础教材内容占40%，六级内容占60%）。

B班以基础教材的内容为主，适当增加了大学英语四级考试相关内容。第一至第四学期的基础教材内容和四级内容分别占80%和20%、70%和30%、60%和40%、50%和50%（第三、四学期可根据授课班级具体情况，适当增加六级相关内容）。

b. 实践教学

为配合理论教学，丰富教学成果，A、B 班均须在课余时间开展早读、网络化自主学习等实践教学环节，并在每学期期末形成评估成绩报告。

早读由各个班级班委进行监督，语言实验中心提供教学辅助。利用语言实验中心网络平台，学生须完成交互式学习、作业、考试等网络化自主学习环节。

（4）期末考试

每学期大学英语期末考试实行统一命题，统一考试。期末总评成绩计算方法如下表 1-2：

表 1-2　平时成绩的考核环节与权重

考核环节		权重
平时成绩	作业	10%
	考勤	5%
	课堂表现	10%
	自主学习	15%
期末考试卷面总成绩		60%
合计		100%

计算公式：期末总评成绩＝期末卷面总成绩×60%＋平时成绩×40%

（5）鼓励措施

①课程免听

A 班中通过了大学英语六级考试的学生，从第二学期起，可以提出免听申请，但必须参加期末考试。在计算期末总评成绩时，根据学生的六级成绩，在平时成绩中给予一定的加分。（注：每位学生只能使用六级成绩申请免听一学期。）

②分级教学动态管理

每学期初进行一次分级微调。B 班已通过四级考试的学生，可直接转入 A 班学习（尽量考虑转入同专业或同学院对应的 A 班），在计算期末总评成绩时，同样可以根据学生的四级成绩，在平时成绩中给予一定的加分。

3. 教学大纲编制

为进一步加强课程建设，完善与学校人才培养目标和定位相一致的课程教学大纲，落实好培养方案规定课程的教学目标和教学要求，将OBE工程教育理念贯彻到人才培养的教学环节，教师展开了《大学英语》教学大纲的修订工作。

课程大纲编制原则如下：

（1）结合学校实际，符合人才培养目标和定位。紧密围绕学校高素质应用型人才培养目标，在规定学科知识和技能的范围和深度上，坚持以能力培养为核心，以学生学习成果为导向的人才培养理念进行大纲编制。

（2）坚持理论与实践结合、实践创新并重的原则。培养学生获得系统理论知识的同时，要注重实践、创新意识与能力的培养。课程教学大纲编写时，在教学内容安排上，不仅要注重培养学生对于课程具体知识点的汲取和吸收能力，更要注重培养学生对于课程综合知识的实际运用能力，提高学生的创新意识和创新能力。

（3）符合社会发展需求。教学大纲的编写要与时俱进，以适应社会科学技术发展，根据经济社会发展对人才培养的需求，及时更新教学内容，将新知识、新理论和新技术充实到教学内容中。大力推进教育教学方法的提高，积极适应学校混合模式课程建设的要求，利用各种网络资源和学习平台、采用多种教学手段和模式设计教学内容与教学方法，促进启发式、探究式教学。

（4）注重学生自主学习引导与培养，强化过程考核。课程考核方式由结果转向过程，将评价贯穿于学生的学习始终，强化过程考核的比重，打破传统考核思维，科学、合理地设置各环节的成绩评价构成。完善考核方式，将课程考核的重点由对纯粹知识点的考核转向对知识与能力并重的考核。通过考核内容和考核方法的完善，培养和引导学生自主学习能力的提升。

（三）混合式教学体系构成

1. 构建大学英语网络教学体系

OBE教学理念要求在教学中注重用英语有效地表达与交流以及培养学生终生学习的自主能力，为培养高素质工程化人才服务。学生将掌握知识的方式，从具备解决有固定答案问题的能力拓展到具备解决开放问题的能力，要求老师们对课程结构与资源的设计要根据预期产出进行反向动态调整。同时要加强对在线英语教学的管理，构建完善的网络教学体系。

编者所在的外国语学院使用"雨课堂"网络教学平台、"批改网"写作平台、自主学习平台，建立了多类型的教学课程，适当增加了国际学术交流基础、学术英语写作基础、科技英语文献选读、工程英语文献选读、科技英语口语交际、软件服务外包职场英语等方面的教学。

2."翻转课堂"和微课

教师要关注内容和资源、电子文档、学生活动与协作、评价、交流等。教学设计的活动要有目的性、适当性、可行性以及真实性。根据不同层次的学生建立不同类型的英语教学微课视频,每个视频 8 分钟左右,将单一的英语教学发展成为集学科知识与语言文化相结合的多元教学。教师进行"翻转课堂"教学,步骤如下:

开学第一节课教师就进行小组分工,学生可以自由组队,每个小组有 6~8 人。小组组长非常重要,要有领导风范,能帮助老师把工作任务分配下去。对组长要经常进行口头表扬,让组长有小组的荣誉感,体现小组成员共同成长。也可以每个学期更换组长,让大家都有机会成为组长,得到锻炼。经过小组讨论之后的题目要随机邀请同学发言,否则就会有一些学生不参与课堂,这样也可以使学生增加团队的归属感。期末时小组成员可以互相打分,进行"同行评议",这些分数都可以作为平时成绩的一部分。

在上第一节课时,教师就进行分组活动,要求有组长、组员,小组的英文名字,英文名字可以凸显自己的个性,还要有小组的 QQ 群。表 1-3 是编者所带班级的小组成员表格:

表 1-3 小组信息

组别	小组名称	组长	组员1	组员2	组员3	组员4
Group 1	Diamond					
Group 2	Unique					
Group 3	Passion					
Group 4	Exploiter					
Group 5	Full					
Group 6	Future Star					
Group 7	Compass					
Group 8	Best					
Group 9	League of legends					
Group 10	Mars					

从学生起的小组名单上就可以看出他们很有个性。组长要明确团队分工，重视个人贡献（可以小组成员投票），呈现团队作品。如针对学生平时的作文，小组可以进行作文互改，同伴评阅，也可以请别的班级同行来评价。另外教师在平时也可以收集一些好的作品，如学生小组合作拍摄的视频等，为下一届学生提供借鉴。混合式教学模式如下：

课前：线上学习，教师根据学生的实际情况设计出具有一定挑战度的线上学习任务，学生依据教师指导，完成自主性学习，开展小组协作。这一阶段属于学生输出和输入的教学阶段。教师把教学材料上传到网络教学平台：1) 同主题材料选择，并组织基于主题的讨论；2) 课文音频或视频上传，对文章内容分析；3) 提出 3~5 个基于内容和语言的问题。学生课前以个人或小组学习的方式完成以上任务。

课中：教师围绕学生在线学习的情况，在课堂中进行答疑和拓展学习：1) 汇报讨论结果；2) 讨论对教学材料的理解；3) 选择并解决共同关心的问题；4) 解决其他问题，最后进行归纳总结。整个课堂以任务为驱动，小组学习的活动较多，可以进行师生互动和生生互动。学生以小组为单位进行成果展示这一阶段，属于学生输出和输入教学阶段。

课后：教师引导学生对课堂所学内容进行反思和消化，学生继续完成线上布置的任务，该阶段是属于输出阶段。学生分组或独立完成：1) 基于单元主题的实际任务；2) 通过网络平台公布成果；3) 在教学平台再次组织讨论。

3. 培养学生自主学习能力

2017 年 2 月，教育部发布了《大学英语教学指南》，强调教师要充分利用网络教学平台，为学生提供课堂教学与现代信息技术结合的自主学习路径和丰富的自主学习资源，促使学生从"被动学习"向"主动学习"转变。鼓励教师建设和使用微课、慕课，利用网上优质教育资源改造和拓展教学内容，实施基于课堂和在线网上课程的"翻转课堂"等混合式教学，使学生朝着主动学习、自主学习和个性化学习方向发展。

英语教学最终目的是培养学生用英语交流信息的能力，并掌握良好的语言学习方法，成为独立的语言学习者和使用者。在教学中，引入自主学习理念，必须帮助学生树立对自己学习负责的态度，为学生创造自主学习的环境。同时教师要收集在使用教学平台中遇到的问题，整理出一套科学的应对措施和改良办法，为教师的成长和后续研究做好准备。

在教学过程中，教师对各种资料要认真收集和记录，无论是音频、视频、文字还是课件等都要收集整理并存档。通过教改研究，实行分类指导，分级教学和考试，研究和开发适合本校特色的多媒体教学课件。教师制作微课，有效整合多媒体教育资源，采用混合式教学，构建听、说、读、写多元化的英语学习平台，使英语教学朝着引导学生进行个性化、主动式学习的方向发展。

传统教学法主要是以书本为中心，以教师为主导，教师给学生讲授的主要是理论知识，学生主要通过记忆的方式掌握知识。在教学形式上，一般是教师讲、学生听，在一节课45或50分钟时间里，教师讲授的时间约占90%。在教学目标上，传统教学法偏向注重认知目标的实现，强调学生的记忆学习，而学生并没有具体明确的学习目标，只是单纯跟着教师的讲课进行复习和考试。在交流方式上，传统教学法主要是教师讲课，学生听课，学生完成作业或考试后基本上就把所学内容扔在一边了。信息传递过程往往是单向的，虽然有些互动，但那也是很被动的。

混合式教学很好地调动了学生学习英语的积极性，从各个方面培养了学生的自主学习能力，同时也提高了学习效果。

（四）混合式教学设计

混合式教学设计一切应以学生为中心，对教学进行反向设计。教学设计注重学生学什么、教学过程重视学生怎么学、教学评价是关心学生学得如何。使学生能够针对复杂工程问题时，具有较好的听、说、读、写能力，具有国际视野和跨文化的交流、沟通能力，在OBE教育理念指导下，混合式教学包含线上教学和线下教学：

线上教学包含：慕课、"批改网"作文和翻译、U校园教学软件等。线下教学包含：课堂上教师对课文重难点解析、学生随堂测试、小组活动和汇报等。

1. 实体课堂

编者所在学校采用OBE教学模式进行教学，对2017级的新生进行A、B班分层、分级教学。为提高大学英语教学质量，A、B班选用了不同的教材，将教学目标分为基础、提高、发展三个等级，体现基础性和应用性相结合的原则，以满足学生的不同需求。

课程层面教学设计从学习模式、设计方法、实施策略、效果评价等方面，以"传统教学与网络教学相结合，探索翻转课堂教学模式"为目标。探索大学英语的课堂面授学习、自主学习、网络交互学习三种教学活动的学时分配最佳比例。

班级学生按大约5人/组的数量组成自主学习和案例研究小组，小组组长负有组织责任，但不承担成果展示和答辩；成果展示和答辩由其他同学完成或随机抽取。

教师精心备课后，针对教材中的重难点制作成学生自学的微视频或直接推荐学生观看相关慕课视频、寻找网络当中和教材里面合适的视频，采用先进的学习手段，结合传统的学习资料，组织学生开展课前自主学习，如果遇到问题，还可以与老师进行在线交流加以解决，课堂上学生以小组讨论的形式互相解决问题，检测掌握情况。然后教师再恰当地给予指导，解决学生不能解决的问题，最后当堂完成巩固、拓展作业。

在实体课堂上，以 OBE 的教学理念进行教学。教师关注上课内容和资源、电子文档、学生活动与协作、评价、交流等。根据不同层次的学生建立不同类型的英语教学微课视频，将单一的英语教学发展成为集学科知识与语言文化相结合的多元教学。

在实体课堂上，要体现以学生为中心，注重"对话、自主、探究、协作"式学习，提倡"以学定教、以教导学"，改变传统课堂"先教后学"的学生学习不主动等状况。教师要对平时的教学材料如教学文档（教学大纲、教学日历、教案等）、教学方法、教学手段、教学研究论文、教学小结、教材、参考文献等材料进行收集整理，方便教师和学生查阅和参考。

2. "雨课堂"的使用

中共中央办公厅、国务院办公厅颁布的《加快推进教育现代化实施方案（2018-2022年）》提出：着力构建基于信息技术的新型教育教学模式，教育服务供给方式以及教育治理新模式；促进信息技术与教育教学深度融合，支持学校充分利用信息技术开展人才培养模式和教学方法完善，逐步实现信息化教学与应用，做到师生全覆盖。

《大学英语教学指南》指出："现代信息技术已经渗透到生活的各个领域，对高等教育也产生深远影响。将计算机和网络用于大学英语教学，不仅仅使教学手段实现了现代化，也促使了教学理念、教学内容、教学方法发生改变。信息化时代不仅为外语学习提供了丰富的资源，也使学生的学习手段更加多样便捷。"在整个《大学英语》中，要以学生为中心的设计理念贯穿教学全过程，在 OBE 教学设计的基础上，开展大学英语混合式教学，以成果为导向对课程进行反向设计。

在课堂教学中，编者所在学校的一线教师使用了"雨课堂"教学软件，对课堂教学进行了实践探索。

（1）形成性评价成为现实

"雨课堂"是基于微信和 PPT 的智慧教学工具，使对学生开展即时性、形成性教学评价变成了现实。教学评价分为形成性评价（formative）和终结性

（summative）评价。形成性评价是指在教学过程中，为了了解学生的学习情况，及时发现教和学中的问题并进行调整而进行的评价，如基于课堂表现进行的评价。终结性评价是在教学活动结束后，为判断其效果而进行的评价，一般指期中和期末考试。

目前高校普遍面临的问题是小班有 40～50 人，大班有 100 人左右，在这样的状况下，如何实现即时性、形成性评价？"雨课堂"教学软件给我们提供了很好的一个方法。利用"雨课堂"教学软件，大容量核心课程完全可以很好地对课程进行即时性、形成性的定量和定性评价。教师能够获得每个学生的课外学习情况和每个学生的课堂学习情况的数据以及学生给出的课堂和课外学习反馈，帮助教师精细化掌握课堂动态。利用"雨课堂"完善形成性评价，符合工程教育专业认证对课程培养目标达成度的评价要求，有力促进了专业认证和评估工作的开展。

高等教育司吴岩司长曾一再强调本科教学要大幅度提高课程的挑战度，让学生不仅在课堂上学，还要在课下自己自主学。利用智慧工具"雨课堂"教学软件，使教学流程实现"课前—课中—课后"联动式。学生普遍存在学习自主性不佳、自我管理能力约束不足等问题，利用"雨课堂"之后，老师在课前能把预习资料准确送达，在课中，教师用"雨课堂"与学生进行互动，管理课堂，如课前签到、随机点名、弹幕功能等，并在每一节课程结束后生成课堂报告。课后能做到课件同步，照顾不同学生的学习节奏，推送习题，巩固练习，使师生都能发现学习中的问题，进行精准反馈。"雨课堂"可对每个学生的学习情况全面呈现，精准的学生信息让教师更容易做到因材施教，让学生感觉被看见、被关注、被鼓励，使同学有成就感。

使用"雨课堂"教师能够通过在线与移动学习环境中的全学习周期数据采集，获取学生学习行为和学习效果数据，做到重视进步、体现激励、个性发展、弱化排名、可信度较高，可以以此开展因材施教。

对于学生而言，了解自己和同伴学习者的实况，可以做到自我规划、自我调整；对于教师而言，可以根据形成性评价实时掌握和调整教学进度和内容，甚至可以在特殊情况下进行干预，同时可以改善课程质量。

（2）以学生为中心

当前已是优质教学资源不再稀缺的移动互联时代，学生主动获取知识的能力和意愿显著增强，教师不再是单一来源的优质资源的提供者。对学生的最大的帮助不再是课堂内传授知识，而是通过课堂内外交互，发现其学习瓶颈，分享其学习感悟、解决其学习困惑，所以形成性评价就有了更重要的意义：

在使用"雨课堂"时，课前、课后都以推送的方式让学生在手机上看，课后"雨课堂"的教学设计学生发现问题，可用于检验课外学习效果，学生还可发送学习反馈，分享感悟，解决困惑。

学生通过形成性教学评价能够知道：1. 自己能够对每道题对应知识点的掌握情况以及同伴学习者的掌握情况；2. 同学们对思考题的回答情况；3. 谁做对了需要投稿的题目等，帮助学生了解同伴学习者状态。"雨课堂"是课前、课后灵活的学习，课中是创新的师生互动、快捷的课上测试，改变了考试一锤定音的局面，使学生在网络上预习、签到、作业、讨论、测试、复习等成了现实。

另外，任课教师、专业导师、辅导员可以根据相应数据，及时帮扶学习困难学生，根据学生学期数据，得到学情警报，可以对学生进行预警等。

3. 网络课堂

（1）微视频

不仅教师可以制作微视频，也可以要求学生制作一系列的视频，以提高学生学习英语的积极性。充分利用现代信息技术将现代信息技术和网络技术引入教学之中，有机整合各种类型的教学资源，可以增加课堂信息量和学生接触声音、图像的机会，使语言学习变得更直观、生动。丰富的网络资源，不但增加了学生对所学语言的输入、输出的质和量，还有利于学生进行探究性学习，扩大知识面，培养自主学习的能力。除此整个教学过程还要充分重视信息技术与英语学科的有效整合。

（2）慕课制作

教育部在 2017 年提出全面推进在线开放课程建设与应用，不断深化信息技术与教育教学深度融合，深入推进以学生为中心的课程建设、教学方式与学习方式的变革，实现高等教育教学质量的"变轨超车"。随着互联网以及智能移动终端的飞速发展，高等教育教学模式也发生了巨大转变。一种全新的网络教育教学模式——"慕课"（Massive Open Online Course，简称 MOOC）脱颖而出。中共中央办公厅、国务院办公厅颁布的《加快推进教育现代化实施方案（2018—2022 年）》提出："着力构建基于信息技术的新型教育教学模式、教育服务供给方式以及教育治理新模式。促进信息技术与教育教学深度融合，支持学校充分利用信息技术开展人才培养模式和教学方法改革，逐步实现信息化教与学应用师生全覆盖。"十九大后，教育部启动"互联网+"环境下的教育信息化 2.0 行动，旨在真正发挥教育信息化的支撑引领作用，用信息技术改造传统教学。

在 2011 年，这种网络教育模式以大规模、开放式的形态呈现在大众眼前，使互联网在线学习的教学方式受到国内外学者的广泛关注,彻底改变了传统的网络教育模式。慕课使教学第一次主动摆脱了时空束缚,线上线下结合的混合式教学模式决策,也是第一次促使教师教学决策从基于经验转向数据驱动。

高等学校外语教育如何应对"互联网+"带来的机遇与挑战,充分发挥大数据、人工智能等信息技术在新时代教育中的独特优势,通过赋能施教者、驱动学习者、提效管理者,构建具有人工智能特性的智慧教育?在这样的大背景下,必须积极推进混合式教学,课堂教学涉及的如慕课、翻转课堂、微课等,都必须体现学习成果导向理念,使与推行的成果导向的人才培养模式相一致。

"慕课"出现是开放教育资源理念的重要发展,它为大学课程建设提供了契机,也给我国传统的大学教育带来了冲击和挑战。学生可以根据自己对课程内容的理解程度选择回放视频进行反复学习,这是实体课堂上教学所无法实现的。与传统课程相比,"慕课"的优势体现在大规模的、在线的、不受时空、地域、国籍限制的特点上,在某种程度上逐步实现了全球高等教育大众化,世界范围内的名校、名师、名课程全球免费共享,学习者可以在平台上随时参与全球网络社区讨论课程内容,无论是同步还是异步,都可实现与教授和学习伙伴在线交流,并且依据平台提供的数据支持自行定制个性化的课程内容。

OBE 教学理念对于在线开放课程资源结构的构建具有积极的启发意义。OBE 理念的渗入,使得在线开放课程的目标、内容、结构、资源、学习支持服务和评价均发生了巨大变化。OBE 要求学生将掌握内容的方式,从具备解决有固定答案问题的能力拓展到具备解决开放问题的能力。这就要求在设计开发在线开放课程的过程中,尤其是对在线开放课程的结构与资源的设计,要根据预期产出进行反向动态调整。

社会在线开放课程的核心是不断扩大优质教育资源覆盖面和学习活动,但当前高校在线开放课程的建设尤其是资源建设方面存在诸多问题,如课程资源种类繁多却非优质,结构无序及离散分布、缺乏多元化和系统性等。同时有关在线开放课程资源的研究,绝大部分只注重课程资源的分类、呈现方式等,缺乏从系统结构等角度进行审视、设计和开发。如何高效便捷地设计开发优质、系统的在线开放课程资源,如何建设具有相应教学功能并适合学习者发展需求的在线开放课程成为亟待解决的问题。如:

线上慕课与线下面授课,内容上如何有机衔接;形式上如何便捷组织;如何重构面授课才能使有效的翻转课堂发展为高效的翻转课堂,并进一步提高教学质量;如何结合单元主题和课文、视频、音频等材料设计中国文化点;如何将散点式的中国文化元素进行统筹设计,使其具有系统性和科学性等,以上的一系列问题是慕课课程所面临和必须解决的。

编者建议慕课课程可以朝以下方向努力：

①慕课与面授课是信息化时代教书育人形式上的一体两面，从辩证唯物主义的角度来看，两种形式构成对立统一体，二者既具有独立性特征，又具有互补性特征。要充分发挥两种教学形式的作用，就需要开展慕课与面授课的功能区分研究以及知识点对接研究，使二者共同为立德树人服务。

②英语学科知识与中国文化元素融合是新时代教书育人内容上的一体两面。二者的有机融合是实现当前大学教育立德树人总目标的必然要求。需要研究课程内容的配置规律，结合大学英语学科内容，研究、梳理中国文化元素。

③学科知识与信息技术的深度融合是信息化时代教书育人内容与形式上的平衡与互动。面向网络原住民的教育，需要研究学生的时代特征、学习方式和与环境互动的规律等。研究如何变革教学方式和方法，如何帮助学生学会搜索资源，如何激发学生主动开展探究式自主学习，一旦学生有能力并乐意主动学习，其学习成效将不可估量。

总之慕课课程需要以内容为本、技术添翼，做到混而有序。

（3）第二课堂

大学英语教学的主要目的是培养学生的英语语言应用能力，使他们具有较强的英语综合应用能力和自主创新能力。英语课堂采用OBE的教学理念，组织学生开展围绕课文主题的课堂活动，如展开讨论、辩论、演讲、复述课文、表演短剧等。也要定期组织大学生进行实践创新活动，如举办英语演讲、写作、阅读大赛、英语短剧表演、英文歌曲比赛等。

一线教师除了要利用实体课堂和网络课堂，还应积极使第二课堂活动制度化、规范化、系统化。课内外双管齐下，课外通过建立基于计算机在听说方面为学生搭建的良好的语言学习和实践的平台，以英语演讲、阅读、写作比赛、英语短剧比赛、"英语活动月"等为主要形式，为学生提供操练英语的机会和环境；在校园网上提供多种英语视听资料，包括CET4和CET6词汇语音版、各级考试听力训练和英语电影；建设校园音频台，在音频台上采集、录制和播放英语节目，充分利用校园音频台，考前进行四、六级考试各专项讲座。

以2019年编者所在的学校为例，为提升校园文化，丰富学生课余生活，营造英语学习氛围，组织开展了英语配音比赛、校园英文歌手大赛等一系列丰富多彩的英语活动，以发展学生个性特长，激发学生内在潜能。具体活动如下：

一是开展2019年全国大学生英语竞赛（NECCS），并推选优秀学生参加省赛区决赛。我校机械工程学院邓璐、电气与信息工程学院何昊祝在决赛中表现不俗，展现出了较好的英语综合运用能力，分别荣获一等奖；何欣穆和贺宇星等12名同学荣获二等奖，刘宇恒和白玉梅等19名同学荣获三等奖。二是举办"外研社·国才杯"全国英语演讲、写作、阅读大赛的初赛。据统计，全校共计496人报名初赛。经初赛选拔出9名同学代表学校参加"外研社·国才杯"全国英语演讲、写作、阅读大赛贵州赛区复赛并取得较好成绩。其中，大数据学院黄雅馨荣获写作比赛一等奖，土木工程学院杨艳萍、电气与信息工程学院高旭、化学工程学院朱玉菊分别获得写作比赛三等奖；电气与信息工程学院杨佳林、化学工程学院钟雪芝、食品药品制造工程学院冯树维分别获得阅读比赛三等奖；电气与信息工程学院韩颖、大数据学院周咏煊分别荣获演讲比赛优秀奖。三是各招生学院自主策划主办英语竞赛活动。由各学院自主承办英语竞赛活动，活动方案经审核通过后由外国语学院英语竞赛专项经费支出。2019年9月至12月，累计举办竞赛活动4场：分别为航空航天工程学院举办的英语四级提升竞赛活动、交通工程学院举办的"百词斩"英语词汇量评比活动、机械工程学院举办的"百词斩"校园活动以及材料与冶金工程学院举办的英语四级单词记忆竞赛等。

丰富多彩的第二课堂旨在深化高校英语教育，促进学风建设，增强学生自主学习的积极性，创新学习思维，丰富大学生课余生活，培养多元化人才。在各类英语竞赛中学院所带的学生捷报频传，收获满满，极大地促进了广大学生的英语学习热情，营造了良好的英语学习氛围。

一线教师录制了慕课课程和一系列微课视频，也要求学生录制了一系列的相关视频，使学生积极参与进来。老师们统筹考虑处理好传统与特色、内容与方法、教学与科研等各方面的关系；把握好教材、讲课、作业、辅导、考试等各个要素；解决好多媒体教学、网络教学、在线答疑、资源共享等问题，创造和建立了一个适合学生自主学习的良好环境。在混合式教学中，对课程进行反向设计，以未来发展对人才的要求为依据，倒推了原来的教学大纲和教学设计等。通过实践发现混合式教学的教学效果与传统方法上的教学效果相比具有显著差异性，对学生课堂行为及学习效果的影响更大。

在实施混合式教学中，教师和学生共同成长，教师拥有了成就感、学生拥有了获得感，师生能力得到提升与全面发展的同时也提升了教育教学质量。

（五）评价

教师经过2年的混合式教学，在对学生进行分层、分级学习的基础上，采用了OBE的教学理念，取得了较明显进步。这是《大学英语4》的成绩分析报告的一部分：

《大学英语 4》成绩分析报告

课程代码：1600000004 大学英语 4

开课时间：2018—2019 学年第二学期

根据《大学英语 4》综合成绩结果，现从学院、班级、教师等方面进行成绩分析。

《大学英语 4》是全校性必修课，全校共计 24 名教师讲授此课，2017 级 14 个学院 2 821 名学生学习此门课程，其中有 2 806 人参加考试，1 人缓考，10 人缺考，1 人取消考试资格，3 人其他情况；根据综合成绩统计得到：最高分为 98 分，最低分 0 分，平均成绩为 74.86 分，高于 2016 级大学英语平均成绩（71.5 分），其成绩分布图如图 1-2 所示。

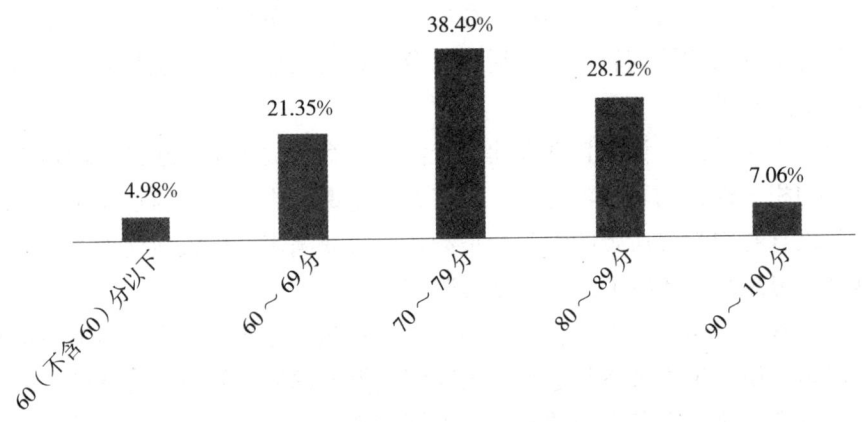

图 1-2　《大学英语 4》成绩分布图

从上图可知，2017 级《大学英语 4》80 分以上的人数占所有成绩的 35.18%，高于 2016 级《大学英语 4》的优良率（17.68%）。

四、分析和讨论

目前大学英语的学时、学分大幅度压缩和减少，要在有限的课堂时间完成原来规定的教学目标不太现实，通过混合式教学弥补了这一缺憾，即可以通过大学英语教学数字化资源开发整合，为学生营造最佳的外语环境。通过校本课程建设，为英语教育体系提供更丰富的共享资源，改变了传统课堂的单调和枯燥，取得了较好的课堂效果，但是 OBE 教学理念下的混合式教学也有很多需要提高的方面：

（一）尚未建立学分互认的教育模式

深入理解成果导向理念是教学设计的出发点，反向设计能促使教学目标的达成。但是目前全国甚至各个省内部都还没有建立学分互认的教育模式，要实现这一目标还有很长的一段路要走。

（二）慕课课程的管理和应用

慕课虽然大批量的出现，但是最终完成率低、获得证书人数少，学生参与度不高，并不能解决学生厌学的问题，引进优质资源对于教师的接受度也是挑战，另外还有兼容性问题、考试认证的技术与管理问题，如：是否是考生本人参加网络考试等，所以教师可以对慕课进行学习者特征分析：收集和分析学生在网络学习活动中交互的大量细节，其最终目标是为了构建更好的教学法、使学生主动参与学习、识别高风险学生群体（即存在学习困难的学生群体）、评估影响学生学业和成功的因素。

以后的研究中，如何加强慕课建、用、学、管，推进慕课资源共享，构建终身教育体系是值得思考的问题。

（三）混合式教学教师是关键

混合式教学倒逼教师角色转变，教师是教学系统中的重要组成部分和关键决定力量，促进教师发展、学术发展、专业发展和学术与教学组织发展的教师命运共同体尚未形成，其专业发展路径也是一线教师以后要研究内容之一。

在工程教育认证背景下，展开混合式教学，教师是关键。教师数量要能满足教学需要，结构合理，并有企业或行业专家作为兼职教师。教师要具有足够的教学能力、专业水平、工程经验、沟通能力和职业发展能力，并且能够开展工程实践问题研究，参与学术交流，教师的工程背景应能满足专业教学的需要。

教师要有足够的时间和精力投入到本科教学和学生指导中，并积极参与教学研究，为学生提供指导、咨询、服务，并对学生职业生涯规划、职业从业教育有足够的指导，并明确他们在教学质量提升过程中的责任，不断改进工作。

具体可以从以下层面加强教师素养：

社会层面：社会成员参与学生的学习成效评价。有社会成员参加的院系教学委员会、有企业专家参加的人才培养咨询委员会等。

学校层面：对新教师进行岗前培训，进行教改课题研讨会和教学交流会。在平时的教研室活动中，举行教学沙龙等活动。

教师个人：课堂教学是保障质量的主渠道，教师在课堂教学中要落实教师的主体责任。

OBE 教育理念对教师的教学投入提出很高要求。例如：教师需要投入较多的精力和心血研究烦琐的教学目标分解、一体化课程设计和教学方法选择，动态地评估学生发展水平，并根据学习产出评估反馈信息及时开展个性化学生辅导等。如果无法变更高校中普遍的"重科研、轻教学"的现状，无法调动教师参与教学的积极性，OBE 注定无法可持续开展。为了持续地、深入地推动 OBE 工程教育模式，调动教师参与教学的热情，各大高校要提出切实可行的激励措施才行。

（四）教师录制微课视频

在教学过程中，一线教师根据大学英语教学内容，录制了一系列的微课视频，让学生在课前和课后进行学习。

因为慕课制作需要的经费较多，各大平台上如果没有合适的慕课课程，建议教师自己可以多录制微课。微课的制作步骤如下：第一步：确定选题与教学设计，软件及硬件准备。第二步：搜集素材、制作课件、撰写解说词。第三步：完成录制、后期剪辑。录制方法如下。

（1）使用手机 + 白纸录制。

（2）使用手机屏幕录制功能 + 手机办公软件录制．

（3）使用录屏工具 +PPT 录制。

（4）使用录屏软件 + 手写板或画图工具录制。

（5）使用摄像机（DV）+ 白板 / 黑板录制。

（6）使用专业录播教室录制。

手机 + 白纸录制成本低，不需要什么技术，但是质量较低，不适合给学生观看。第 5 种使用摄像机（DV）+ 白板 / 黑板录制和第 6 种使用专业录播教室录制，这两种方法技术门槛比较高，费用也会相对比较高，特别是专业录制就更贵。所以编者建议使用屏录工具 + PPT 录制和使用录屏软件 + 手写板或画图工具录制，这些方法技术门槛较低，录制的质量比较高，适合学生观看。

经过编者和同事们的实验，现将几款录制微课的软件优缺点总结如表 1-4 所示。

表 1-4　录制微课软件优缺点对比

软件名称	优点	缺点	备注
Camtasia Studio（喀秋莎）	功能多 录制 + 剪辑	安装难度较大 操作界面较复杂	

续 表

软件名称	优点	缺点	备注
格式工厂	功能多 录制+剪辑 格式转换 操作界面较简单	资源占用稍高	
EV录屏+QQ影音	EV录屏：录制视频 QQ影音：剪辑视频 操作界面简单易懂	功能较单一	
VideoScribe	创意手绘动画 PPT的自定义动画效果	操作界面较复杂	
手写板	适合需要板书演示计算过程的课程	感触不是很灵敏	

在熟练技术的基础上，要注重细节。如教师的解说词在微课中就很重要，建议解说词要先打好腹稿或落实到纸面上（"讯飞语记"可以实现语音转文字，电脑版或手机版都可以）；2.用词尽量简单，句子不宜过长；3.语调抑扬顿挫有节奏感，语言流畅；4.分段录制，减少错误；5.如录制时开启了摄像头，则应适当看镜头，与学习者有眼神交流。

（五）学生制作视频

教师在实施混合教学模式的同时，还要鼓励学生制作一系列视频，教师可以收集一些学生拍摄的较好视频，在其他班级展示，也可以给下届的学生作为模板展示，鼓励学生自己制作或小组合作制作英语视频，从而提高学生的成就感和学生团队合作精神。

五、教学大纲和教学日历

编者带领团队教师进行了教学尝试，现将 OBE 教学理念的教学大纲和教学日历展示如下：

（一）教学大纲

《大学英语1》课程教学大纲

英文名称：College English 1　　课程号：1618110001

学时：3学分

课程类别：校级通识课　　　　　课程性质：必修课

课程归属单位：大学外语教学部　适用专业：2019级B班全体学生

编制时间：2019年8月

1. 课程的简介

大学英语课程是高等教育的一个有机组成部分，是大学生的一门必修的通识课。大学英语是以外语教学理论为指导，以英语语言知识与应用技能、跨文化交际和学习策略为主要内容，并集多种教学模式和教学手段为一体的教学体系。大学英语的教学目标是培养学生的英语综合应用能力，特别是听说能力，使他们在今后工作和社会交往中能用英语有效地进行交际，同时增强其自主学习能力，提高综合文化素养，以适应社会发展和国际交流的需要。《大学英语》课程中有机融入了思想政治教育元素，充分体现了习近平新时代中国特色社会主义思想、社会主义核心价值观等相关课程要点内容。从"价值引领、知识传授和能力提升"三个方面全方位着手培养了学生的道德水平。强调借助语言教学优势，弘扬民族精神、爱国精神，引导学生形成正确的人生观、价值观和世界观。

通过本课程的学习，要求学生达到以下目标：

（1）听力理解能力：能听懂英语授课；能听懂日常英语谈话和一般性题材讲座；能基本听懂慢速英语节目，语速为每分钟130词左右；能掌握其中心大意，抓住要点；能运用基本的听力技巧帮助理解。

（2）口语表达能力：能在学习过程中用英语交流；并能就某一主题进行讨论，能就日常话题和英语国家的人士进行交谈；能就所熟悉的话题经准备后做简短发言，表达比较清楚，语音、语调基本正确；能在交谈中使用基本的会话策略。

（3）阅读理解能力：能基本读懂一般性题材的英文文章，阅读速度达到每分钟70词。在快速阅读篇幅较长、难度略低的材料时，阅读速度能达到每分钟100词；能基本读懂国内英文报刊，掌握中心意思，理解主要事实和有关细节；能读懂工作、生活中常见的应用文体的材料；能在阅读中使用有效的阅读方法。

（4）书面表达能力：能完成一般性写作任务；能描述个人经历、观感、情感和发生的事件等；能写常见的应用文；能就一般性话题或提纲在半小时内写出120词的短文，内容基本完整，用词恰当，语意连贯；能掌握基本的写作技能。

（5）翻译能力：能借助词典对题材熟悉的文章进行英汉互译，英汉译速为每小时300个单词，汉英译速为每小时250个字；译文基本流畅；能在翻译时使用适当的翻译技巧。

（6）推荐词汇量：掌握的词汇量应达到4 795个单词和700个词组（含中

学应掌握的词汇），其中 2 000 个单词为积极词汇，即要求学生能够在认知的基础上学会熟练运用，包括口头和书面表达两个方面。

主要教学环节及学时安排见表 1-5。

表 1-5　主要教学环节及学时安排

教学环节	读写教学	视听说教学	合计
学时数	24	24	48

2. 先修要求

本门课是在学生高中英语的基础上，大学一年级第一学期开设。学生有英语学习动机，有较强的自主学习意识，能理解口头或书面材料中表达的观点并发表自己的见解；能有效地使用口头或书面语言描述个人经历；能在教师的帮助下有计划、有组织地实施英语学习活动；能主动利用多种教育资源进行学习；能初步对学习过程和结果进行自我评价，调整学习目标和策略；能体会交际中语言的文化内涵和背景。

3. 预期学习结果

预期学习成果见表 1-6。

表 1-6　预期学习成果

毕业要求（一级）	毕业要求（三级）	知识点/毕业要求	权重（∑=1）	要求程度	预期学习结果（ILO）

本表注：
* 以布卢姆学习目标分类法（Bloom's Taxonomy）为基础描述学生在学完本课程后应具有的能力，要求程度栏内以 L1（认知）、L2（理解）、L3（应用）、L4（分析）、L5（综合）、L6（判断）来表示对此级能力要求达到的程度，无要求则留空。

因为表格所涉及的内容较多，故省略此部分，特此说明。

4.教学内容及安排

（1）具体课程安排

因为涉及的内容较多，省略。

（2）成绩考核

①考核环节与比例见表1-7。

表1-7 考核环节与比例

考核环节		权重
平时表现	作业	10%
	考勤	10%
	课堂表现	10%
	网络自主学习	10%
期末考试		60%
合计		100%

注：表格中的考核环节仅供参考，可自行修改

②课程考核细则见表1-8。

表1-8 课程考核细节

考核项目	毕业要求（三级）	相关的预期学习结果（ILO）
平时作业	至少掌握一门外语，具有一定的沟通应用能力	能够按时完成相关作业，完成作业质量好
考勤		出勤率 >90%
课堂表现		课堂互动好
网络自主学习		能理解听力材料；能理解文章中心大意、关键信息、篇章结构和隐含意义等
期末考试		通过考试，学生的听说读写译能力基本能达到认知、理解和应用

③课程考核评估标准见表1-9。

考核项目1：平时作业、考勤、课堂表现

课程：大学英语1

考核方式：记录　考核权重：30%

表 1-9　平时作业、考勤、课堂表现不同期望值

预期学习结果	低于期望	符合期望	超越期望
作业	不按时交作业，完成质量差	按时完成作业，完成质量好	作业完成质量非常好
考勤	出勤率低于90%	出勤率高于90%～95%	出勤率高于95%
课堂表现	课堂沉闷或者课堂纪律差	与教师互动良好，课堂气氛好	与教师互动积极，课堂气氛非常好

考核项目 2：自主学习
课程：大学英语 1　　考核方式：单元测试　　考核权重：10%

表 1-10　自主学习不同期望值

预期学习结果	低于期望	符合期望	超越期望
ILO-1 单元测试	单元测试成绩平均分低于60分	单元测试成绩平均分在60～85分	单元测试成绩平均分在85～100分
ILO-2 口语测试	不能用英语表达完整的意思	能够就熟悉的主题或话题进行简单的口头交流	能够就较熟悉的主题或话题进行较为自如的口头和书面交流

考核项目 3：期末考试
课程：大学英语 1　　考核方式：闭卷测试　　考核权重：60%

表 1-11　试卷不同期望值

预期学习结果	低于期望	符合期望	超越期望
ILO-1 听力	试卷中关于听力的题型得分不超过60%	试卷中关于听力的题型得分为60%～85%	试卷中关于听力的题型得分超过85%
ILO-2 阅读	试卷中关于阅读的题型得分不超过60%	试卷中关于阅读的题型得分为60%～85%	试卷中关于阅读的题型得分超过85%
ILO-3 作文	试卷中关于作文的题型得分不超过60%	试卷中关于作文的题型得分为60%～85%	试卷中关于作文的题型得分超过85%

　　形成性评估可以采用课堂活动和课外活动记录、网上自学记录、学习档案记录、访谈和座谈等多种形式，以便对学生学习过程进行观察、评价和监督，促进学生有效地学习。终结性评估是在一个教学阶段结束时进行的总结性评

估。终结性评估主要包括期末课程考试和水平考试。这种考试应以评价学生的英语综合应用能力为主，不仅要对学生的读写译能力进行考核，而且要加强对学生听说能力的考核。教学评估还包括对教师的评估，即对其教学过程和教学效果的评估。对教师的评估不能仅仅依据学生的考试成绩，而应全面考核教师的教学态度、教学手段、教学方法、教学内容、教学组织和教学效果等。

④教材及推荐参考书

教材：

a. 汪榕培，石坚，邹申. 21世纪大学英语应用型综合教程（第一册）[M]. 上海：复旦大学出版社，2017.

b. 杨惠中. 新世纪大学英语视听说教程（第一册）[M]. 上海：上海外语教育出版社，2017.

c. 王健芳. 新思维大学英语快速阅读（第一册）[M]. 北京：外文出版社，2019.

d. 郑树棠. 新视野大学英语长篇阅读（第四册）[M]. 北京：外语教学与研究出版社，2015.

推荐参考书：

a. 张成祎. 大学英语语法手册[M]. 上海：上海外语教育出版社，2004.

b. NORMAN GERMAN. 英语识趣——语言的游戏[M]. 翟象俊，高亚萍，译. 上海：复旦大学出版社，2013.

c. 吉红卫. 中国文化英语教程[M]. 上海：复旦大学出版社，2013.

d. 王恩铭. 美国文化教程[M]. 上海：复旦大学出版社，2011.

e. 赵卫东. 21世纪大学英语英汉互译教程[M]. 上海：复旦大学出版社，2012.

f. 蔡基刚. 通用学术英语写作教程[M]. 上海：复旦大学出版社，2015.

推荐网站：

a. 全国大学英语四、六级考试网：http://www.cet.edu.cn/

b. 普特听力：http://www.putclub.com/

c. 沪江英语：http://www.hjenglish.com/

d. 爱思英语学习网：http://www.24en.com/

e. 批改网：http://www.pigai.org/

f. 中国日报网：https://www.chinadaily.com

g. 在线MOOC资源：Know Before You Go: 趣谈"一带一路"国家，智慧树地址：http://coursehome.zhihuishu.com/courseHome/2039310

h. 在线MOOC资源：Campus English——校园英语，智慧树地址：http://course.

zhihuishu.com/courseShare/shareCourseVideo?courseId=2036564&videoOwnerType=2&videoOwnerId=565927&courseBulidStatus=0

(二)教学日历

贵州理工学院本科教学日历

(2018—2019学年度第二学期)

任课教师：×××　　职称：×××　　所属院(部)：大学外语教学部

课程名称(课程号)：大学英语4(1600000004)开课班级(学生人数)：17B××(52人)

主要参考教材名称：*21st Century Applied Comprehensive Course(4)*，*New Century College English Learning to Speak: An English Video Course(4)*

课程考核方式：考试

学分数：3　总学时：54　讲授学时：28　实验(实习)学时：26　其他学时：0

表1-12　教学日历

序号	周次	星期/节次/日期	授课内容提要	教学方式	评价方式
1	1	Tuesday 7-8 (3.5)	*New Century College English Learning to Speak: An English Video Course(4)*: Unit 2 Technology Today Contents: 1. Vocabulary Link 2. Listening 3. Pronunciation 4. Speaking & Communication	Teacher's lecture Teacher-Student interaction	Explanation Discussion Assignment
2	1	Thursday 3-4 (3.7)	*21st Century Applied Comprehensive Course(4)* Unit 1 Do it yourself 1.Lead in : Starter & Warm-up 2.Explanation of Text A's words	Teacher's lecture Teacher-Student interaction	Explanation Discussion Assignment

续 表

序号	周次	星期/节次/日期	授课内容提要	教学方式	评价方式
3	2	Tuesday 7–8 (3.12)	*New Century College English Learning to Speak: An English Video Course (4):* Unit 2 Technology Today Lesson B City Living Contents: 1. Preview 2. While You Watch 3. After You Watch	Teacher's lecture Teacher–Student interaction	Explanation Discussion Assignment
4	2	Thursday 3–4 (3.14)	*21st Century Applied Comprehensive Course (4)* Unit 1 Do it yourself Intensive explanation: Analysis of the core sentences and structures of Text A	Teacher's lecture Teacher–Student interaction	Quiz Explanation Discussion Assignment
5	3	Tuesday 7–8 (3.19)	I. Explanation of college English comprehensive exercises (1) II. *New Century College English Learning to Speak: An English Video Course (4)* Network classes: Students' autonomous learning: Unit 1 & Unit 2	Teacher's lecture Teacher–Student interaction Students' autonomous learning	Quiz Explanation Assignment
6	3	Thursday 3–4 (3.21)	*21st Century Applied Comprehensive Course(4)* Unit 1 Do it yourself 1.Explanation of related exercises of Text A 2. Part B Cloze	Teacher's lecture Teacher–Student interaction	Questions Discussion Explanation Assignment

续 表

序号	周次	星期/节次/日期	授课内容提要	教学方式	评价方式
7	4	Tuesday 7-8 (3.26)	*New Century College English Learning to Speak: An English Video Course (4)*:Unit 5 Big Business Contents: 1. Vocabulary Link 2. Listening 3. Pronunciation 4. Speaking & Communication	Teacher's lecture Teacher-Student interaction	Explanation Discussion Assignment
8	4	Thursday 3-4 (3.28)	*21st Century Applied Comprehensive Course (4)* Unit 1 Do it yourself Part C Skill Development: Practical Writing/ Workshop/ Reading skills and cultural links	Teacher's lecture Teacher-Student interaction	Questions Quiz Discussion Explanation Assignment
9	5	Tuesday 7-8 (4.2)	I. Explanation of college English comprehensive exercises (2) II. *New Century College English Learning to Speak: An English Video Course (4)* Network classes: Students' autonomous learning: Unit 3 & Unit 4	Teacher's lecture Teacher-Student interaction Students' autonomous learning	Quiz Explanation Assignment
10	5	Thursday 3-4 (4.4)	*21st Century Applied Comprehensive Course(4)* Unit 2 Privacy 1. Lead in: Starter & Warm-up 2. Explanation of Text A's words	Teacher's lecture Teacher-Student interaction	Explanation Discussion Assignment

续 表

序号	周次	星期/节次/日期	授课内容提要	教学方式	评价方式
11	6	Tuesday 7–8 (4.9)	New Century College English Learning to Speak: An English Video Course(4): Unit 5 Big Business Lesson B City Living Contents: 1. Preview 2. While You Watch 3. After You Watch	Teacher's lecture Teacher-Student interaction	Explanation Discussion Assignment
12	6	Thursday 3–4 (4.11)	21st Century Applied Comprehensive Course (4) Unit 2 Privacy Intensive explanation: Analysis of the core sentences and structures of Text A	Teacher's lecture Teacher-Student interaction	Quiz Explanation Discussion Assignment
13	7	Tuesday 7–8 (4.16)	I. Explanation of college English comprehensive exercises (3) II. New Century College English Learning to Speak: An English Video Course(4) Network classes: Students' autonomous learning: Unit 5 & Unit 6	Teacher's lecture Teacher-Student interaction Students' autonomous learning	Quiz Explanation Assignment
14	7	Thursday 3–4 (4.18)	Sports Meeting		
15	8	Tuesday 7–8 (4.23)	New Century College English Learning to Speak: An English Video Course(4): Unit 6 Wealth Contents: 1. Vocabulary Link 2. Listening 3. Pronunciation 4. Speaking & Communication	Teacher's lecture Teacher-Student interaction	Explanation Discussion Assignment

续 表

序号	周次	星期/节次/日期	授课内容提要	教学方式	评价方式
16	8	Thursday 3-4 (4.25)	*21st Century Applied Comprehensive Course(4)* Unit 2 Privacy 1.Explanation of related exercises of Text A 2. Part B Cloze	Teacher's lecture Teacher-Student interaction	Questions Discussion Explanation Assignment
17	9	Tuesday 7-8 (4.30)	I. Explanation of college English comprehensive exercises (4) II. *New Century College English Learning to Speak: An English Video Course (4)* Network classes: Students' autonomous learning: Unit 7 & Unit 8	Teacher's lecture Teacher-Student interaction Students' autonomous learning	Quiz Explanation Assignment
18	9	Thursday 3-4 (5.2)	*21st Century Applied Comprehensive Course (4)* Unit 2 Privacy Part C Skill Development: Practical Writing/Workshop/ Reading skills and Cultural links	Teacher's lecture Teacher-Student interaction	Questions Quiz Discussion Explanation Assignment
19	10	Tuesday 7-8 (5.7)	*New Century College English Learning to Speak: An English Video Course(4)*: Unit 6 Wealth Lesson B City Living Contents: 1. Preview 2. While You Watch 3. After You Watch	Teacher's lecture Teacher-Student interaction	Explanation Discussion Assignment

续 表

序号	周次	星期/节次/日期	授课内容提要	教学方式	评价方式
20	10	Thursday 3-4 (5.9)	*21st Century Applied Comprehensive Course (4)* Unit 5 Financial Management 1.Lead in : Starter & Warm-up 2.Explanation of Text A's words	Teacher's lecture Teacher-Student interaction	Explanation Discussion Assignment
21	11	Tuesday 7-8 (5.14)	*New Century College English Learning to Speak: An English Video Course (4):* Unit 7 Social Issues Contents: 1. Vocabulary Link 2. Listening 3. Pronunciation 4. Speaking & Communication	Teacher's lecture Teacher-Student interaction	Explanation Discussion Assignment
22	11	Thursday 3-4 (5.16)	*21st Century Applied Comprehensive Course (4)* Unit 5 Financial Management Intensive explanation: Analysis of the core sentences and structures of Text A	Teacher's lecture Teacher-Student interaction	Quiz Explanation Discussion Assignment
23	12	Tuesday 7-8 (5.21)	*New Century College English Learning to Speak: An English Video Course (4):* Unit 7 Social Issues Lesson B City Living Contents: 1. Preview 2. While You Watch 3. After You Watch	Teacher's lecture Teacher-Student interaction	Explanation Discussion Assignment

续表

序号	周次	星期/节次/日期	授课内容提要	教学方式	评价方式
24	12	Thursday 3–4 （5.23）	*21st Century Applied Comprehensive Course (4)* Unit 5 Financial Management 1. Explanation of related exercises of Text A 2. Part B Cloze	Teacher's lecture Teacher-Student interaction	Questions Discussion Explanation Assignment
25	13	Tuesday 7–8 （5.28）	Explanation of college English comprehensive exercises（5）	Teacher's lecture Teacher-Student interaction	Questions Explanation Assignment
26	13	Thursday 3–4 （5.30）	*21st Century Applied Comprehensive Course (4)* Unit 5 Financial Management Part C Skill Development Practical Writing/ Workshop/ Reading skills and cultural links	Teacher's lecture Teacher-Student interaction	Questions Quiz Discussion Explanation Assignment
27	14	Tuesday 7–8 （6.4）	Review	Review & Discussion Teacher-Student interaction	Discussion Explanation

备注：

1. 凡遇国家法定节假日，需在授课内容提要栏内注明节假日放假（如5月1日劳动节、10月1日国庆节、1月1日元旦节等）。

2. 本表由课程任课教师填写。一式2份，一份自用、一份交所在学院（部）存档备查。

教研室主任（签名）： 教学科研科科长（签名）：

20 年 月 日

第三节　疫情背景下大学英语教学实践与思考

著名的乔布斯之问：为什么计算机改变了几乎所有领域，却唯独对学校教育的影响小得令人吃惊？原因是什么？2020年的新冠肺炎疫情之下，中国的"停课不停教，停课不停学"，深远地影响了以后的教育与教学。

外语教育和教学的发展总是与时代命题紧密相连。2020年新冠肺炎疫情的暴发，在全世界共同抗击疫情、以合作之力牢筑人类共同防线的特殊时期，我国外语教育也面临新挑战与新课题。无论是在加强国际交流合作、构建人类命运共同体进程中发挥的重要作用，还是在开展线上教学、推动共享优质资源理念与创新模式，都对外语教育教学发展产生了深远影响。

2020年春季学期全国大规模进入了网络课堂，很多高校也把实体课堂搬到了线上教学。一线教师面临着前所未有的挑战与全新体验。"停课不停教，停课不停学"既是战疫情应急之举，也是"互联网+"教育的重要成果应用展示。现代信息技术给人类社会带来了巨大变化，对大学英语教学也产生了系统性影响，信息技术不仅是人们平时工作、学习、生活的手段，更是对21世纪的人类社会形成的数字化生存方式，在英语教学领域方面，这种方式正对教学目标、教学内容和教学模式产生了重要影响。

在疫情期间，上线慕课新增5 000门，平台培训师资人数新增394万，其他在线课程共1.84万门。各类在线资源有力支撑了高校在线教学。

当下，伴随着网络教学的逐步深入开展和常态化，引发了编者对未来教育教学的变革与走向的深度思考。

一、新实践

近年来，教育部发布了关于教育信息化的文件，要求加强教育信息化顶层设计，发布了《教育信息化十年发展规划（2010—2020年）》《教育信息化"十三五"规划》《教育信息化2.0行动计划》等文件，积极发展"互联网+教育"。

信息化时代，人们越来越习惯于通过信息技术进行学习、生活和工作。截至2017年12月，我国网民规模达7.72亿，互联网普及率为55.8%，我国已经成为互联网大国。中国目前主要的慕课平台有："学堂在线""智慧树""中国大学MOOC""好大学在线""优课联盟"等。

2020年1月29日，教育部提出要利用网络平台，"停课不停学"。在新冠肺炎疫情背景下，教师的教学从实体课堂变为网络教学。2020年2月4日，教育部印发《关于在疫情防控期间做好普通高等学校在校教学组织与管理工作的指导意见》，要求采取政府主导、高校主体、社会参与的方式，共同实施并保障高校在疫情防控期间的在线教学，实现"停课不停教，停课不停学"。2020年2月6日，教技厅函〔2020〕7号《教育部应对新型冠状病毒感染肺炎疫情工作领导小组办公室关于疫情防控期间以信息化支持教育教学工作的通知》对扎实做好教育信息化工作、支持学校延期开学期间线上教学工作开展发出通知："各地各校要制定网络教学工作指南，充分利用网络教学组织方法微课等资源，组织开展教师信息化教学和疫情防控知识线上培训，组织、指导开展网络教研，增强广大教师利用信息技术开展网络教学的意识和能力。"为接下来的师生进行网络教学与学习的教学活动吹响了号角。

在疫情期间，实行"停课不停教，停课不停学"对学生和教师都是一种挑战。

在疫情初期，"硬核河南"组织的全省教师和学生新冠肺炎认知调查结果表明，面对疫情，79.31%的学生表示担忧，57.59%的学生表示焦虑，57.10%的学生表示害怕，96.21%的学生表示肯定能战胜疫情，同样教师也有类似的焦虑和担忧。所以疫情期间的网络教学，教师不仅要传授知识，也要疏导学生可能存在的消极情绪，让学生感受到即使有疫情的存在，老师和同学也会陪伴在自己身旁，一起渡过难关，特别是教师，结合课程学习还要加强学生对社会化的认知和理解。

二、教学实践

"朋友，在中国，在你身边，在这个特殊时期，你看见了什么，又记住了什么？你为什么感动？又为什么彻夜难眠？"一段名为《相信》的朗诵，在2020年的元宵晚会上让多少人泪目。在2020年疫情暴发的特殊时刻，为实现"停课不停学"、学习不延期的目标，编者所在教研室根据学校教学安排部署，多措并举，利用"互联网+"开展网上课程和远程教育教学活动。为了呈现一堂又一堂精彩网课，作为教研室主任的编者带领教研室的全体教师拼尽了全力。

（一）组织网络教学培训及"人人过关"网络教学测试

2020年的新冠肺炎疫情期间，为培养学生的国际视野和家国情怀，落实立德树人任务，2020年2月10日起，教研室根据学院安排，寒假期间就积极组织教研室全体教师参与各大平台免费直播课程共计10余次，并要求教师们就每天的学习心得在教研室 QQ 工作群进行分享和讨论。每天教师们固定时间听讲座，并就教学方式、课程建设、监督管理等涉及线上教学的各个方面进行探讨，这是一次很好的提升自我的机会。

通过培训和互相沟通交流，教师们对开设网络课程由最开始的担忧转变为跃跃欲试。在正式上课前，每位教师在自己所带的班级进行了网络平台测试。开始了从光荣的人民教师转岗成为一名十八线的没有名气的女主播或男主播。

在正式上网络课程之前，教师首先需要确定自己到底使用哪种网络平台，上课方式是什么，是纯直播、直播+录播，还是学生自主学习 MOOC+教师讲解等这些相关问题教师要先确定下来，然后再来选择合适的直播平台，有了针对性才能熟练运用网络资源。

老师们在教研室活动中分享了自己所用平台的优点和缺点。

"雨课堂"直播。优点：学生无须额外安装软件，之前学校师生就用过，用户有一定的操作基础，易上手；教师可以发布随堂测试题，并获得学生答题情况反馈；学生可以回看；教师可以掌握学生出勤、答题、讨论情况。缺点：不支持屏幕共享功能；师生不能直接语音对话；不支持 PPT 动画效果。

QQ 直播。优点：QQ 群是学生比较熟悉的软件，容易操作，便于使用语音进行互动，互动时可以是单独一个同学，也可以通过右键取消"全员静音"进行群体间互动，还可以通过文字编辑互动；可根据界面看到上课的人数和未加入学生的姓名来进行考勤，学生掉线可以随时看到；此外 PPT 自带的音频和视频播放操作也比较方便；有群空间储存文件、群公告、作业提交这些适合教学场景的功能。缺点：如果学生因为网络等原因没有进入课堂，课后就不能通过回放进行补课；不能发布随堂测试题，不能记录学生在课堂中的讨论、做题情况。

"钉钉"直播。优点：直播形式多样，交互性较强；操作比较简单，同时学生对有疑问的知识点可以进行回播观看；上课时人数可以通过互动面板显示，也能通过弹幕与学生进行交互，还可以掌握学生课堂参与情况；音频与视频的播放和观看流畅；课后钉钉后台能够导出详细数据，记录每位同学的观看情况（如观看时长等）及未观看学生的姓名。缺点：上课班级需要提前建群；直播时学生连麦会偶尔出现卡顿，不能记录学生在课堂上的讨论、做题情况；做题信息反馈情况较少，仅仅只有群投票一种形式。

腾讯会议。优点：注册方便，无须学校认证；界面简单，预订会议会给学生提前发会议提醒。缺点：上课班级需要提前建群，不能发布随堂测试题，不能记录学生在课堂上的讨论、做题的情况；学生若因为各种原因没有听课，无法通过回放来补课。

现将各个软件功能对比如下表 1-13 所示。

表 1-13　各软件功能对比图

	腾讯会议	钉钉	QQ 直播	雨课堂
音频直播	√	√	√	√
视频直播	√	√	√	√
播放课件	√	√	√	√
屏幕共享	√	√	√	
课堂讨论	√	√	√	
直播回放		√		√
反馈课堂情况		√		√
弹幕功能		√		√
聊天区	√			
发布试题		√		√

这是一线教师网络教学所用的主要软件，当然还有其他的，比如"ZOOM"、超星、"学习通"等，在此就不一一赘述。随着网络教学的深入，教师对各个教学平台和智能工具有了更深的认识，由一开始的忐忑不安、焦虑和慌乱也变为泰然处之。

（二）特别的课献给学生

为了能顺利上课，老师们准备了 2 个星期。虽然暂时无法回到熟悉的校园和课堂，但是通过网络课程，老师们也同样期待着学生们精彩的回答，渴望着与学生进行高质量的互动，企盼着能切身感受到他们学习进步以及与同行促膝交流……虽然大学生分散在祖国各个地方，但是相信他们一定会在广阔教育的土地上发芽、开花、结果。

在讲授大学英语课程中，开学第一课教师就向学生宣讲防疫知识，如相关词汇的英文表达：

表 1-14 防疫知识词汇表达

中文	译文	中文	译文
新型冠状病毒	COVID-19	潜伏期	latant
病毒	virus	疫苗	vaccine
肺炎	pneumonia	疲劳	fatigue
隔离	isolate/quarantine	感染风险	infection risk
发烧	fever	干咳	dry cough
发冷	chill	疑似病例	suspected cases
头痛	headache	确定病例	confirmed cases
鼻塞	nose obstruction	野味	game
密切接触	close contact	症状	symptom
传染性的	contagious	暴发	outbreak
人传人	human-to-human transmission	一线医务人员	front-line medical worker
疫情防控阻击战	the battle of epidemic prevention and control	全球疾病防控	global disease prevention and control

同时教师会用相关例句加深学生对这些词汇的理解。另外对 How can we do to prevent and control the COVID-19 让学生用英语回答如何预防和控制新冠肺炎的传染。What will you do when we can go out? 让学生头脑风暴，对疫情结束之后自己想做的事情进行描述。另外教师也讲解了新冠肺炎疫情期间的一些谣言，让学生相信科学、相信政府、相信人民一定会战胜疫情。

通过第一课，融入了疫情词汇和知识，让学生学会了辩证思维，同时教会了学生要学会辨析疫情信息的真伪。

（三）网络教学情况

开学初，校领导、教务处、校督导组、教学单位负责人、辅导员、班主任深入线上课堂对教学工作进行全面检查，做到开学网络课程全覆盖、教师全覆盖、班级全覆盖、学生全覆盖。检查的内容主要包括任课老师采用的授课平台，网络教学形式，遇到的问题，教师到位、学生到课的情况，课表执行情况，网络运行情况，应急预案准备及启动情况等。

教务处老师在以后的网络教学中也是随机进入课堂查课、听课，了解并掌握网络情况、学生出勤情况、教学内容及课堂情况等，对存在的问题及时反馈，进行研究解决。教务处在开学前2周，每天发布网络教学情况简报，各个学院和教学部门根据简报了解每天网络教学情况，同时教师之间也互相学习网络教学的经验。

根据网络教学的特点，教师要推送课前预习任务、课中作业、课后复习作业；每次上课前应对课前预习任务、课后作业进行考查；重新设计平时成绩的内容和权重，加强学生学习过程管理；组织课程半期测试，加强对平时作业和半期测验的比重，以检验学生学习的效果。学院与家庭紧密联系，教师、辅导员、班主任与学生随时沟通，了解并督促学生学习，让学生忙起来。

课前：教师需要明确告知学生教学任务是什么，增强学生自主学习，不管是邀请学生观看慕课课程还是提前做一些习题，如导学案等，都要教师指令清楚，明确地告诉学生，这样学生才会明白自己在课前要做的事情，同时对接下来的课堂中教师要讲解的内容做到心里有数。

课中：利用网络平台教师进行直播或者录播，课中因为是线上课程，教师与学生沟通时直接进行语音交流会出现一些问题，比如学生要申请连麦等这些都需要流量保证，如果学生网络不太好的话就会出现偶尔卡顿的现象，建议这样的情况下学生可以直接进行文字交流，以实现师生流利地进行沟通的目的。在课堂中还可以把中国文化有效融入，特别是疫情期间，教师可以对学生进行生命和责任的教育。学生可以把自己做的作业和课堂笔记上传，进行分享，当然课堂上教师还要尽可能地与学生进行连麦互动，让学生能够有成就感，调动学习积极性。教师通过点评，能有效地使学生知道学习效果，建议尽可能增加互动性。

教师一定要以各种方式与学生进行交流，如果一节课都是教师一个人在上课，学生没有回应和交流，这样的课堂，其实效率并不高。

课后：教师和学生进行反思。例如学生在学完一个单元之后对所学内容进行梳理和总结，可以以个人或小组为单位进行。教师同样也要对线上课堂教学效果进行反思，坚持使用比较好的教学方式，觉得有需要提高的地方可以在接下来的课程中继续完善。

三、关于测试

测试可以促学和促教。在学完课程一个单元之后，教师可以进行测试，看看教学效果如何。这一部分其实是比较难的部分，测试的方式可以利用"雨课堂"或者 iTest 云平台等软件进行，在正式考试之前要求学生进行系统的模拟演练。无论用电脑还是使用手机，学生感觉操作比较方便即可，但是教师要最大限度地预防作弊，可以尝试一下方法，比如试题量要饱和，让学生没有太多时间去作弊，另外也可以通过系统设置同题异序，就是学生的试题答案顺序应该乱序等。对于考试中听力出现的问题，管理员要随时进行重置等。作文可以用 iWrite 平台或者"批改网"进行批改。

四、线上教学有关数据

本章最后把编者所在的高校在 2020 年新冠肺炎疫情暴发和进行防控的背景下，学校开始线上教学 2 周之后对线上教学教师适应性和需求调查的详细内容列举，之所以这么详细列举，是为之后开展类似教学的研究提供翔实的数据支撑。

附：编者所在学校线上教学教师适应性和需求调查

第 1 题　您是（　）　　[单选题]

选项	小计	比例
思政课教师	28	11.11%
专业课教师	224	88.89%
本题有效填写人次	252	

第 2 题　您熟悉使用的网络教学平台功能吗？　　[单选题]

选项	小计	比例
非常熟悉	26	10.32%
较熟悉	107	42.46%
熟悉	75	29.76%
一般	44	17.46%
不熟悉	0	0%
本题有效填写人次	252	

第 3 题　您使用哪些平台上课？　　[多选题]

选项	小计	比例
雨课堂直播	206	81.75%
QQ 群课堂	123	48.81%

续　表

选项	小计	比例
腾讯会议	94	37.3%
腾讯课堂	49	19.44%
钉钉	79	31.35%
超星	11	4.37%
慕课平台（学堂在线，智慧树，中国大学慕课等）	57	22.62%
其他	11	4.37%
本题有效填写人次	252	

第4题　您喜欢的直播平台排序（　）　　[排序题]

选项	平均综合得分	
雨课堂	5.11	
QQ群课堂	3.79	
腾讯会议	3.11	
钉钉	2.57	
腾讯课堂	1.77	
慕课平台（学堂在线等）	0.85	
其他	0.14	
超星	0.08	

第 5 题 您觉得哪一个平台最好用？ [单选题]

选项	小计	比例
雨课堂	42	16.67%
腾讯会议	52	20.63%
腾讯课堂	41	16.27%
QQ 群课堂	55	21.83%
钉钉	56	22.22%
超星	0	0%
其他	6	2.38%
本题有效填写人次	252	

第 6 题 您上课查看学生到课率情况吗？ [单选题]

选项	小计	比例
是	249	98.81%
否	3	1.19%
本题有效填写人次	252	

第 7 题 您通过（ ）查看到课率？ [多选题]

选项	小计	比例
雨课堂签到	153	60.71%
直播间让同学们输入名字或代码签到	71	28.17%
随机点名	127	50.4%

续 表

选项	小计	比例
班长统计	44	17.46%
直播软件统计学生观看直播时长	106	42.06%
其他	19	7.54%
本题有效填写人次	252	

第8题　您觉得哪个平台检查学生到课率最好？　　[多选题]

选项	小计	比例
雨课堂	168	66.67%
腾讯课堂	43	17.06%
QQ 群课堂	54	21.43%
钉钉	51	20.24%
超星	2	0.79%
腾讯会议	26	10.32%
其他	9	3.57%
本题有效填写人次	252	

第9题　您提前给学生发布预习内容吗？　　[单选题]

选项	小计	比例
是	246	97.62%
否	6	2.38%
本题有效填写人次	252	

第 10 题　您在课堂上检查学生预习成果吗？　　[单选题]

选项	小计	比例
是	231	91.67%
否	21	8.33%
本题有效填写人次	252	

第 11 题　您在直播的时候能关注学生留言或弹幕并给予回复吗？　[单选题]

选项	小计	比例
能	208	82.54%
不能	1	0.4%
偶尔能	43	17.06%
本题有效填写人次	252	

第 12 题　您直播的时候最怕遇到什么情况？　[多选题]

选项	小计	比例
网络卡顿进不去	230	91.27%
学生听不到	154	61.11%
学生不喜欢听	76	30.16%
学生不来直播间	98	38.89%
其他	11	4.37%
本题有效填写人次	252	

第13题　直播过程中您知道有学生退出或不听课吗？　　[单选题]

选项	小计	比例
知道	133	52.78%
不知道	119	47.22%
本题有效填写人次	252	

第14题　您在直播授课的时候关注他们的课堂纪律吗？　　[单选题]

选项	小计	比例
关注	240	95.24%
不关注	12	4.76%
本题有效填写人次	252	

第15题　您知道雨课堂签到有弊端吗？　　[单选题]

选项	小计	比例
知道	165	65.48%
不知道	87	34.52%
本题有效填写人次	252	

第16题 您的班上有无法上网课的同学吗？ [单选题]

选项	小计	比例
有	88	34.92%
没有	137	54.37%
不清楚	27	10.71%
本题有效填写人次	252	

第17题 对于不能上网课的同学您准备怎么做？ [单选题]

选项	小计	比例
提供材料让自学	205	81.35%
回来补课	33	13.1%
没考虑	14	5.56%
本题有效填写人次	252	

第18题 您给学生提供电子教材了吗？ [单选题]

选项	小计	比例
是	225	89.29%
否	27	10.71%
本题有效填写人次	252	

第19题 您的课程给学生提供了什么样的参考资料? [多选题]

选项	小计	比例
电子教材	203	80.56%
PPT	235	93.25%
教材拍照图片	31	12.3%
慕课平台的课程链接	144	57.14%
其他	50	19.84%
没有	1	0.4%
本题有效填写人次	252	

第20题 您每节课会给学生布置课后作业吗? [单选题]

选项	小计	比例
会	185	73.41%
不会	2	0.79%
偶尔会	65	27.80%
本题有效填写人次	252	

第21题 学生完成预习作业的比例是多少? [单选题]

选项	小计	比例
百分之三十	63	25%
百分之五十	60	23.81%
百分之七十	84	33.33%
百分之九十	39	15.48%
百分之百	6	2.38%
本题有效填写人次	252	

第22题 学生完成课后作业的比例是多少？ [单选题]

选项	小计	比例
百分之三十以内	24	9.53%
百分之五十	42	16.67%
百分之七十	71	28.17%
百分之九十	84	33.33%
百分之百	31	12.3%
本题有效填写人次	252	

第23题 您觉得在您直播的时间里多大比例的学生在听课？ [单选题]

选项	小计	比例
百分之五十	30	11.89%
百分之六十	38	15.08%
百分之七十	55	21.83%
百分之八十	80	31.75%
百分之九十	45	17.86%
百分之百	4	1.59%
本题有效填写人次	252	

第24题 您网络直播的时候有其他老师进入课堂听课你感到反感吗？ [单选题]

选项	小计	比例
是	87	34.52%
否	165	65.48%
本题有效填写人次	252	

第25题 您对学院提供的网络教学培训和指导满意吗？ [单选题]

选项	小计	比例
满意	154	61.11%
一般	89	35.32%
不满意	9	3.57%
本题有效填写人次	252	

第26题 您对学校提供的网络教学培训和指导满意吗？ [单选题]

选项	小计	比例
满意	132	52.38%
一般	108	42.86%
不满意	12	4.76%
本题有效填写人次	252	

第27题 您使用了几种平台或软件上课？ [单选题]

选项	小计	比例
一种	13	5.16%
两种	163	64.68%
三种	59	23.41%
三种以上	17	6.75%
本题有效填写人次	252	

第 28 题　切换不同的平台或软件您觉得方便吗？　　　[单选题]

选项	小计	比例
方便	109	43.25%
不方便	143	56.75%
本题有效填写人次	252	

第 29 题　您上直播课的时候出现过卡顿现象吗？　　　[单选题]

选项	小计	比例
有	118	46.83%
没有	31	12.3%
偶尔有	103	40.87%
本题有效填写人次	252	

第 30 题　您上网课的时候，如果备选的第一平台无法使用，启动了应急预案吗？　[单选题]

选项	小计	比例
是	227	90.08%
否	25	9.92%
本题有效填写人次	252	

第31题 您上网课的时候出现过学生操作不当抢麦或者串麦现象吗？
[单选题]

选项	小计	比例
是	69	27.38%
否	183	72.62%
本题有效填写人次	252	

第32题 您对自己的线上教学满意吗？ [单选题]

选项	小计	比例
非常满意	19	7.54%
较满意	96	38.1%
满意	89	35.32%
一般	43	17.06%
不满意	5	1.98%
本题有效填写人次	252	

第33题 您觉得线上教学与面授相比效果如何？ [单选题]

选项	小计	比例
差不多	27	10.71%
不如面授效果	201	79.76%
超过面授效果	7	2.78%
不清楚	17	6.75%
本题有效填写人次	252	

第 34 题　您对本次教务处做的网络教学安排有何意见或建议？　　[填空题]
第 35 题　您对此次网络教学的督导有何意见或建议？　[填空题]
第 36 题　您对网络教学有何建议或要求？　[填空题]

非常值得一提的是，从以上数据可以看出教师开学 2 周之后，对教学平台的具体使用情况，特别是因为刚开始线上教授课程，近 80% 的教师会觉得线上教学与面授相比，其效果不如面授。一方面是因为首先进行该项调研时，教师在线上进行授课只有 2 周的时间，师生对网络平台都处于紧张状况，特别是教师怕由于网络问题而耽误学生的学习；另一很重要的方面是由于教师的心理作用，和具体的实体课堂相比，教师没有办法做到实时对学生进行监控和现场指导，心理上处于忐忑不安状态，所以才会有这么高的比例认为线上教学效果不如面授。因为到编者截止稿件时线上授课还没有结束，无法对教师进行线上教学与面授教学相比数据做最后的统计，但是编者相信这一数据肯定会有所下降，编者相信随着教师网上教学实践的深入，教师们也已经逐渐摸索出了较好的线上教学经验和方法。

编者所在的贵州理工学院的第三届本科教学督导组四月份网络教学工作检查情况简报如下：各督导对任课教师到课情况、课堂纪律情况、任课教师是否严格按照学校教学管理要求做好网络教学的准备及上课情况进行了检查。从检查情况来看，教学工作井然有序，但也存在部分问题。

（1）部分课堂师生互动少或互动效果不佳，建议加强课堂师生交互，以便掌握学生对知识的掌握情况；

（2）个别教师在授课过程中单纯使用音频教学，效果不佳，建议教师尽量使用视频教学，偶尔网络不畅时再临时使用音频教学；

（3）部分班级学生进入课堂较随意，建议教师加强课堂纪律管理；

（4）建议教师加强课后管理，监督和检查学生的课后作业。

通过这些问题，我们其实可以看出这些都体现了线上教学的一些特点，如师生互动、学生进入网络课堂比较随意等。

接下来是编者所在的高校 2020 年 4 月中下旬对 2020 年春季线上教学质量监控与管理分析报告。线上教学一个半月，为不断改进线上教学质量、提升线上教学效果，教学质量评估监控中心联合教务处、学生工作部对全校师生线上教学适应性、教师教学效果及学生学习效果进行不记名问卷调研，并结合教务处提供的课程开设及线上平台使用数据、校督导组的督导简报以及学生信息员收集的资料，形成教学质量监控情况报告，其中重要的数据如图 1-3、图 1-4、图 1-5、图 1-6 所示。

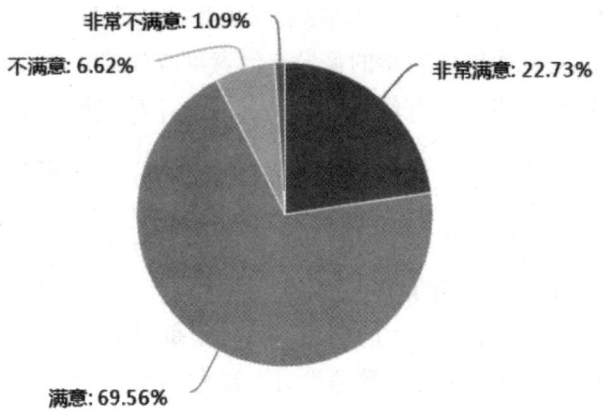

图 1-3　学生对任课老师与他们的课堂互动评价

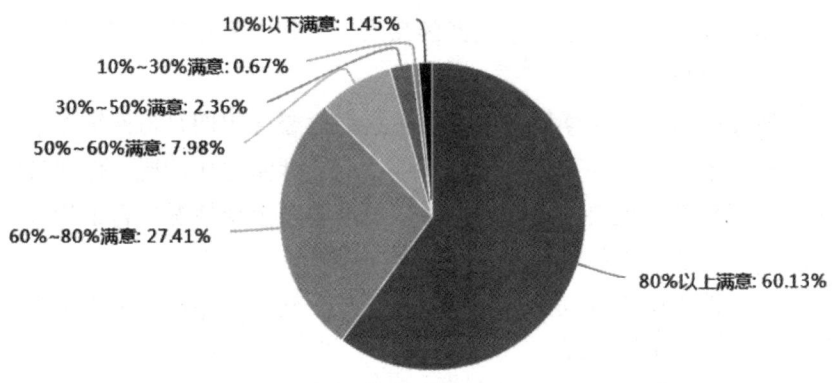

图 1-4　学生对任课老师的线上教学工作态度满意度评价

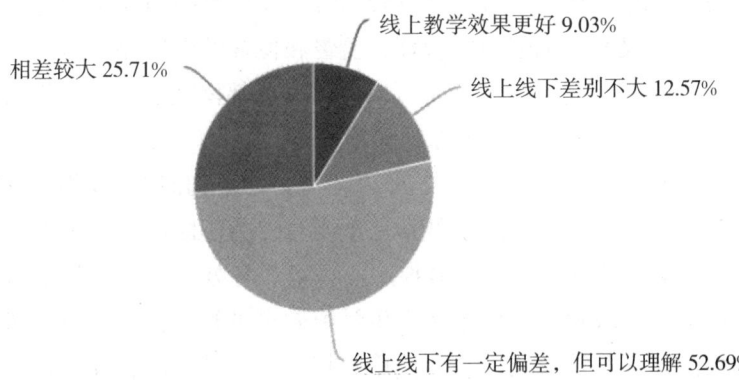

图 1-5　学生对线上教学和线下教学效果差别评价

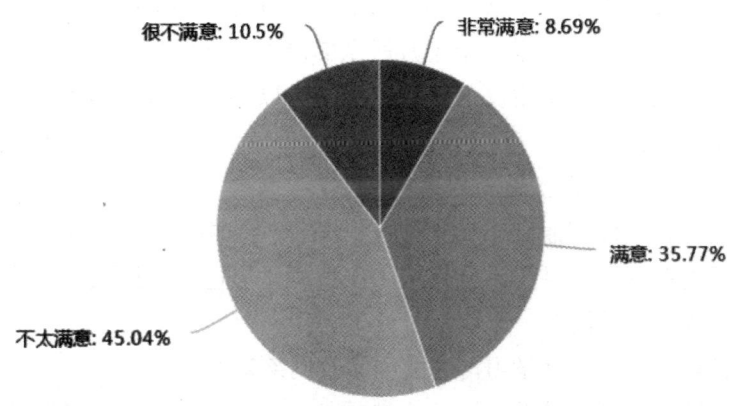

图 1-6　学生对自己的线上教学学习效果满意度评价

这四幅图分别是学生对任课教师与他们的课堂互动评价、学生对任课教师线上教学工作态度满意度评价、学生对线上教学和线下教学效果差别评价、学生对自己的线上教学学习效果满意度评价，可以看到学生对线上教学的评价、学生对教师课堂互动的评价，满意率还是很高的，高达92.29%，对任课教师线上教学工作态度比较满意的加起来占87.54%，学生对线上教学和线下教学效果差别评价如下：比较满意的占21.6%，认为线上线下有一定偏差，但可以理解的占52.69%，认为两者相差较大的比例是25.71%。学生自我评价对自己线上教学学习效果满意和非常满意的占44.46%，总体上，通过这四幅图，我们可以自然地发现学生对教师线上教学工作的总体评价正如下图1-7所示：

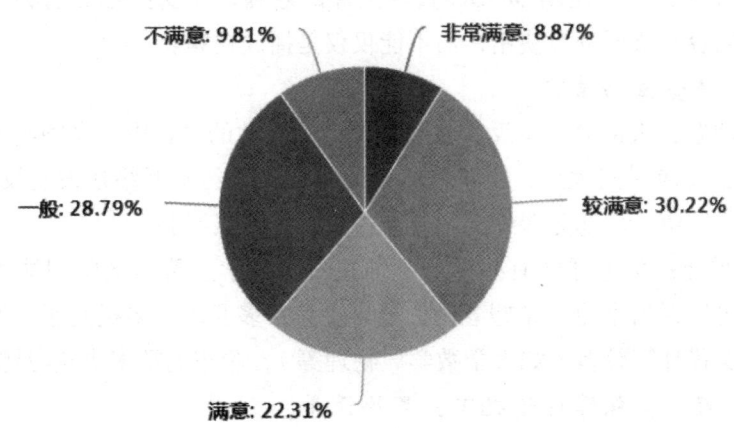

图 1-7　学生对线上教学工作总体评价

从总体上来看，虽然线上教学存在这样那样的问题，但学生对线上教学总体评价是满意的，61.4% 的学生满意、较满意以及非常满意，仅有 9.81% 的学生不满意。

这是编者所在高校开学一个半月所做的调查，结合学生信息员反馈信息材料以及问卷调查收集的学生反馈建议，总结出以下老师以及学生们急需解决的问题及教学建议：

（一）网络教学平台相关问题

存在问题：上课直播 App 太多，上一节课换一个 App，切换很麻烦，而且很影响手机流畅程度。且腾讯会议或 QQ 群课堂等这种使用频率比较高的软件没有直播回放且容易崩溃，影响学习效果。

师生都认为影响学生学习的主要因素是网络延迟等。

学生呼吁：呼吁学校统一网络直播软件，选择钉钉或者腾讯课堂等，可以直播回放且网络比较稳定的软件，减轻手机运行负担，且学生可以课后回放学习课上没有听懂的内容。另外建议关注家庭条件较差的学生的网络情况。

（二）教材相关问题

存在问题：没有教材，不方便预习，并且学生一直盯着手机，不方便记笔记。光靠老师上课的 PPT，思路会跟不上老师的讲课速度。且上课时一直盯着电脑，预习以及课后作业等也是一直盯着电脑，学生容易疲惫、厌烦。

师生呼吁：老师和学生都强烈呼吁学校给邮寄纸质版教材。

（三）MOOC 课程资源使用情况

存在问题：有很多同学反映 MOOC 等学习内容太多，课前在看视频，上课过程中还在看视频，一个视频经常看很多遍，看得很烦。

师生呼吁：对于使用 MOOC 资源上课的老师，应安排好课前和上课过程中的学习内容和慕课资源使用，而不能仅仅是播放视频。

（四）课堂互动情况

存在问题：大部分学生反映在与任课老师互动的过程中，老师给的答题或者回答问题反应时间太短，由于网络延时等原因，经常网络还没有反应过来，答题时间就结束了。部分课程老师讲课过快，思路跟不上。

学生呼吁：学生呼吁有些课听不懂跟不上，学生希望老师们能给发总结性的资料可以课后学习。希望老师们能讲慢点，多互动，多提问题，增加趣味性。部分课程计算较多（如大学数学、物理等），希望老师多讲点习题。

（五）在安全保障的情况下，尽快开学。

存在问题：

（1）部分学生家里没有 WIFI，数据信号网络质量较差，经常会网络延迟，影响学习。

（2）部分学生由于4月农忙时间，在家里经常会被叫去帮忙做别的事，并不能安心地集中时间在手机前学习。

（3）部分学生家里不具备安静的学习环境和条件。

（4）学生一直盯着手机，缺少学习氛围，容易走神，学习效果差。

（5）部分学生反映网络流量费不够。

师生呼吁：师生强烈呼吁，希望学校尽快开学。

（六）其他建议

（1）辅导员和班主任应多与学生沟通，做学生思想工作，加强对学生的引导，减少学生的厌学情绪。

（2）从学校、学院层面加强对学生的监督和管理。

（3）课程安排太紧密，两门课程之间的间隔时间太短。建议给予学生充足的学习时间。

（4）解决学生学习成本高的问题，尤其是贫困生的学习成本问题。

（5）同一课程合班授课。

（6）线上教学压力较大，需要准备和付出的精力过多，希望能增加课时费。

五、思考

教育部《关于在疫情防控期间做好普通高等学校在校教学组织与管理工作的指导意见》中提出"充分利用线上教学优势，以信息技术与教育教学深度融合的教与学改革创新，推进学习方式变革"，"要保证在线学习与线下课堂教学质量实质等效，引导教师开展线上教学活动，进行学习考核，强化在线学习过程和多元考核评价的质量要求。"这强调了线上教学非常重要的一点就是教学质量和效果的问题。

（一）技术与教育的融合

长期以来，教育技术因其方便性和灵活性，在教学中正在发挥着越来越重要的作用。采用在线教学方式，使学生在任何时间、任何空间通过移动手机端、电脑端进行学习，这种模式已越来越普及。2020年因为新冠病毒疫情的突发，使技术的应用变得更为广泛和必不可少。疫情下，现代技术与"教育公平性"直接的辩证关系，在学生进行网络课程学习时得到了充分的体现。

疫情期间，高校师生大规模通过网络进行教和学还是第一次。教师使用各种网络平台或软件，将实体课堂搬到了网络。部分老师非常喜欢这种新的教学方式，另一些老师则没有完全准备好，导致许多问题的产生。虽然有很多教师之前录制过微课，部分教师录制过慕课课程，但是很多英语教师是女性，本身对各种软件就会比较抵触，虽然平时已经了解到一些网络教学知识，但是突然从实体课堂完全转到网络在线课堂会让很多教师产生焦虑情绪，同时担忧网络课堂教学效果。

在实体课堂中，教师、学生、教学内容、教学方法、学时、教室等都是在一个封闭的环境中，教师会认为自己在安全区，随时可以监控学生，对学生学习进行及时的干预。网络在线教学时教师会感到焦虑，想要管住每一位学生，想要每一位学生都学习，诚然这样的想法是对的，教师是要有管理的，但是不能管控。线上教学一定要扬长避短，因为毕竟不是面对面教学，所以就需要教师花费更多的心血和心思。

在网络教学中，教师如果要吸引学生，就要站在学生的角度来设计教学。在刚开始，要先把学生聚集到网络课堂上，再在此基础上进行专业知识的讲解，广大教师要放下自己的焦虑感，先解决网络课堂有无问题，网课要先能吸引学生，把学生引入到网络课堂，再解决网络课堂好坏问题，教师要信任和支持学生，让学生有成就感和获得感。最后再决定是否把自己的网络课程做成精品课程。引导学生组建网上学习社群和共同体，激发学生学习自主性和积极性。当然这个过程也是需要时间的，刚开始网络课程，教师如果没有很好地抓住学生，在接下来的学习中，学生流失情况可能比实体课堂还要严重，老师会感觉很无力。

教师要把视野放宽一些，这次大规模的在线教学，教师以后很难经历。防疫期对所有人心理和生理都产生很大影响，对以后人们生活、学习也会产生深远影响。编者认为这次网络线上课程属于千载难逢的机会，也是不得已而为之，教师可以进行教学的各种实验，如可用平台真实地进行网络课程，也可进行大量的数据测试等。

一般情况下，学生在校学习时，会选择各大平台的慕课课程作为选修课进行选修学习，但是疫情背景下，教师是第一次利用网络来上课，而且每门课程都是网络课程。由于科目较多，每个老师可能会用的平台不一样，导致学生手机或电脑上需要安装多个软件，以确保每一门课能有一个教学平台能正常上课，这给学生带来不便，同时多个软件切换让学生应接不暇，如遇学生家里网络条件不好，变换平台更显卡顿。如果学校有统一的智慧学习支持技术，如清华大学等学校使用"雨课堂"教学软件，师生用起来都比较方便和顺手，以后网络在线教学就不会让老师和学生被这些软件的复杂度给难住了。

由传统教学到线上网络教学的实现需要网络支撑，也需要技术和设备的支持,但现实中存在的问题是有一些落后地区不能实现,网络卡,速度慢,设备跟不上,技术学习需要时间,怎么才能解决在线教育与实际现状的矛盾,这是现代信息技术与教育融合中需要考虑的重要问题。

(二)一切以学生为中心

建议网络教学分时异步进行,通过收集课前环节学生疑问、测试题学习数据等,可有效提升课中教学的教学针对性及教学效率,从而减少整个教学对课中环节的倚重,降低课中同步网络教学环节占比,提升教学可靠性。

设计网络课程时,如果教师从自身出发来设计课程,那么上课时,学生不一定会听,即使学生在网络课堂上签到了,也不一定是在认真听课。还有一种情况是学生一开始是认真听讲的,慢慢地就不听课了。教师遇到冷场的机会远远多于实体课堂上遇到的冷场,所以网络在线教学不是把课堂教学搬上去就可以,网络课程其实相当于教师进入了学生的地盘,所以教师在网络教学之前要考虑很多问题,如:网络教学是否等同于直播?网上教学是否就是按照课表直播?网上教学是否就等于把课堂搬到家里?……另外就是管理的问题,包括对教师的管理,还包括对学生的管理。教师如何知道学生是否在听课?系统平台靠什么来检查学生?学校如何对教师进行管理等。

"课程设计"要变成"学程设计",就是为了解决传统课堂的一言堂。作业最好是可以实现自动批改,学生能及时得到成绩,同时教师也能把自己解放出来。不能完全依靠学生的主动性,要想办法调动学生的主动性,让学生有改进,在学生中寻找综合素质比较强的学生做教师助手,帮着教师一起来检查作业、打考勤等。

在线教学如照搬课堂教学的内容、节奏、教学方式等,是无法实现线上教学与实体课堂质量实质等效的,所以教师要遵循线上教学的特点,以学为中心设计课程。以学习者为中心进行课程设计,让学生不满足于仅仅知道标准答案,使学生能够做到主动学习、深度学习、建构学习,以多方位、多角度、多答案的方式进行,鼓励学生自主讨论一些问题,转变教学观念,转变评价标准。

在网络课堂教学过程中,有的教师可能会感觉自己直播很好,若以此为起点,日后还有网上教学的机会,将来可以在网络上成为名师。也许有部分学生愿意上网课,因为觉得上网课会自在一些,甚至个别学生有时候由于各种原因,不一定会看直播,可以看回放。慢慢地师生从不愿意教和不愿意上都变成了愿意上网课。教师实现了从教为中心的本位主义到学为中心的转换,从"灌输"知识到引导学生自觉自主学习。

线上学习学生自觉性比较差，有没有强烈的学习动机非常重要，在线学习更强调学生的自主和自觉。一个学生在电脑面前其实是孤零零的，缺乏教师的持续关注，没有同伴作为参照的学习模式对学生独立学习的自我管理能力、个性化学习的完成度提出了更高的要求，对学生来说也是一种新的考验。教师要想办法能让学生看到自己伙伴的学习成果，也能看到自己的学习成果，总之要让学生看见学习目标和成效。

教师如何赢得学生的信任，使学生对在线教学感兴趣？如何吸引学生的注意力？通过课堂上的随机提问、小组讨论，使学生建立责任感。教师对教学的热情可以通过屏幕传给学生，即使不小心在线教学教师"翻车"了，但是学生是不会嘲笑老师的，因为教师信任学生，学生也是信任教师。如果是新接手的班级，建议教师做自我介绍，拉近与学生的距离。

（三）教育转型

经过这次在线教育，人们会进一步思考教育变革的必要性和紧迫性，对教育信息化各个方面都会产生较大影响。过去以线下课堂为主，现在进入后疫情时代，教育该怎么样转型呢？

新生代学生群体与教师传统的讲练教学方式矛盾比较突出。网络时代知识爆炸，学生不缺乏获取素材的渠道，但是学生很难找到合适的外部资源，不能很好地把方法、技巧等变通，如学生写作时内容空洞、思辨能力缺乏。因为网络上的信息鱼目混珠，教师要教会学生如何在网络上搜索、筛选、整理、分析信息，使这项信息变成有用的知识。等开学之后，线上教学不宜停止，建议线上教学和线下教学一起进行，线上教学要纳入学时、学分，包括教师的工作量都要计算在内。教育转型由传统到在线与实体课堂相结合。线下教育不可取代，因为实体课堂是社会化参与，互动性比较强，这也是学校教育的主流，但是经过此次疫情，线上教育也是不可忽视的，因为线上教学时空不限、资源丰富、学生可以灵活自主学习。在正式进入实体课堂学习之后，编者认为线下课程要对语言知识、文章结构等进行更深入的教学，个人和小组展示机会可以更多一些。建议对后疫情时期大学英语混合式教学继续进行研究。

通过这次在线网络教学，我们要思考的问题很多：在线网络教学是权宜之计还是重塑未来教学生态的加速器？疫情期间高校、中小学教师仓促上阵的在线教学实践为今后回归常态教学带来哪些启示和思考？如何做好疫情后的教学衔接工作，收集学生的学习成果和反馈，形成立体化的发展性评价？如何培养学生的自主学习能力？如何更加合理有效地充分利用在线资源、平台与智能工具进行教学与评价设计？……总之，在网络课程中，教师要保证教学质量，学生要全身心学习，这个挑战很大。

这次疫情中的教学应该属于人类历史上第一次规模空前的在线教育尝试，在短时间内教师们都积累了大量的经验和教训，人们对在线教育教学得到了深入的认识，值得我们在接下来的教学中进行思考和探索。

相信通过这次疫情背景下教师大规模的直播，会带动在线教育的行业重新洗牌，会使教师更专业，教师资源更平衡，用户成本更低，改进教学方式，提供个性资源，校园也会从纯粹的实体校园转化为虚实结合的共同体。在线教育迅速发展的同时，面授仍具有其独特优势，线上线下相结合的立体式教学将成为更高效、更优质的教学场景。

总之在2020年疫情防控期间，大学英语教师队伍使用现代信息技术能力得到了提升，建立了虚拟远程教研室，开展了线上集体备课，研讨了线上课程教学设计，促进了大学英语线上教学常态化，主动求变，让危机成为机遇的前奏。

第二章　围绕"核心素养"协同育人

2019年3月18日,习近平总书记主持召开学校思想政治理论课教师座谈会,强调学校思想政治工作本质上是做人工作,必须把立德树人的根本任务贯穿于教育教学全过程。

落实立德树人根本任务的重要举措之一就是培养学生的核心素养,为了提高大学生的核心素养,使之做到落地生根,全国各大高校纷纷进行了探索和实践。自2014年起,上海市在教育部指导下,率先开展试点工作,探索构建全员、全课程的核心素养教育体系,取得了一定成效,以《大国方略》《创新中国》等一批"中国系列"选修课为拓展,展开对学生进行综合素养的培养。如复旦大学《治国理政》、华东师范大学《中国智慧》等,北京联合大学、上海中医药大学在提高学生核心素养建设方面都有所突破,这些高校发挥了示范和领跑作用。据统计,目前上海市整体试点校12所,重点培育校12所,一般培育校34所,基本实现全市高校全覆盖,各高校近400门专业课程开展有关提高学生核心素养进行试点。

教育的当前使命就是培养德、智、体、美、劳全面发展的社会主义建设者和接班人,每一位教师都负有育人的责任。在深化培养学生核心素养的过程中,要推进一体化进程。在高校,学校要成为培养学生核心素养的总体设计者和引路人,积极推进相关项目立项。学院、教学部是核心素养重要的促进者和实施者,教师党支部是保障,一线教师是具体的实践者和受益者。大学生核心素养的培养要与教师教学、科研和学院管理等各项工作相结合,助力推动学校的整体发展。

现在所提倡的课程思政是在核心素养的基础上提出来的,但是鉴于课程思政目前处于探索阶段,本书主要还是以核心素养该专有名词来展开论述。

第一节 核心素养提出和意义

一、核心素养的提出和意义

学生发展核心素养,主要指学生应具备的,能够适应终身发展和社会发展需要的必备品格和关键能力。研究学生发展核心素养是落实立德树人根本任务的一项重要举措,也是适应世界教育发展趋势、提升我国教育国际竞争力的迫切需要。核心素养包含的内容,包含文化基础、自主发展、社会参与,其各自包含的内容见表2-1。

表2-1 核心素养内容

全面发展的人	文化基础	人文底蕴	人文积淀
			人文情怀
			审美情趣
		科学精神	理性思维
			批判质疑
			勇于探究
	自主发展	学会学习	乐学善学
			勤于反思
			信息意识
		健康生活	珍爱生命
			健全人格
			自我管理
全面发展的人	社会参与	责任担当	社会责任
			国家认同
			国际理解
		实践创新	劳动意识
			问题解决
			技术运用

培养核心素养的基本原则是：坚持科学性、注重时代性、强化民族性。强化民族性指着重强调中华优秀传统文化的传承与发展，把核心素养研究植根于中华民族的文化历史土壤，系统落实社会主义核心价值观的基本要求，突出强调社会责任和国家认同，充分体现民族特点，确保立足中国国情，具有中国特色，而核心素养的关键就是培养全面发展的人。

老师在进行教学设计的时候，会觉得核心素养内涵外延比较宽泛，从人的发展、人的能力出发，要考虑学生需要具备什么品格和能力；从人的发展角度看文化，外语界需要重新认识跨文化交际，本书在第三章会对跨文化交际进行深入探讨。语篇、跨文化知识等语言教学知识，其实属于学科内容的内在逻辑，通过英语教育旨在发展学生的核心素养。

（一）核心素养的发展

2012年11月，党的十八大报告提出要坚持教育优先发展，全面贯彻党的教育方针，坚持教育为社会主义现代化建设服务、为人民服务，把立德树人作为教育的根本任务，培养德智体美全面发展的社会主义建设者和接班人。这次会议明确提出把立德树人作为教育的根本任务。

2017年党的十九大报告提出要以培养担当民族复兴大任的时代新人为着眼点。要全面贯彻党的教育方针，落实立德树人根本任务，培养德智体美全面发展的社会主义建设者和接班人。

2017年，中央下发《关于深化教育体制机制改革的意见》，明确提出要健全全员育人、全过程育人、全方位育人的体制机制，也就是"三全育人"，充分发掘各门课程中的德育内涵。

2018年，教育部印发《高校思想政治工作质量提升工程实施纲要》和《关于加强新时代高校"形势与政策"课建设的若干意见》文件中提出要切实构建"十大"育人体系，其实这些文件对核心素养的做法进行了部署，要求各大高校积极开展对学生核心素养的培养。

培养社会主义建设者和接班人，是我们党的教育方针，是我国各级各类学校的共同使命。高校只有抓住培养社会主义建设者和接班人这个根本才能办好，才能办出中国特色世界一流大学。为此，要做好以下工作：

第一，坚持办学的正确政治方向。第二，建设高素质教师队伍。第三，形成高水平人才培养体系。

核心素养到目前为止，其实并没有一个真正的确切的定义，那是高校教师在实践教学中得到的体会。把核心素养所包含的内容有机融入教学各环节，可以实现与知识体系教育的有机统一；最终实现所有课程都有育人功能、所有教师都负有育人职责，构建全员、全程、全课程育人格局的形式，形成协同效应。核心素养是把"立德树人"作为教育根本任务的一种教育理念，是落实立德树人根本任务的理念创新和实践创新。

在近几年，党中央、国务院积极推进一系列的文件，如2017年的《高校思想政治工作质量提升工程实施纲要》（教党〔2017〕62号）；2018年的《教育部关于建设高水平本科教育全面提高人才培养能力的意见》，2019年中共中央办公厅、国务院办公厅颁布的《关于深化新时代学校思想政治理论课改革创新的若干意见》和《教育部关于深化本科教育教学改革 全面提高人才培养质量的意见》等这些文件都显示出把核心素养融入专业知识的迫切性和必要性。

（二）核心素养的意义

1. 大学生树立正确价值观的需要

大学阶段在人生中是重要的时期，青年兴，则国家兴，青年强，则国家强。他们将在这个阶段构建自己的知识结构，形成自己的价值观念，做好走向社会的准备。

当代部分大学生的人生观是存在一些问题的，作为教育工作者，教育是塑造灵魂，塑造生命，塑造人的工作。我们要培养学生树立积极、健康、乐观、包容、向上的与建设和谐社会相一致的人生观，把社会主义核心价值观有机融入教学之中，使学生受到思想的熏陶，培育优良校风和学风，这将对学生价值观产生深刻的影响。

2. 人才培养的需要

在当代教育中，教育的目的和价值已经由单纯满足社会需要变为注重满足社会需要与满足人的发展需要相结合，人的发展已经成为教育目标的重要组成部分，能够满足人的发展需要，促进人的素质和谐发展，成为教育的根本要求。教育要为学生培养一种担当意识，培养出真正能担当起社会主义现代化建设这一历史重任的全新人才。

在高校教育中，培养社会主义建设者和接班人是第一位的，高校要把立德树人贯彻始终，落实到体制机制，高校教师要把育人工作贯彻到课堂当中。核心素养体现高校坚持社会主义办学的方向，体现立德树人的根本要求。在课堂教学中，教师不仅要注重学生知识和能力的培养，更要做好学生思想引领和价值观的塑造工作。每个课程都有自己的特点，但是每一门课都可以进行核心素养的培养，要从专业整体的毕业要求、培养目标等方面着手来进行核心素养教育。

3. 教学的需要

培养核心素养是新时代教学的需要，也是课程建设的需要。有利于提升课程的高阶性和创新性，增加课程的挑战度。核心素养要确保育人工作贯穿教育教学全过程，并始终围绕育人的宗旨，把知识导向和价值引领相结合，使课堂教学过程成为引导学生学习知识、锤炼心智及养成品性的过程，因此教师要摒弃人文素养教育与课程教学无关的"无用"论之说。

这是上海各所大学"中国系列"核心素养选修课，是按照各校特色来做的课程设计。

其余各高校开设的提高核心素养选修课程见表 2-2。

表 2-2 各高校开设的提高核心素养选修课程

课程	高校	课程	高校
治国理政	复旦大学	创新中国	上海大学
读懂中国	上海交通大学	健康中国	上海交通大学医学院
中国道路	同济大学	闻道中国	上海师范大学
绿色中国	华东理工大学	人文中国	上海对外经贸大学
世界中国	上海外国语大学	交通中国	上海工程技术大学
锦绣中国	东华大学	中国智造	上海应用技术大学
经济中国	上海财经大学	工匠中国	上海第二工业大学
大国航路	上海海事大学	信用中国	上海立信会记金融学院
文化中国	上海音乐学院	中华文明	上海科技大学
艺术中国	上海戏剧学院	中国装备	上海电机学院
体育强国	上海体育学院	丝路中国	上海商学院
法制中国	华东政法大学	大国安全	上海政法学院
能源中国	上海电力学院	奉献中国	上海建桥学院
大国方略	上海大学	岐黄中国	上海中医药大学

上海高校经过开展选修课"中国系列"教学实践，做到了既紧扣时代发展，又对学生关心的话题进行了回应。这一系列课程是聚集业内领军型顶尖师资团队，开展的专题式教学，融合了课堂主讲、现场回答、网上互动、课堂反

馈等教学方式,巧妙地寓社会主义核心价值观的精髓要义于课堂教学中,在引人入胜、潜移默化中实现了教育目标。

大中小幼都要健全立德树人系统化落实机制,强调要构建以社会主义核心价值观为引领的大中小幼一体化德育体系。针对不同年龄段学生,科学定位德育目标,合理设计德育内容、途径、方法,使德育层层深入、有机衔接,推进社会主义核心价值观内化于心、外化于行。在高校传统上,教师以单纯的教授知识为主,没有或者很少对学生进行思想教育。核心素养的提出,使各个学科教师把核心素养内容融入课程知识点中,使学生受到思想洗礼,能够形成合力,对学生进行全方位的思想教育。

其实所有国家都是非常重视学生的思想教育的,只不过我们把核心素养这个词语专门提出来了,随着社会发展,在高校融入核心素养也是社会发展的必然。

二、核心素养内涵与融入途径

2018年9月10日全国教育大会强调高校立身之本在于立德树人,用好课堂教学这个主渠道。所有课堂都有育人功能……其他各门课要守好一段渠、种好责任田。要把做人做事的基本道理、把社会主义核心价值观的要求、把实现民族复兴的理想和责任融入各类课程教学之中,形成协同效应。

核心素养实际上回答了"为谁培养人、培养什么样的人、怎样培养人"的问题。核心素养的内涵和外延比之前所讲的德育、人文素养等更宽泛,也更容易被高校的师生所接受。

在大学生平时的课程学习中,提到核心素养,一线教师会有很多疑惑,比如:在课堂上是否每一节课、每一个点都要讲到核心素养的元素?核心素养有自身的体系吗?大学英语本来课时就不够,再加入核心素养内容岂不是更讲不完重难点了?核心素养会不会成为教师的额外负担?我之前上课时其实就是一直都在教书育人,为何还要专门培养学生的核心素养?我也想在课堂上融入核心素养,可是要怎么讲呢?……这些问题都是教师在对学生进行核心素养培养前要先了解的。

(一)核心素养内涵和外延

核心素养的内容包含很多,但是教师在课程中要把:做人做事基本道理、社会主义核心价值观要求、实现民族复兴的理想和责任,具体表现为:家国情怀、关注社会、文化自信、团队能力、个人职业胜任力、职业道德与职业伦理等,当然在讲授课程中,要融入课程内容,否则会引起学生的反感和厌学。

对学生核心素养的培养其实是一种思维方式和教学理念，教师要在教学过程中有意、有机、有效地挖掘梳理各门课程本身的育人资源，对学生进行教育。教师要把培养学生核心素养自觉或不自觉的行动变成自己完全要执行的行动，由明确或不明确的意识变为强烈的意识。核心素养不是要改变原来专业课程本来的属性，而是发挥课程的德育功能，运用德育的学科思维提炼专业课程所蕴含的文化基因和价值范式，将其转化为社会主义核心价值观具体化、生动化的有效教学载体，在润物细无声知识学习当中，融入理想信念。核心素养本身具有相对的独立性，所以教师可以自主安排。就每门课程来讲，核心素养不存在自身的体系，所以没有必要整门课程的核心素养都具有系统性和连续，也不需要和其他课程的核心素养相互衔接。

核心素养要贯穿于大学生培养的整个过程和各个环节。我国所界定的"核心素养"是指学生在接受相应学段的教育过程中逐步形成起来的适应个人终身发展与社会发展的人格品质与关键能力。"（钟启泉，2018）。必备品格与关键能力，也就是立德树人。从这个角度出发，要对外语教育进行思考。

要界定各学科的"学科素养"，就面对"上通下联"两个层面的挑战：其一，"上通"——从学科本质出发，发挥学科的独特价值，探讨与同学科本质休戚相关却又超越了学科范畴的认知的、情意的、社会的通用能力的诸如问题解决的能力、逻辑思维的能力、沟通的能力、元认知的培育能力，进而发现学科新的魅力与命脉；考虑本学科独特价值，这些价值如何实现一些通用能力，这是每个学科共同能力和知识范畴。先不考虑英语教学，先从人的发展和成长需求出发，考虑学生需要具备必备的品格和关键能力。其二，"下联"——挖掘不同于现行学科内容的内在逻辑的另一种系统性，亦即从学科的本质出发，并从学科本质逼近"核心素养"的观点，来修正和充实各门学科的内容体系也就是学科固有的知识和技能，进而发展学科体系改进的可能性（钟启泉，2018）。

英语课程我们一般会讲解语法、词汇、功能、语篇、跨文化知识等，这是属于学科内容的内在逻辑，我们要思考外语学科独特价值是什么？什么是英语学科内在逻辑的另一种系统性？现有的教学途径需要改变吗？改变什么？教师需要增加什么方面的专业知识与能力？评价测试体系和内容需要改变吗？

核心素养是一种思维方式和工作理念，教师在教学过程中有意、有机、有效地挖掘梳理各门课程本身的育人资源，对学生进行核心素养、思想品德和提升素质成才成人教育。核心素养实质上是一种课程观，不是增开一门课，也不是多增设一项教学活动，专业课教师不是专门上课讲核心素养，而是将核心素养教育元素"润物细无声"地融入教学内容之中。教师要把核心素养自觉或不自觉的行动变成自己完全要执行的行动，由明确或不明确的意识变为强烈的意识。

核心素养中的责任和担当、如何做事、如何做人等都是统一不能割裂开的，具体包含如下内容：

（1）家国情怀：党和国家意识、社会主义核心价值观，民族精神和时代精神、职业精神、专业认同、"四个自信"、社会主义核心价值观等。

（2）科学观：如何做事的问题。认识论和方法论，求真务实，开拓进取，钻研、毅力、勤奋、视野，批判性思维、创新意识、学术诚信等。

（3）个人品格，包含三个方面：1.道德情操：社会道德、个人道德和职业道德。人文素养、正确的三观等。2.健全人格：思想、情感、态度、行为、心理、哲学、艺术、性格、体质等。3.智力：观察、想象、思考、判断、推理、逻辑、思维等。这其实就是学生如何做人的问题。（张黎声，2019）

既然核心素养要融入平时的课程，平时老师所教授课程的学时、学分等不变，核心素养建设是教师要把相关的核心素养元素融入所教内容中去，要对专业课程的内容、教学方法等进行重新梳理，这是新时代的新要求，而不是课程的额外要求。

核心素养要体现的是专业对所培养人才核心素养的共性要求，即规定性，例如：研究型高校要突出创新意识、创新精神、创新人格的育人要求。应用型院校要注重培养学生的"工匠精神"，要有精益求精的精神，如旅游学院要植入"热爱自然，保护环境"理念，体育学院要不仅仅让学生学会某项技能，更要让学生在学习中明白如何团结协作、如何遵守和敬畏规则、如何诚实守信，为以后的职业生涯奠定基础。医学院要提倡"医者仁心"，如上海中医药大学的《人体解剖学》，在课程中不仅强调解剖技能的传授，更注重学生对生命意义的思考，也为之后的实践操作奠定了情感基础。在对学生进行核心素养培养的时候，要遵循学生的成长规律，考虑他们的专业、学科、学段等因素。

二、核心素养的功能融入途径

核心素养属于隐性教育，当前教育背景下要做到核心素养元素和课程内容有机融入、潜移默化、润物细无声，即"课程承载核心素养"与"核心素养寓于课程"相结合。教育内容要"不露痕迹"地隐含在创设好的教育环境中，使教育者在活动中不知不觉将某种思想、经验或做法内化为自身行为规范的一种教育方式。

1. 育人功能

所有课堂都有育人功能，所有教师都有育人职责，各类各门课程中都要增强政治意识和加强思想价值引领。核心素养是对所有课程的要求，也是对所有任课教师的要求，是长期性和基础性工作。

如果教师仅仅把学生当作知识的接收者，就会忽视学生的内心世界，这样培养的学生人格也会有偏差。教师不应该把学生核心素养的培养和核心素养的提高看成只是高校部分老师如辅导员、班主任的事情，其他课程教师也应该发挥课堂教学这个主阵地的课程育人价值，因为这些老师上课时也会触及学生的内心，使学生思想上受到感染。

原来的课程蕴含的思想教育资源和功能没有得到有效的发挥，现在要求全员参与，广大教师要发挥在课程教学中的育人责任，将课程的内容与学生成长联系起来，核心素养不仅仅在于知识传授与技能教育，而且是学生精神素质的提升的重要方法，会使学生在思想境界和专业知识上获得双重的收获，形成育人合力。在学生核心素养培养中，一线教师没有局外人，都是要参与核心素养建设，都是大有可为的，教学的关键是在教学中怎么样将社会主义核心价值观等等贯穿于教育全过程，真正构建"三全育人"的格局。

2. 途径

挖掘专业课程中核心素养元素的 10 条路径包含（张黎声，2019）：

（1）从知识点中发掘核心素养元素。把知识点的来源有关人文的知识融入进去，包括知识内涵的价值观、科学观、哲学、思想、思维、逻辑、艺术、情感等。

（2）价值模块整合。有时教师融入太多的核心素养内容学生反而并不能够很自如地接受，但是可以在英语课程中把文化融入进去，这样由多条核心素养的线，就形成了一个面。

（3）对教科书内容进行扩展。挖掘蕴含的哲学思想、哲学认识论、方法论的思路和方法，以及思维（历史思维、辩证思维、系统思维、创新思维）训练等。

（4）讲好故事。教学内容要涉及学科发展史、教师个人成长经历、失败的教训、警示性的问题等。教师要把自己纳入课堂情境里，把自己失败的体会和反思告知学生，使学生能够从老师失败的经验中吸取教训。

（5）多维度分析原因（术、道、德，主观原因）：对学生心里和情感产生影响。

（6）"反面教材"的应用：教会学生学会剖析"流言"，训练学生思考和比较的能力，最终提高学生的辨识能力和社会责任意识。

（7）以热点问题为线索。引导学生通过观察现象，进行因素分析，最终形成自我观点。在此过程中教师要训练学生提升价值观、逻辑和品质思维，当然热点问题要与课程内容相关，从与专业相关的社会热点进行分析，提高学生的鉴别性和对逻辑关系的思考。

（8）教学材料选择。特别是英语教学中，要选择将中国元素、中国的政策、意识、文化、价值观追求等元素融入进去的教材。张教授特别提到了这一条，因为英语教材中有很多涉及西方文化的文章，师生会有自己的体会和情感，容易引起思维、情感的冲突。所以教师可以自己进行教材补充，把"四个自信"融入教学。教育的国际化也可以用外国的语言把中国的文化、价值观介绍出去，影响对方，最终达到"求同存异"的目的。

（9）实验课程中蕴含的核心素养元素。实验课程是核心素养元素承载量最大、项目最多、频度最大的承载体。实验室的制度敬畏与自觉遵守，环保、生命、客观、严谨、细致、科学观训练、团队协作、发现与质疑、探索、创新等等都属于核心素养的范围。

（10）制定与课程相关的制度、规范、仪式和教学流程等。比如实验课程中，一些规则意识以及师生一对一的实验辅导都会对学生的思想价值观产生影响。

三、核心素养实践探索注意事项

教师在进行核心素养实践探索的过程中，也要注意以下问题：

（1）不能为了培养学生核心素养能力而降低专业课程的难度和深度。核心素养是为了使课程教学更有效，不能以牺牲教学内容为代价，这与核心素养的初衷相悖而驰。

（2）教师在对学生进行核心素养培养时，要做到自然融入。核心素养只能隐性地融入，而不能强行灌输，就像"盐融入汤之中"，否则效果是事倍功半的，可以尝试引起学生在课堂上进行大讨论，通过讨论，让学生头脑风暴，引导学生对事物进行全面认识。

（3）核心素养工作是一项长期的过程，很难做到一蹴而就，各门课程要各自守好自己的一段渠。

（4）教师要努力提高自己的教育教学水平。核心素养的培养不能脱离学科或专业课程的内容与性质，所以教师要提升自我，不断挑战自己，使学生遇到更好的课堂，遇见更好的老师。

（5）过度挖掘。过多的灌输核心素养内容，过多地说教会引起学生反感。

（6）学高为师，德高为范。教师的一言一行都会影响学生，教师要注意自己的言行。

第二节　大学英语课程中核心素养的培养

《教育部高等教育司 2020 年工作要点》中提出"加快涉外法治人才培养，持续深化公共外语教学改革，加强非通用语种专业建设，推进外语与专业教育相结合，培养'一精多会''一专多能'的高素质国际化人才，打造国际组织后备人才'蓄水池'，为我国参与全球治理提供人才支撑。"

2019 年 4 月，教育部提出高校要建设新文科大外语，英语教学要跳出语音和文化教育的小格局，拥有大格局视野，培养既心怀祖国又具有国际视野的新时代社会主义建设者，为国家发展战略服务。在建设新文科背景下，只有将培养学生核心素养能力融入大学英语课程之中，才能适应新时代发展，才能改变多年来英语教学存在的一些被人诟病的现象，因此在大学英语课程中培养学生核心素养势在必行。

一、大学英语核心素养培养的缘由

英语课程在全国的普及面很广，大学英语课程是大量高校学生第一、二年级的必修课程，几乎每个学生都要接触英语课程。相对而言，学生学习英语课程的时间也较长，这门基础通识课程，教师培养学生核心素养责任重大。

传统的英语教学在课堂上以语法、语言点、篇章、段落等单纯的内容为主进行讲授，很多教师在讲授的同时也是在融入世界观、人生观、价值观，虽然英语教育的成分是一直存在，但没有明确地用专业术语提出来，现在提出来核心素养，从教师意识形态上更加加强了课程的育人功能，使学生从意识层面上也更加注重国情和我们国家的发展。

英语课程是文化和道德的桥梁，语言的工具性、人文性和思想性决定它在教育体系中具有不可或缺的作用。实现核心素养育人目标，要选择正确的价值维度：知识导向和价值引领相统一、专业技能训练与人的全面发展、意识形态主导性和课程丰富多样性相统一。大学英语课程中的核心素养培养要由单纯的知识讲授提高到能力培养，再深入到激发学生个人修身、心怀天下的家国情怀的引导，让学生思考如何对待自己，如何对待他人，如何对待社会、国家和世界。

（一）大学英语课程具有工具性和人文性双重属性

传统的英语教学是培养学生掌握语言知识与技能、语言的得体性和目的语国家的文化等。把英语学习能力或者说是培养学生交际能力作为英语教学的核心目标或者是最主要目标。现代英语教学体系中，我们也会在教学中注意比较文化差异和目的语国家地理历史与艺术；完成学生在使用英语环境下的各种实用任务等，但是很少涉及学生的成长问题，如思维、品格等。

从人的发展角度审视英语教育，其实目的是培养好的交流者。交流包括语言与行为，体现着一个人的品格与思维方式。可能有些人语言表达能力比较强、逻辑思维能力也很强，但是如果以自我为中心的话，别人也很难与之交流，所以一个人的语言、行为都体现为他的品格和思维方式。交流不仅仅是语言技能、听说读写的问题，还是人内心世界的反映，也是其处事能力的体现。英语教育的核心价值，是培养一个好的沟通者、好的交流者，而不仅仅是培养交际能力。

高校公共课程本身有加强素质目标的要求，大学英语课程是高等学校人文教育的重要部分，英语教学因其语言工具价值与文化多样性价值并存的特点而具有无可替代的地位。英语本身具有工具性和人文性的特征，语言是思想观念相互沟通的载体，语言和文化是不可分割的。在英语教育中，教师要培养学生的跨文化沟通能力，掌握扎实的英语语言技能和人文社会科学基础理论知识，具有国际视野、良好的人文素质、通晓中西方文化，成为能熟练运用英语从事交际活动的人才。

英语教学与英语教育是两个名词，英语教学我们想到的是英语技能的提高和语言知识的获得，英语教育首先进入我们脑海的是对学生品德的培养，是立德树人。从更宽泛的视角来看，英语教学可以扩展到英语教育。从英语教育的角度来看，教学就成为培养德才兼备、家国情怀和具有国际视野的人才，这其实就是社会主义核心价值观，社会主义核心价值观是根植于中国人的血液中的。

如果单纯地对学生只进行英语教育，品德、修养、情怀、价值观等的培养就会相对比较难，要有一个载体，所以要回归到英语教学之中。回归到教师培养学生的能力、技能和知识之中，要落实到英语课程的教学目标、课程内容、教学方法、教学评价等中。当中国的英语教学变成英语教育时，就能理解英语教学的育人价值。核心素养是借助课堂主阵地对学生进行三观引领、品德培养、道德情操及其职业精神的培养，虽然跨文化沟通力、获取语言文化知识是基础目标，获取语言应用技能是重要目标，而人文素养目标，即开阔人文视野、健全人格，引导价值观、世界观及审美意识是英语教育的终极目标，但是不能为了核心素养而核心素养，还要兼顾语言学习、文化获取、思辨能力培养和价值引领等各个方面，因为学生的跨文化沟通力、品格道德修养、独立思考能力、中国传统文化怡情能力以及对世界的真善美的发现都是核心素养所需要关注的。

大学教育从本质上说是在传授知识，同时培养学生品格、价值观等，专业课程是为了培养学生作为人的全面成长，而不仅仅是课程的内容。英语教学使学生学会了一门语言，培养了学生的思维习惯，最终使其具有交流沟通的能力。培养学生核心素养更多的是告诉学生应该怎么做，什么是对，什么是错，而英语教育和教学可以告知学生如何做才能与外国人进行沟通，在交流中，要包含价值观、勇气、自信（发现兴趣）、同理心（人际交往）、胸怀、自省和积极等这样的思维方式才使大学生终身受用。这需要将英语学科和核心素养很好地结合，并贯穿在学习的点点滴滴之中。在新时代，提到英语教育，就会强调国家和民族、民族价值观，还有修身、齐家、治国、平天下这些中华民族优良传统的传承，这些就是立德树人的价值源泉。

（二）推动新文科建设

新文科应打破专业壁垒，加强多学科协同。新文科为新工科、新医科、新农科注入了新元素，同时新工科、新医科、新农科为新文科提出了新命题、新方法。新文科是社会主义先进文化的重要载体，哲学社会科学与科学技术交叉融合，能够提升文化软实力。教师需要走出传统教学的"舒适区"，推动新文科建设，推进建设具有综合性、跨学科、融通性特征的新文科。

"新文科"是指对传统文科进行学科重组，实现文理交叉，也就是把新技术融入哲学、文学、语言等诸如此类的课程当中，为学生提供综合性的跨学科学习，我国新文科建设始于2018年10月，2019年4月开始全面新文科建设，是新文科建设的元年。从世界发展来看，世界的发展呼唤新文科；从中国发展来看，新时代呼唤新文科；从教育发展来看，教育方针呼唤新文科；从方位来看，中国的高等教育参与国际竞争、国际高等教育治理、国际高等教育标准的制定等都是新文科建设的背景。

大力发展新工科、新医科、新农科、新文科，旨在优化学科专业结构，推动覆盖全部学科门类的中国特色、世界水平的一流本科专业集群。

培养学生核心素养目前也是解决大学英语教学所面临困境的有效途径之一，核心素养的提出增强了大学英语时代性、实效性和思想性。部分大学生由于对世界的认识不全面，没有正确的理想信念，不能正确处理人际关系，价值观缺乏奉献精神。英语是一门语言公共基础课，因其话题包罗万象，是培养学生核心素养的重要组成部分，是潜移默化提高人文素养、思想觉悟、文化自信和立德树人的先锋阵地。

（三）批判思维能力有待提升

《礼记·中庸》中讲到博学之，审问之，慎思之，明辨之，笃行之。教师在把这些核心素养的内容融入英语教学时，学生不会设防，会认为是课程内容的一部分。学生运用英语深入探讨和交流复杂问题的能力还比较欠缺，整体批判性讨论能力较低，思维能力有待提升。表面上看，这与核心素养关系不大，实际上，这一点正是需要通过大学英语核心素养建设来进行改进和完善的。

二、英语教学中核心素养的途径

上海高校核心素养的经验是"三位一体"的教育体系。有"中国系列"选修课程，在这样的课堂中教师在把知识传授的同时，对学生进行了思想理念的洗礼。值得学习的是这一系列选修课程并不是某一位老师、某一个教研室的老师完成的，而是集中力量把学校的优秀教师和校外专家包括院士等一起合作完成。所开选修课程与本校的专业相关，通识课程包含各类型的综合素养课程。另外在对学生实施核心素养培养的具体实践中，要回答好课程教学论的"谁来教""怎么教"和"怎么评"这几个核心问题。

（一）培养途径

英语课作为培养学生综合素养的课程，是以教材内容为载体的，对学生核心素养的培养与英语知识点密不可分。编者认为英语核心素养的挖掘可以从平时的教材单元中，与课文主题、篇章修辞、语言点和单元资源拓展、翻译等核心素养内容和单元主题等有关内容出发，增加词汇学习的难度，在课堂活动中，做到核心素养教育有机融入。课外教师可以借助网络教学平台、微信公众号等以听、说、读、写、译等方式让学生完成相应任务。

相关图书资料可以从纸质版书籍或从数字图书馆搜索，教师可以从《中华文化典籍英译》《中国传统文化关键词》《用英语介绍中国》等资料中寻找培养学生核心素养的相关资源，另外网站和手机App、微信公众号、CGTN、英语点睛、人民日报英文版、人民网、央视、学习强国、TED公开演讲等权威官网、英汉双语文本和音视频进行选材，选材时要注重思想性、针对性和实效性，同时也要注意素材的适当性、趣味性和可接受性。因为把培养学生核心素养的有关内容融入教学备课量特别大，教师可以进行资源库的建设，资料可以包含中英文内容。

以往教学中不乏这样的做法，核心素养从以前的隐性化变成显性化，显性化不代表生搬硬套，根据具体材料探索核心素养内容和教学内容的融入点和契合点，将真善美、国学经典、美好品格、社会主义核心价值观的内涵润物细无声地进行教学来增强核心素养的亲和力。有人比喻好的思想政治工作应该像盐，但不能光吃盐，最好的方式是将盐溶解在各种食物中自然而然地吸收。

新时代的教学中要深度挖掘课程蕴含的人文精神和科学精神，将内隐的价值理念外化为师生教与学的行为表现，将社会主义核心价值观融入课程与教学的实践探索，做到知识传授加价值引领，实现知识体系和价值体系的有机统一。

对于新时代的大学生而言，他们有思想、有激情，不大可能接受教师在课堂中进行社会主义核心价值观的直接说教，因为太空洞，学生是反感和不接受的。教师可以使用任务型教学法，设计出具体的可操作的任务；学生可以通过各种语言形式来完成任务，以达到学习和掌握语言的目的。在主题、篇章、语言点、练习等教学环节中紧贴主题的阅读、写作、口语、翻译等的任务设定，要通过思辨、讨论和讲解等手段和方式将核心素养元素有机融入。

教学内容多元化，在对学生进行语言技能训练的同时，要使人文素养也得到提升，并有机融入核心素养。教学目标多元化，既培养学生语言应用能力，又培养学生学习能力、思维能力、信息素养以及家国情怀等人文素养。学生学习方式也是多样化的，课前学生可以自主学习，课中通过"翻转课堂"模式，课后通过合作完成项目和任务，来培养学生高阶思维能力和语言应用能力。

（二）教学方法

把对学生核心素养的培养融入课程，教师要考虑的是运用哪些方法能把核心素养的有关内容自然融入课程，要组织和引导学生积极参与和体验，情感的体验和行为的锻炼更有利于德育的促进。

1. 核心素养的关键因素是教师的引导

教师为主导，学生为主体。核心素养的引导方式是以"学"为中心，师生、生生互动、学生分组、任务驱动。教师要进行制度引导、情境创设、问题导向和评价导向，从各个方面来调动学生的积极性。"做中学"，要引导学生如何做。基于英语教学本身，首先要在教师讲授好课堂内容和知识的基础上，把核心素养融入其中。特别是核心素养元素的融入教师要用心，教师如何更加有效地把核心素养融入教学，从教学模式的变化、教学内容的升华、语言技能的学习到综合素质的提高、启发学生怎么学等都是值得关注的方面。

2. 混合式教学促进

很多教师认为大学英语课程的课时和学分本来已经很少了，如果再融入核心素养有关内容的话，可能教学时间上是不够的，其实混合式教学模式可以拓展教学时间和空间，做到课堂内外、学校内外、线上线下相结合，拓展教学时间和空间。

混合式教学在育人理念、育人途径等层面是与核心素养具有高度的契合性的。混合式教学反映了不同文化、不同背景对能力、人格、品行等的培养与教育是与核心素养殊途同归的，因此，核心素养与混合式教学具有内在的逻辑一致性与统一性。混合式教学的目的是提升学生的学习成效，核心素养的目的是通过课程来育人，两者的有效结合，可以起到相互促进的作用。混合式教学为师生提供了时间和载体，使核心素养育人更全面更有效，能够促进学生学习的主动性，有助于提升混合式教学成效。两者都需要教师进一步思考教学中面临的如何做加法和如何做减法的问题。也就是说教师要先确定哪些知识可以让学生通过网络自主学习获得，哪些知识教师要在课堂上传授，在此基础上，再把核心素养的内容有机融入教学。

还有MOOC、SPOC、翻转课堂等教学模式，在讲解知识点过程中的互动和交流就是核心素养要呈现的内容。

另外教师还需对第二课堂活动进行创新和整合，并加强与第一课堂的渗透融合，让学生在参与的过程中有实实在在的收获，充分发挥第二课堂的整体育人效果。第二课堂需要整合校内外优质资源，把社团活动、创新创业、志愿服务、技能实践等进行有机融合。

3. 借助外力

教师可以借助外力邀请知名教授、大师、专家进课堂讲课，他们会从宏观到微观给学生讲授，能更加有效地使学生提高核心素养。当然这需要花费教师更多的精力，也需要教师利用自己的人脉来与有关人员提前进行沟通和交流，这样做可以在课堂上收到事半功倍的效果。

三、核心素养评测体系

通常情况下，一门课程结束之后，教师可以把平时成绩和卷面成绩按照一定比例折合之后给出学生这门课程最终的得分，传统的英语课程评价一直以语言能力为测量目标，主要是对浅层知识和浅层理解进行评价，却很难对认知、思辨能力、思维、跨文化交际能力进行评价，所以对于核心素养的效果如何，衡量和评价是值得继续探讨的话题，因为评价本身就是一种技术。编者认为既然核心素养属于润物细无声的教学，那么对此的评价也不是即时显性的。核心素养注重教学中学生的获得感，这种获得感很难用纸质版的考试来测量。

完善现有考核评价体系，将课堂教学、作业、考试和学生自主学习结合起来。严格规范课程考试及成绩评定，积极探索培养学生核心素养的考核方式，推进过程式评价，体现了对能力考核的改革。

切实推进教学内容、方法和手段，鼓励学生自主学习，使学生的学习方式由被动学习真正转变为主动学习和主动求知。要求课程教师根据学科的最新研究成果和自己的研究心得，对所担任的课程撰写出教改方案，并汇编成册。同时，全面推行面向学生，以学生为主导的教学法。任务驱动式、探究式、案例式以及翻转课堂等教学模式应在混合式教学课堂中得到充分体现。

核心素养的评价包含对核心素养融入课堂教学的评价和对核心素养教学效果的评价。其实对两者都没有必要进行细枝末节的评价，但可以从宏观上进行。对核心素养融入课堂教学的评价可以参照以下标准：1. 课堂中是否有核心素养元素的呈现。2. 核心素养元素与课程内容的相关度如何。3. 核心素养元素是否有机融入。对于培养学生核心素养教学效果评价，一般情况下认为最重要的一条是润物细无声，即学生能自然接受，认为这本身就是课程的一部分；能够引起学生情感共鸣；能够有效激励学生产生内动力；能够有效促进学生对课程知识的理解、拓展和深化。

对于核心素养的教学效果，可以从学生的作业、报告、回答问题、小组贡献度等方面，以及价值、情感、逻辑思维、自主观点等指标进行测评。但是编者不建议在核心素养方面对学生的道德、思想、情感、价值进行量化评价，因为核心素养融入是润物细无声的。评价的原则是多元评价，兼顾过程和结果，重在过程。评价是属于非认知评价，可以用心理学量表来做观察，而不能仅仅靠纸笔测试，这是以后测评需要研究需要注意的主要问题。

核心素养评价要关注结果更要关注过程，特别是关注学生在学习过程中的获得感和体验等。因为核心素养毕竟是思想层面的，对其评价也许会使用到心理学、数学等方面的知识，应该是一个长期的结果。

另外人的思维方式、行为习惯是一个渐变的过程，人也是在社会成长过程中逐渐形成的价值观和行为习惯，人和人、人和社会等学生会把价值观、思维习惯等应用到生活中。所以我们教师做了育人教育，就会对学生产生或多或少的影响。

另外，教师在早期对学生做有关核心素养培养的过程中，学校和学院要鼓励教师积极申报各级别的教改课题，这样教师所提供的材料如教案、学生视频、论文等都会比较规范。问卷和量表设计时可以邀请其他学科的教师参加，如邀请心理学、社会学等方面的研究人员来参与，尽量做到客观。建议各大高校要把教师是否对学生进行核心素养教育纳入对教师的评价体系当中，学校进行相关项目立项和在教师职称评聘、教师评优等方面要给予倾斜,让付出心血的教师有所回报。

第三节 培养学生核心素养的注意事项

一、教材是载体

2018年教育部颁布《关于加快建设高水平本科教育 全面提高人才培养能力的意见》(简称"新时代高教40条"),第18条:充分发挥教材育人功能。加强教材研究,创新教材呈现方式和话语体系,实现理论体系向教材体系转化,教材体系向教学体系转化,教学体系向学生的知识体系和价值体系转化,使教材更加体现科学性、前沿性,进一步增强教材针对性和实用性。

英语教材要符合学生的认知,同时满足学生需求,参与教材的编辑者可经常做问卷调查了解学生的喜好和需求,甚至可以和企业进行沟通。学生对来自现实事物比较感兴趣,"学以致用",教学材料一定是鲜活的、有真实环境的。

(一)问题意识

目前很多教材的教学内容涵盖语言和文化输入与实践,但是缺乏现实问题导向,"问题意识"缺乏必要的立足点,很多学生对教学内容不感兴趣。长期以来,教材方面对社会价值明确引导等方面有待加强。教材里面要引导学生树立社会主义核心价值观,要继承和发扬中华民族优秀文化。

要以新理念引领教材建设。教材要有自身的体系和编排,教材的编委对所有教材编写材料要经过严格挑选,教材内容要体现社会主义价值倾向、家国情怀等符合核心素养教育的基本原则且内容要具有很强的教育意义。即然教师在课堂上要进行核心素养培养,教材出版社的编写团队就要先行一步,在编写的过程中,考虑到教师在对学生进行核心素养培养时如何更好地利用教材,来进行相关方面的探索。

(二)教材编写思路

编者认为教材编写思路如下:1.依据英语学习的循序渐进原则,教材要在培养学生语言应用能力的同时,提高学生的跨文化交际能力。2.选取的材料要有科学性、专业性。3.注重选材的时代性和实效性,紧扣时代脉搏。将社会主义核心价值观有机融入教材,落实新时代"核心素养进外语课堂",帮助学生讲好中国故事,主题鲜明。4.虽然教师在课程中要融入核心素养元素,但前提是不能减少教学目标或降低标准，教学配套辅助资料如配套习题、配套PPT、教师用书等难度不变，建议教材中嵌入二维码，学生扫描就可以观看此部分培养核心素养的相关素材。

教材编者一要注意师生对该套教材的反馈情况，因为教材后期的二次开发、修订等都依赖于之前的工作，同时对教材的教学也有重要意义；二要鼓励教师从立德树人的根本任务出发，聚焦新形势下英语教材建设、使用与评价等各环节，探讨提升教材思想性、科学性与时代性的新路径，构建体现国际视野、具有中国特色、适应时代要求的新时代英语教材体系，推动大学英语课程建设、教学创新与教师发展；三要持续推动创新教育理念、优化教学模式、提升教育质量，实现立德树人的根本目标。

（三）加强教材选用及管理工作

继续加强教材选用管理，规范选用程序，教材选用以符合教学大纲的要求为基本原则，注重权威性、前沿性、实效性，以"国家级规划教材"、"国家重点建设教材"、专业指导委员会推荐教材和近3年出版的新教材为首选对象。加快教材的更新换代，缩短使用周期，同时考虑直接引进原版英文教材。

（四）加强自编教材编写工作

自编教材是教材建设的重要内容之一，在人才培养和教学中起着十分重要的作用。为提高教学的质量，实现教育教学的目标，需结合学校特色加强自编教材的编写工作，同时，定期对编写的教材加强中期检查、加强质量评估、评优和推荐工作，加强对优秀教材的宣传和推广，把好教材选题和选用的审核、质量及管理的关口，从而不断适应教学需要。

二、教师是提升学生核心素养的关键因素

在培养学生核心素养过程中，教师是最关键的因素，对教师的考验极大，也是难点。在高校，对于通识课程，教务处要主抓，同时要培育有前景的课程。各学院主抓专业课程，使核心素养融入教学有创新、有特色。对于学生的实践环节需要教务处、学生处、团委等部门联动使学生有体验、有实效。无论哪一个环节，教师都要从意识上认识到核心素养的必要性和重要性，只有接受了先进思想，才能指导教师行动。

教育是培养人的工作，我们面对的不是冷冰冰的产品，而是一个个有鲜活生命、有思想、个性及其丰富多彩的学生。他们会重新构建自己的知识，并形成自己的意识形态和价值观。教书育人是教师的天职，教师对学生要进行道德垂范、知识传递、学法引导、情感培养、人生启迪。但教师如果没有扎实的教

学技能和方法,没有挖掘核心素养元素的素材,那么空有一腔热情是没法完成教书育人这一使命的,教师只有自己受到触动才能让学生受到触动,所以要首先尊重学生,和学生平等交谈,发挥自身优势,拥有自己独特的教学方法。

(一)教学团队

由于大学英语课时减少,在上课时,要注意对学生进行核心素养培养时的适度问题,教师不可能每一节课、每一个知识点都能融入核心素养内容,所以要根据教材特点,来有机联系,提升视角,才能有效融入。注意不能应用太多的理论术语,要用适合学生的语言分析。大学英语核心素养的核心点是"融入"。好的大学英语课程中对学生进行核心素养培养时是将教学目标与立德树人根本任务融合、教学内容与核心素养相关内容融合、传统教学方法与现代信息技术融合来传授的。

教学团队可以从课文主题、词汇语言、篇章理解、练习作业等方面进行挖掘。

单词学习是用中国文化相关例句拓宽词汇学习的深度和厚度。篇章理解可以从中西方文化对比进行学习,帮助学生加强文化自信。在课后练习中,要增加相关的核心素养内容,运用网络教学,形成"课内+课外"核心素养教育格局。

学校层面是高校要明确所有课程的育人要素和责任,推动每一位专业课老师制定开展核心素养教学设计,做到教师人人讲育人。对整体战略层面规划好,做好保障。只有学校层面高度重视培养学生的核心素养工作,积极引领教师进行课程建设,才能真正地让一线教师把核心素养的理念装进头脑、最终付诸行动,使学校形成浓厚的培养学生核心素养的氛围。解决好各类课程相互配合的问题,发挥所有课程育人功能,使各类课程同向同行,形成协同效应。

学院层面需要统筹抓好课程、课堂、教材和思想政治工作,加强教学管理,召开相关培养学生核心素养建设推进会。学院教师党总支要起到引领作用,以基层党建和课程核心素养建设协调育人展开,鼓励党员教师和有经验的教师先进行核心素养培育,起到引领示范作用,再带动学院其他教师。对学生核心素养培养是每一位教育工作者的共同责任,在新时代首先要实现教学观念的转变,确立核心素养观念,推动全方位育人,组织各种把核心素养融入课程的主题讲课竞赛,课程有示范,教师认同性会比较高。学院可以邀请其他专业教师组成培养学生核心素养建设团队,如心理学专家、辅导员等,形成多学缘结构。

针对课程教学大纲的修改,如果教师还没有做有关把核心素养融入教学的实践,编者建议先进行探索与实践,通过实践和反思之后,再对教学大纲进行修改，把育人的目标和路径写入教学大纲。

核心素养建设关键在教师，既要学高为师，更要身正为范。所以教师首先要加强社会核心价值观学习，特别是对中国传统文化的学习，增强自我核心素养内涵的培养，只有这样在对学生讲解英语语言学习的时候，教师才能通过文章能较快和准确地抓住核心素养点，寻找出合适的核心素养素材。要有跟得上社会热点的能力，做到与时俱进，帮助学生筛选网络中的各种信息，对学生进行道德教育和价值引领，只有这样，才能在课堂主阵地做到传播核心素养的相关内容。在工作中，要始终把育人放在首位，关爱学生，引导学生树立正确的世界观、人生观和价值观，在推进核心素养教育有效融入专业教学的过程中，要避免出现彼此脱节的"两张皮"现象，避免"贴标签""空洞说教"等形式主义的做法。通过尝试，教师的教学大纲、教案还有发表的论文等都可以作为成果。相信教师只要肯用心用脑，不断地感悟和探索，就会收到良好效果。

建设政治素质过硬、业务能力精湛、育人水平高超的高素质教师队伍是大学建设的基础性工作。对于教师而言，课堂上不能讲出格的话语，言论行为也要有底线，同时不能在课堂上传递负能量。评价教师队伍素质的第一标准应该是师德师风，要引导教师把教书育人和自我修养结合起来，做到以德立身、以德立学、以德施教。

教师备课环节中以提高教学质量和效果为前提，教学目标、教学活动设计等是教学活动的重要组成部分。一方面教师备课要备学生，了解学生的心理，选择学生感兴趣的内容和话题，采用学生感兴趣的教学形式，调动学生学习积极性；另一方面，教师备课要以学生的能力和学习基础，开展针对性教学活动，教学效果自然会更好。

（二）教师的影响力与引导的效果

对学生核心素养的培养关键在教师，教师要发挥积极性、主动性和创造性。教师要以高度负责的态度，率先垂范、言传身教，以良好的思想、道德、品行和人格给予学生潜移默化的影响。同样，大学英语教师进行核心素养育人教育要做到"身体力行"和"言传身教"。

现代大学生都是00后，相对而言，注重个性，缺乏集体主义价值观；价值取向多元化，但是又同时关注社会热点，对于公共事件的参与度比较热情。他们乐于接受新鲜事物，但有时会把握不好是非标准，缺乏批判性思维，容易人云亦云，不做理性思考；追求平等，但又缺乏责任意识。学生喜欢应用新媒体，新媒体的特点是交互性强，内容丰富，师生既可以是信息发出者，也可以是信息接收者。

1. "身体力行"与"言传身教"

"身体力行"：教师要以身作则，亲自参与对学生核心素养的培养，只有进行核心素养教学，才能真正地对核心素养有深刻认识。

"言传身教"：百年大计，教育为本，教育大计，教师为本。我国古代伟大的教育家孔子说过："其身正，不令而行；其身不正，虽令不从。"在教育教学过程中，教师本人在学生心目中的影响力，教师的育德意识、能力、经验、人格品行、言谈举止会潜移默化地对学生发挥作用，影响着他们的心灵、人格和品行。教师要学高为师，具有渊博的知识和严谨的治学态度。教师对他们来说，就是参照物，教师的一举一动都蕴含教育的力量。所以必须要自重、自省、以身作则、言行一致。要求学生做到的，自己首先做到；禁止学生去做的，自己坚决不做，身教重于言传。

当今世界是开放和多元化的，有个别教师会把过激言论和偏颇观点带到课堂上，混淆了师德师风的是非，误导了大学生。一部分教师认为自己教好书、上好课就行了，对学生的思想教育漠不关心，存在重教学、轻育人的倾向。所以我们在建设核心素养时，教师也要做到严格"自律"，以德立教，以身立教，不断学习，做到教师师德育人。

围绕育人目标，深入挖掘大学英语课程中核心素养的相关内容，细化核心素养具体目标，将课程有关核心素养教学内容和大学生的实际生活进行有效结合，使核心素养元素在课堂自然融入。同时健全课堂教学管理办法，建立课程标准审核和教案评价制度，形成核心素养教育教学规范。

我们通常所说的道术——传道授业，教书育人；学术——具备深厚的学术功底和丰富的教学经验；技术——掌握高超的教学技能；艺术——形成独特的教学风格；仁术——关爱学术的成长，关注"三观"的培育。一切有利于学生德、智、体、美、劳发展的都属于核心素养范畴，师德首先是个人品格的支撑，所以不能把师德单纯理解为职业道德。"有理想信念、有道德情操、有扎实学识、有仁爱之心"的"四有"好老师，将核心素养工作做得好，对教师的师德也有促进作用，因为当教师思想意识发生了转变，对课程有了更深的认识，增加了课程厚度和深度，就会关注学生，看到学生的成长，学生被教师感动，构成了一个闭环。

立德树人对教师的自我修养和专业素养也相应提出了更高要求，教师在教与学的过程中也是一个自身修养完善的过程。将教学内容个性化、特色化融入核心素养，对教师的职业素养提出很高要求。

新时代教师在课堂上早已不是"一言堂"，学生现在获取知识的途径远比我们想象到的多，所以教师个人发展是迫在眉睫的事情，如果新时代的高校教师做不到与时俱进，那么就谈不上站稳讲台，更谈不上与学生做到心灵契合了。核心素养本身对教师现有的知识结构提出了新的要求，"打铁还需自身硬"，所以要想把核心素养做好，教师就需要及时更新知识体系，在做好语言学习的同时开展核心素养教育。

2. 教学团队协作

英语课程中一个单元的核心素养元素内容摄入光靠教师个人来挖掘压力是很大的，因为思路和素材不是单单一个人就可以做好，需要教学团队合作，大家就本单元话题可以融入的核心素养内容进行探讨和扩展，然后教师再分工协作找到相应的核心素养元素，只有这样，才能把一个单元、一册书的核心素养相关内容坚持做好。

第四节　高校基层党建和核心素养培养协同育人

立德树人是英语教育的根本，只有解决了"培养什么人、怎样培养人、为谁培养人"这一根本问题，不断完善中国特色、中国风格、中国气派的英语教育体系，才能培养出具有中国情怀、国际视野的英语专业人才。

编者认为对于"培养什么人"，高校和教师要全面贯彻党的教育方针，牢记立德树人根本任务，培养社会主义的合格建设者和可靠接班人，在教育教学中要重视学生的社会责任感、创新精神和实践能力培养。"怎样培养人"要涉及教师教学方法，完善落实立德树人的体制机制。"为谁培养人"就是坚持"为人民服务，为中国共产党治国理政服务，为巩固和发展中国特色社会主义制度服务，为改革开放和社会主义现代化建设服务"。

全面深化和发展教育，需要坚持和完善党的领导。中国特色社会主义最本质的特征是中国共产党领导，中国共产党的领导是中国教育事业兴旺发达的根本保证。

教师党支部是培养学生核心素养的组织者和有力推动者，教师党支部要将"核心素养"建设作为加强党支部政治建设的重要内容和载体，教师党支部书记要实施"双带头人"制度，进一步发挥好教师党支部在"核心素养"建设中的推动作用。对学生核心素养的培养是加强教师党支部建设的有效载体和有力抓手，有利于实现班子团结，合作发展，所以要坚持协同联动、全员参与。

教师党支部要做到引领核心素养建设，要站在学校立德树人的第一线。推动党建工作与教学科研工作相互结合、有机融入，把党组织的领导力和组织力转化为推进中心工作的强大动力。

一、教师党支部推进核心素养建设的背景

党的十九大报告指出"党的基层组织是确保党的路线方针政策和决策部署贯彻落实的基础。要以提升组织力为重点，突出政治功能，把企业、农村、机关、学校、科研院所、街道社区、社会组织等基层党组织建设成为宣传党的主张、贯彻党的决定、领导基层治理、团结动员群众、推动改革发展的坚强战斗堡垒。党支部要担负好直接教育党员、管理党员、监督党员和组织群众、宣传群众、凝聚群众、服务群众的职责，引导广大党员发挥先锋模范作用。"

2017年，中共教育部党组关于印发《高校思想政治工作质量提升工程实施纲要》，要求高校大力提升学生思想政治工作质量，目标原则之一就是"坚持协同联动，强化责任落实。加强党对高校思想政治工作的领导，落实主体责任，建立党委统一领导、部门分工负责、全员协同参与的责任体系。"

2017年，中共教育部党组印发的《关于加强新形势下高校教师党支部建设的意见》中提出"高校教师党支部是教育、管理、监督和服务教师党员的基本单位，是把党的路线方针政策落实到高校基层的战斗堡垒，是党团结和联系广大教师的桥梁纽带，是办好中国特色社会主义大学的重要支撑"，从高校教师党支部的职责出发阐释了教师党支部是高校基层的战斗堡垒。

2018年《中共教育部党组关于高校教师党支部书记"双带头人"培育工程的实施意见》强调"要立足推进事业发展这个落脚点，推动党建工作与教学科研工作相互结合、有机融入，把党组织的领导力和组织力转化为推进中心工作的强大动力。"

高校基层党组织是党在高校工作和战斗力的重要基础，是党一切工作的执行者和落脚点。基层党建工作要以"围绕中心抓党建、抓好党建促发展"为指导思想，将党建工作和教学中心工作进行高度融合，高校基层党建和核心素养建设协同育人体现了社会主义大学的办学方向、体现了立德树人的根本要求，为实现"三全育人"（全员育人、全程育人、全方位育人）开创了新局面。

"三全育人"中全员育人是育人工作的主体，要求做到人人育人，人人都是育人者，实现育人无不尽责。全过程育人是指育人工作的时间，规划从低年级到高年级不同阶段的核心素养教育方法，高校的德育工作要贯穿大学生在校期间的每个阶段，实现育人无时不有。全方位育人是指从育人工作的空间出发，育人工作的根本目标是要实现大学生的全面发展，注重培养大学生各

方面能力，将立德树人覆盖到课上课下、网上网下、校内校外，实现育人无处不在。

（一）国内外文献

通过查阅贵州数字图书馆可知，以"核心素养"为全部字段，进行文献搜索，其中相关的中文图书 11 672 本，中文期刊 81 769 篇，报纸 3 351 篇，学位论文 14 263 篇，会议论文 5 069 篇。国外的相关文献较少。

1. 探讨核心素养建设的必要性

部分教师认为推进核心素养教育应当充分发挥哲学社会科学的育人功能，着重加强学科自身育人的自主与自觉，坚持正确的教育方向，不断提升学科的原始创新能力。应抓住课程核心环节，充分发挥课堂教学在育人中的主渠道作用。提出科学思维不应局限于单一的专业领域，应用于人文社会问题，应可以帮助师生改善思维方法，包括为人处世的方法。以某些专业为例，分析了专业课教师开展核心素养教育的必要性和可行性，并对专业课开展核心素养教育的途径进行了探讨。上述文献对大学课程对学生核心素养培养必要性的核心思想是一致的，都认为对学生进行核心素养培养是一种课程观，不是另外增开一门课，而是将核心素养教育融入课程教学，实现"润物无声"。

2. 提出核心素养建设的策略和途径

对于核心素养建设的策略和途径，研究者多从提高教师的核心素养、增强核心素养内容融合的能力、创新核心素养方式方法等方面出发展开探讨。部分教师对核心素养建设的关键问题与解决路径进行分析，建议要建立核心素养长效运行机制和协同创新机制，及时总结经验。有的建议对学生进行核心素养培养时必须牢牢把握教师、院系、学生等关键环节。教师是关键，教材是基础，资源挖掘是先决条件，制度建设是根本保障。也有部分教师认为核心素养建设要加强顶层设计，落实主体责任；树立问题导向，实施项目牵引；树立民族意识，展现中国气派。有的建议加强核心素养，要从三个方面着力：第一，加强第一课堂建设；第二，转变专任教师观念，挖掘每一门专业课的"德育元素"；第三，推动"第二课堂"和"第三课堂"建设，发挥校园文化育人功能和实践育人有效途径。还有的提出"互联网+核心素养"模式建构的理论研究，以实现互联网与课程教学深度融合。

3. 党建与核心素养融合的研究

有的教师认为党建与核心素养教育要以专业建设和课程建设为着力点和抓手，要树立"服务和服从专业建设和课程建设的需要"的指导思想，突出教学中心地位，有效形成教学与学生管理联动机制，使得院系党政工作步调一致、同心协力。部分教师对当前高校教师党支部"双带头人"建设现状及存在的问题进行了分析,对基层党建推进学生核心素养的价值及实践路径进行探讨,提出了强化高校院系党组织在核心素养教学建设中的核心作用。高校党建的重要任务是"围绕中心,服务大局",党建工作需要围绕学科建设展开,学科建设也可以支持党建工作,发挥"1加1大于2"的功效。有的教师是从理论和实践两个层面提出要充分利用新媒体技术优势,构建新时期高校立体化多元化党建和思想政治教育平台;提出构建培养学生核心素养工作大联盟,激活党建正能量。

总体而言,通过文献分析,国内学界对于核心素养研究成果比较丰富,呈现出理论研究与实践研究并行,但相对于我国所面对的实现中华民族伟大复兴中国梦的重要阶段而言,高校基层党建与核心素养协同育人研究还存在以下不足:

一是原有的核心素养研究多泛泛而谈,缺乏专业课程中对如何深入学生核心素养培养的研究。核心素养研究基于当前的社会背景产生,大学专业课程对学生核心素养培养也要始终贯彻落实党的十九大精神和新时代中国特色社会主义思想,只有这样才能有效发挥课堂育人主渠道。

二是高校协同育人路径和策略还有待更深入的探究。教师培养学生核心素养目前还没有做到真正与高校基层党建融合,而高校党建工作机制也有待完善和健全,需要通过探析高校基层党建与核心素养建设协同育人过程中制约工作的瓶颈,针对关键性问题,提出切实可行、极富操作化的路径和策略,助力大学核心素养工作。

三是研究缺乏可示范、可引领、可辐射、可推广、可持续意义的先进经验和典型做法。现有的研究没有充分发挥高校基层党建在核心素养中的示范引领作用,虽然积累了一些经验,但仍然比较零散,不够系统完整,在全国缺乏较大范围的推广价值。

(二)基层党组织引领示范意义

教师党支部是培养学生核心素养的重要组织者和促进者,具有促进党建、教学、科研的融合,带动各项工作全面提升,加强师德师风建设,提高教师的成就感和获得感的责任。教师党支部要把核心素养建设和组织建设、思想建设相结合,落实立德树人根本任务。教师党支部要建立管理机制、运行机制和评价机制等,在制度上保障对学生核心素养的培养能顺利进行。

1. 专业课程向核心素养拓展

在新时代背景下,推进学生核心素养,是全面深化人才培养体系建设、落实立德树人根本任务的重要举措，探索如何把专业课程向核心素养拓展，实现"三全育人"，是目前高校专业课程教师需要解决的课题。

2. 创建党建工作新机制

根据教育部相关文件，2018年要全面启动党建质量年，目前高校普遍的状况是基层党组织存在着党建和学校教学、科研发展不均衡、不协调，组织活动机制难以落到实处。基层党建与核心素养建设协同育人研究有助于党支部向创新型、服务型党支部迈进，同时能有效地解决教学和党建无法融合的现象，使得核心素养工作有了着力点，具备有效的载体和抓手，最大限度地增强了专业教育和核心素养教育互为促进的效果。

3. "双赢"

高校基层党建与其他单位党建相比，能更加有效地培养学生核心素养，起到党建促课程建设、课程建设支持党建工作的"双赢"效果。

促进高校党建工作。党建引领学生核心素养建设，一方面可以引起教学单位重视，积极利用多方面资源，搭建平台，使得核心素养工作得以顺利开展。另一方面，以深入开展核心素养工作为契机，也为基层党建工作注入了新的活力，形成"党建+核心素养"的新模式。

促进专业课程教学工作。在专业课程中融入核心素养内容，意味着在讲解专业知识的同时，帮助学生树立正确的历史观、民族观、文化观，理解中国特色社会主义文化，坚定文化自信，成为"又红又专"的合格的社会主义接班人。

二、协同育人途径和策略

新时代下高校基层党建与提高学生核心素养协同育人，可以充分激活尽可能多的不同主体的育人活力。以党支部政治功能助推学生核心素养提高，使两者深度融合，积极探索党建与教学科研工作双提高、双促进的方法和途径。

（一）以党建为引领，开展顶层设计

提高学生核心素养工作在党统一领导下齐抓共管，有利于做好党建工作。党员的政治理论水平是抓好党建工作的关键性因素，党总支需加强党员理论知识的培养和世界观的改造，用榜样的力量带动周围群众。将核心素养作为立德树人的根本性举措，把党建和大学专业课程的核心素养有机融合，实现核心素养建设常态化，以党建促进教学和科研发展，教学和科研反哺党建，基层党建和核心素养建设两者互相促进，互为发展，开创高校基层党建与提高学生核心素养协同育人新局面。

对于基层党建与核心素养协同育人具体实施路径，可以从以下方面着手：

（1）有思路、有担当，党政班子统一思想。教师党支部在学生核心素养

建设中要有引领、推动和组织保障作用,党员教师要走在前面。明确思路和目标,同时要对教师进行核心素养的监督和考核。要求教研室主任要把提高学生核心素养纳入教研室重要工作,带领教研室的老师一起学习相关理论知识,要成为提高学生核心素养的组织者和实施者,进行集体研讨,群策群力,形成合力。

(2)抓住关键。榜样先行先试非常有必要。关键人物:如学院领导、党员、骨干教师等都是关键人物。关键课程:核心课程在专业中作用非常重要,另外大类(平台)课程的作用也举足轻重,因为这类课程涉及面广。关键要素:习总书记提出来的"做人做事的基本道理、社会主义核心价值观的要求、实现民族复兴的理想和责任"要素是核心素养要融入的相关内容。抓住关键可以使学生在不知不觉中受到教育。

(3)有序推进。推进手段:课程研讨、集体备课、学院举行教学竞赛。推进路径:教师党支部引领,先行先试、总结提高、典型示范、全面开花,同时关注教师的成长,使教师有成就感和获得感,使激励形成良性互动。持续推进探索机制,挖掘发展潜力。把党支部建设和大学英语育人相结合,立德树人。教师党支部要勇于担当,逐步深入探索,范围渐宽,使理论研究和实践探索起促进作用。

编者认为基层党建与核心素养协同育人有以下方法和流程:

(1)学习:理念先行。从思想意识上接受核心素养。教师党支部要利用"三会一课",通过阅读书籍,学习习近平总书记关于立德树人的重要论述,学习关于核心素养的文件和要求等。核心素养"进头脑"使教育者先受教育。教师党总支要带领党员教师首先学习相关理论知识,通过核心素养推进会、"三会一课"等方式学习相关文件,让教师理解为何要进行核心素养培养,从思想意识上认识到对学生进行核心素养培养的重要性和必要性,产生心理上的共鸣。只有思想上认可,才能让教师真正地付诸到行动上,把"想做事、能做事、能成事"的教学团队组建起来,让榜样的力量带动全体教师,使教师教学能力明显提升,支部建设得以带动。

(2)研讨:研讨可以解决很多问题,而且可以做到统一人心,统一大家的想法。通过支委会、党员大会、谈心谈话等方式,进行思维碰撞等,认识核心素养内涵外延。认识到核心素养与大学英语课程的关系、核心素养与教师发展的关系等,达成共识。在教师做好核心素养融入教学之后,形成草案,学院内部可以集中研讨,请党支部书记、宣传部相关教师参加进来,获得他们的首肯。千万不要出现核心素养融入教学内容有误的情况,否则核心素养培养就起到了反作用。

对教材挖掘，核心素养"进教研室"。以教研室为单位，党员教师对课程内容进行研讨。可以先在党员教师中铺开，等实践探索一段时间之后再在全部教师之中铺开。教师要对如何在课堂中真正落实核心素养，进行课程设计。研讨和备课时，教师要注意挖掘课程当中所蕴含的核心素养的相关资源，切记内容空洞和喊口号。课程设计与核心素养元素的挖掘是一个反复促进的过程，需要根据课程实际来进行，同时挖掘的核心素养元素是一个需要持续跟进的过程。充分挖掘核心素养相关元素，收集语言素材，这是培养学生核心素养过程中最难的一部分，会花费教师很多心血。

党员教师集体备课，分工协作，等核心素养建设融入课程内容成熟之后，再扩展到所有教师，进行全方位、全覆盖推进。

（3）实践：核心素养"进课堂"。以课程为抓手，教师要在课堂前、课中、课后等环节进行知识讲授的同时，把核心素养内容有机融入。英语学科中的人文教育、跨文化素养、批判性思维、中西文化对比等内容要从各环节找准切入点，进行核心素养教育。关注学生学习成效与获得感，使师生面貌焕然一新，真正做到教学相长。可以进行公开课展示，可以使教师更加完善自己上课中涉及的核心素养元素与内容，对其他没有开展对学生进行核心素养培养的教师起到潜移默化的影响作用。

（4）反思：核心素养"进大纲"。经过一段实践后，教师对自己开展对学生核心素养培养的教学进行反思，为接下来课程继续对学生进行核心素养教育奠定基础。如，经过实践之后，对教学大纲进行修订，在教学大纲中要加入相关核心素养元素和内容，增强教师主动落实立德树人和以学生为中心的自觉性。

（5）考核：核心素养"进考核"。教师党支部对教师进行核心素养培养情况进行考核和评价时，可以举行有关培养学生核心素养的教学大赛，以赛促改，也可以进行培养学生核心素养教案评比等，经过精心设计和全员参与，促使培养学生核心素养真正落到实地。打造一批示范课堂，选树一批优秀教师。总之，教师党支部要把核心素养教学建设与教师平时的评优、评奖和年终考核甚至职称评聘进行挂钩等。

总之，教师党支部需要通过各种方法，使每一位教师都承担起育人的职责和功能，提高教师凝聚力，提高师生交流，促进人才培养体系的形成。

（二）教学科研与党建工作相融合

坚持立德树人，坚持"党建+"与教学研究相结合，为人才培养把握方向。

在高校，一直以来，党建工作与教学科研工作存在"两张皮"现象。以基层党建与大学英语核心素养培养协同育人为切入点，党总支要充分发挥示范引领作用，带领专业课教师挖掘课程中所蕴含的育人元素，把做人做事的基本道理、社会主义核心价值观的要求以及实现民族复兴的理想和责任充分融入各类课程教学中，推动所有课程发挥育人功能，强化思想引领和价值引导。

学校党委要在培养学生核心素养中发挥重要作用，对核心素养认识逐步深入，支持学院的工作、支部的工作、教师的工作等，每年召开有关学生核心素养培养的推进会，学校要举办相关教学设计大赛，选树一批优秀教师来带动全校教师育人意识的提高和教学水平的提高。

在高校，校党委要高度重视，营造立德树人的浓郁氛围。要把党委纳入主体责任、领导带头；理论研究与实践研究紧密结合；院校两级联动，各部门协同配合。只有这样才能同向同行。育人理念固化到学校文件中，形成激励机制，抓住关键环节，形成制度性要求；多措并举，"以点带面"有效推动；选典立范，示范引领，形成机制。激发教师潜能，使育人成为自觉行为。通过培养学生核心素养能力，极大调动教师的积极性，教师思考在课程哪些方面可以融入，教师受到了什么启发。

（三）建立培养学生核心素养工作大联盟

高校基层党建与提升学生核心素养协同育人有利于党建和思想政治工作优势互补，探索建立培养学生核心素养工作大联盟。高校基层党建与提升学生核心素养协同育人创新机制研究将立足于核心素养建设，力图在点（个案分析）、线（实证调研）、面（文献梳理）结合的基础上突破，同时确保核心素养元素的信度、效度和普适性。

教师党支部可以成立专门的提升学生核心素养的党员教师团队，成员有党支部书记、总支委员、辅导员、班主任等，各方形成合力，共同挖掘课程中蕴含的核心素养教育元素和所承载的教育功能，并在教学中有机融入课程育人。因为有关培养学生核心素养团队大多都是党员教师，成员很多是双重身份，如既是党总支成员也是班主任，普遍具备较强的马克思主义科学理论功底，熟悉思想政治工作规律、教书育人规律、学生成长规律，注重教育教学研究；同时既熟悉专业课程知识，又掌握了党建专业知识，使开展核心素养研究更有科学性和实用性。总之，核心素养建设要建立工作大联盟。

三、教师命运共同体

高校教师要坚持教育者先受教育，努力成为先进思想文化的传播者、党执政的坚定支持者，更好担起学生健康成长指导者和引路人的责任。教师在参与党建与培养学生核心素养工作中，在教育学生的同时，自身也经历着自我教育的过程，思想理论水平和工作方式方法得到提高，为今后更好地开展党建与教育工作打下了基础。

进行提高学生核心素养教学，教师可能会花费了很多精力，但是教学效果不是立刻呈现的，深入持续开展对学生核心素养的探索，需要有保障机制，需要从树立榜样典型到点、线、面推广，最后在改进中强化，创新中提高。

四、教师党支部推进学生核心素养提高的机制

教师党支部要将提升学生核心素养工作作为加强党支部建设的重要内容和群体。通过教师党支部与提升学生核心素养协同育人，深化相关建设措施。

进一步发挥好教师党支部在提升学生核心素养中的推动作用，可以把相关核心素养培养纳入党建课题立项，成为校级课题，试点立项，选树一批示范课，鼓励教师教学和科研互相促进。定期表彰在提升学生核心素养方面做得较好的教师，起到引领示范作用。逐渐使每门课程有培养方案、课程教学大纲，以课程教学大纲作为抓手，在课程的教学目标中设置育人目标，并有相应的内容、方法或手段来实现该目标，最终落实课程的育人目标，做到课程门门有提升学生核心素养的内容，教师人人讲育人，为支部走向正规探索提供支持，同时也助力人才培养体系建设，固化核心素养建设成果。

总之，培养学生核心素养课程建设的参与人员要少量先行，中间跟进、争取多数，通过党支部和课题的推动，做到总体规划、教研结合、教学相长。要利用团队的力量，集体备课、合理分工、取得共同进步。

外语界对提升学生核心素养的探索相对而言还是比较浅显的，我们需要通过提升学生核心素养，让大学英语得到应有的尊重！总而言之，教师是提升学生核心素养的主要执行者，教材是有关核心素养的主要载体，课堂是提升学生核心素养的主战场。教师党支部要对教师进行核心素养的培训起到引领作用，教学团队则需具有引领、示范作用。一名优秀的教师，不仅要向学生传授专业知识，更要坚持把立德树人作为中心环节，贯穿教育教学全过程，实现全程育人、全方位育人。

新时代背景下，开展提升学生核心素养教学是促进师德师风建设的途径之一，也是稳步推进学生思想教育，以形成培养学生核心素养育人体系的一个重要方面。编者建议培养学生核心素养要脱离主要传授"语言知识"范畴去设定目标，构建不同于目前的内容体系，设计新的评价体系与参照框架。目前有关大学英语培养学生核心素养的讨论方兴未艾，处于探索阶段，还需要更多老师的参与。

第三章　中国文化融入大学英语教学

各美其美，美人之美，美美与共，天下大同。

——费孝通

十九大报告指出：文化是一个国家、一个民族的灵魂。文化兴，国运兴，文化强，民族强。没有高度的文化自信，没有文化的繁荣昌盛，就没有中华民族伟大复兴。"讲好中国故事，展现真实、立体、全面的中国，提高国家文化软实力"是当今中国面临的非常重要的一项事务。为了让世界了解中国文化，就要使具有丰富内涵的中国文化在被冷落和遗忘中重现光辉"走出去"，在世界民族文化之林展现自己独特的魅力与价值，同时，中国优秀传统文化是提升学生核心素养的重要方面，所以将中国文化融入外语教学也就势在必行了。

《关于深化教育体制机制改革的意见》中指出要深入开展理想信念教育，引导学生坚定拥护中国共产党领导，树立中国特色社会主义共同理想，增强中国特色社会主义道路自信、理论自信、制度自信、文化自信。深入开展以爱国主义为核心的民族精神和从改革创新为核心的时代精神教育、道德教育、社会责任教育、法治教育，加强中华优秀传统文化和革命文化、社会主义先进文化教育。

文化自信体现的是对文化的心理认同，文化心理的认同包括理性的认同、情感的认同，最后上升为价值的信仰。只有依靠文化自信，才能使道路自信、理论自信、制度自信更加坚决，才能使中国文化真正渗透到人的理性情感和信仰当中，才能真正将中国特色社会主义的经济发展优势转化为话语优势。

外语教学的目的是让学生在外语技能提高的同时获得语言和文化知识，外语教育的本质是品德培养、立德树人，使教师的本能育人成为自觉育人，使教师在意识层面上更加重视课程的育人功能。中国文化融入大学英语教学是提升学生核心素养英语课堂非常重要的一个方面。

传统外语教学目标，一直以来都是培养学生的交际能力和语言运用能力，涉及青年学生的成长问题并不多。外语学科在中国走向世界舞台中央的过程中，外语教师需要思考的一些问题：中国文化在英语教学中的"独特价值"是什么？现有的教学途径需要改变吗？怎么改变？教师需要增加什么方面的专业知识与能力？

除了语言目标，英语教育还要有社会文化目标和思维认知目标，社会文化目标包括如品格与品德、理解他人、换位思考等。思维认知目标包含思维方式、学习能力和解决问题能力等。在新时代，英语教学要放宽视野，从加强全球治理人才队伍建设出发，做好人才储备，同时为我国参与国际事务做好准备。培养有国际视野的学生很重要的一点是正如周有光先生所说的那样："要从世界看国家，不要从国家看世界。"国际化人才的核心能力包含：国际视野与协同合作能力、分析问题与解决问题能力、跨文化理解与表达能力。本章重点阐释如何培养学生的跨文化理解与表达能力，把中国文化融入英语教学，从而增强学生的文化自信。

龚亚夫提出社会文化目标、语言交流目标、思维认知目标构成了多元目标英语课程，涉及认知心理学、发展心理学、教育心理学、第二语言学习者心理学、社会心理学、青少年成长、跨学科知识等（龚亚夫，2015）。科学的思考方式（如思维方式、品格、美德、创造性等）和科学的思维方式（如严谨、有逻辑性、缜密、表达准确等），把语言和思维、语言方式、内心世界逐渐进行结合。

第一节　中国文化

2017年，中共教育部党组关于印发《高校思想政治工作质量提升工程实施纲要》"十大育人体系"中的"文化育人质量提升体系"指出，要注重以文化人、以文育人，深入开展中华优秀传统文化、革命文化、社会主义先进文化教育，践行和弘扬社会主义核心价值观，开展"传承红色基因，担当复兴重任"等活动，实施"高校原创文化，经典推广行动计划"，开展文明校园创建，优化校风学风，培育大学精神，建设优美环境，滋养师生心灵、涵育师生品行、引领社会风尚。

一、文化内涵外延

文化的内涵外延很广泛，从广义上看，它是人类改造自然和改造社会的过程中所创造的物质财富和精神财富的总和。从狭义看，文化是指物质生活以外，作为观念形态的、与经济和政治并列，有关人类社会生活的思想理论、道德风尚、文学艺术、教育和科学等精神方面的内容。中国文化不仅包含中华优秀传统文化，也包含社会主义先进文化，如"红船精神""井冈山精神""西柏坡精神""两弹一星精神""航天精神""抗洪救灾精神""雷锋精神""白求恩精神"，等等。

古埃及文明、古巴比伦文明、古印度文明、中华文明，这是最早的四大文明，但是只有灿烂的中华文明源远流长，是唯一尚存的四大文明。对于民族，文化是灵魂和旗帜，对于国家，文化是形象和软实力，对于企业，文化是品牌和资源。

2001年11月，联合国教科文组织大会通过了《世界文化多样性宣言》，把文化多样性的问题提高到了世界各国的相互交往与交流的高度来认识。《世界文化多样性宣言》指出："文化多样性是交流、革新和创造的源泉，对人类来讲，就像生物多样性对维持生态平衡那样必不可少。文化多样性是人类的共同遗产，应当从当代人和子孙后代的利益考虑予以承认和肯定。"

中国文化包含爱国主义、儒家思想、天人合一等，是中华民族世世代代继承发扬下来的，从中国特色社会主义思想来研究分析中国文化，中国文化最核心的就是社会主义价值体系。

跨文化沟通能力是在跨文化环境中通过有效得体交流与沟通完成与解决实际问题的一种能力。跨文化研究与教学相结合，要实现5个转变：1.教学理念转变，指随着社会发展和国家需求，跨文化交际以问题为导向，要做到学以致用。2.培养目标的转变，指在具有跨文化思维的同时，也要有跨文化沟通能力。3.教学内容的转变，指跨文化问题的教学案例，如平常的生活、学习、职场，甚至企业、国家、国际等在跨文化交际中要注意的问题。4.教学方法的转变，指可以用项目导向、案例分析教学法。5.课程评估的转变，指以团队合作的形式呈现的课程论文，在课程评估中要发现问题、分析问题、解决问题。

建设社会主义文化强国，对外文化交流，也不仅仅是政府或者是文化部门的事情，实际上与每一个中国人都息息相关。官方的文化交流是一方面，而两国人民之间的直接接触也是文化交流的重要方面。曾有一项调查发现，中国文化对中国形象的贡献率与美国、俄罗斯等国家相比，贡献率是最高的。这启示我们文化有独特性、多样性，文化也有共通性、普遍性，我们对外交流文化的关键就是要寻找共同价值。实现中国梦，我们必须提高中国文化的软实力。

二、中国文化对外传播

中国5 000年的文明从来没有中断过，18世纪前后，"中国热"风靡欧洲，中国文化对欧洲产生了深刻影响。其实国家一直都是非常重视中国文化"走出去"，20世纪80年代，有"熊猫丛书"系列，90年代有《大中华文库》和《汉英对照中国古典名著丛书》，2004年有"中国图书对外推广计划"等，中国一直在努力地推介自己的文化。到目前（2020年4月）为止，中国已经在134个国家和地区建立了500所孔子学院和1 000个孔子课堂，学员总数达190万人，向全世界各个地方传达着中国深厚的文化内涵和理念。

在新时代，世界多极化、经济全球化、文化多样化、国际关系民主化的背景下，语言服务体系建设迎接新任务，高端国际语言服务人才短缺，制约中国文化"走出去"。对于培养人才的高校而言，英语课程是需要进一步深化的、值得探究和考虑的问题是英语教育中的中国视域、中国立场、与世界对话、推介中国文化等。

随着我国经济社会发展，对外开放日益扩大，互联网技术和新媒体快速发展，我们迫切需要深化对中国文化重要性的认识，进一步增强文化自觉和文化自信。大学英语教育是我国高等教育的重要组成部分，对于促进大学生知识、能力和综合素质的协调发展具有重要意义，是大多数非英语专业学生在本科教育阶段必修的重要通识课程，在人才培养方面具有不可替代的重要作用。大学英语被人诟病的一个重要原因是难以培养学生解决实际问题的能力，如：通过大学英语四、六级考试的学生也始终是哑巴英语，不会将中国文化介绍给国外友人，一方面是缺乏文化自信，另一方面是不会用英文表达相关中国文化。

文化自信视域下，"用英语讲好中国故事"无疑是弘扬中华文化的重要途径。

中国走向世界的舞台中央，需要向世界传播中国文化，也需要吸收和借鉴外来文化，文化的彼此渗透和冲突是永远值得研究的话题。

交流包括语言与行为，体现一个人的品格。英语教育的核心价值，是培养一个好的沟通者、好的交流者，而不仅仅是培养交际能力（communicative competence）。沟通是以知识与经验、逻辑思维、直觉与情绪为基础的，是在深化自身的思考中展开的，因此所谓"沟通"亦即表达自己的内心世界并传递给对方，理解对方的内心世界，最终理解自身从而培养自己的内心世界（钟启泉，2018）。

从掌握语言运用能力转向人的全面发展，怎样培养学生成为好的交流者？编者认为交流能力是内心世界的表达，内心世界也是价值观念、体系、人格、品格的表现，不仅仅是语言表达能力、逻辑能力，思维能力，同时也是其价值体系的反映。

高校英语教师以"一带一路"倡议和"文化走出去"战略为契机，以培养高层次英语人才为根本，以构建中国特色话语体系为目标，推动中国文化在国际传播实践中展现新价值。在新时代，英语课程的教学目标从"中国走向世界"变成"让世界走向中国"。让学生在了解东西方文化的同时，坚定社会主义理想信念和文化自信，从而实现课程的"三全"育人。

表3-1是东西方人际交往时的对比表：

表3-1 东西方人际交往的对比表

西方人际交往	东方人际交往
low context culture 低语境文化	high context culture 高语境文化
individualistic oriented values 个人取向	group oriented values 团体取向
self face concern 关心自我面子	mutual face concern 关心对方面子
overt and explicit 直白清晰	covert and implicit 迂回婉转
messages plainly coded 直接简洁表述	messages internalized 信息隐含
verbal-based understanding 字面意思	context-based understanding 语境提示
detail verbalized 详细陈述	much nonverbal coded 言外多含它意
reaction on the surface 反应直接	reaction reserved 反馈信息保留

正因为东西方人民人际交往时会有差异，所以中西方人民行为差异也是有很大的不同，现将两者对比展示如表3-2所示。

表 3-2　东西方人际交往行为

西方人际交往	东方人际交往
low context culture 低语境文化	high context culture 高语境文化
separate issue from a person 对事不对人	attacking issues means attacking the person 对事即对人
avoid uncertainty by engaging in samll talk 通过闲聊来减少不确定性	process information amid uncertainty 在不确定性中处理信息
seek quantities of information by direct questions and confrontation 通过直接提问和质疑来获得大量所需信息	use indirect style of communication to avoid confrontation and to save face 运用非直接的交际方式避免正面冲突以保存面子
think with specific to general 从细节推论到大体观念	think with general to specific 从观念推论到细节

正因为东西方文化有太多差异,那么跨文化交际中,如何处理价值观的对立?这也是我们进行大学英语课程中国文化融入英语教学建设的初衷。在把中国文化融入英语教学背景下,更多的是帮助学生立足于自己的价值观去理解价值观的差异,在理解的基础上,能够使用基于我们自己的价值观去解释两者的差异及其原因。

要讲好"中国故事",就要考虑到对方的文化,标准如下:了解对象(learn about your audience)、共性切入(find a common ground)、个性表达(personalize your story)、情感共鸣(create emotional bonding)(周鑫宇,2017)。

第二节　中国文化融入英语教学

大学英语教学中,跨文化教学内容有:语言和文化、文化对比、态度与适应、交际技能、学科介绍、理论讲解、课文讲解等。案例分析有:人际关系、校园生活、刻板印象、文化习俗、交际差异、价值观差异、商务语境(广告、商标、谈判、职场人际交流)等。新时代下,要考虑是开设跨文化交际课程还是要把跨文化融入英语学习?跨文化交际教什么?跨文化是什么?跨文化(交际)能力是什么?跨文化交际能力能做什么还是应该做什么?编者认为跨文化至少要做到把中国文化融入英语教学，彰显中外文化互鉴，进一步加强文化自信，发挥中华文化的影响力。

通过贵州数字图书馆搜索，以"中国文化融入英语教学"相关的中文图书220种，期刊1 130篇，学位论文309篇，会议论文14篇，音视频1个。以Chinese culture in English teaching（"中国文化融入英语教学"）为全部字段进行搜索，外文期刊632篇，外文图书178种，外文学位论文80篇，外文会议论文122篇，现就研究的主要文献梳理如下：

一、国外研究现状述评

西方真正开始对于文化在外语教学中的作用和重要性的研究是于20世纪60年代。Brooks（1968）强调，文化在外语教学中的作用和重要性不只存在于文学研究中。在西方七八十年代，社会语言学的发展，使文化在语言教学中的重要性越来越受到重视，文化在外语教学中的研究明显受到了社会科学发展的影响，尤其是文化人类学和社会学发展的启发。Stern（1983）写的一篇关于多维外语教学的论文中，推荐了一种文化教学大纲的课程模式。其结果就是，在外语教学中越来越多呈现出了对目的语国家文化的教学与研究。美国跨文化交际理论研究之父Hall（1959）也认为："（文化）所隐藏的东西最难为其自身的参与者所识破。多年的研究已使我坚信，真正要做的工作……是理解本国文化；我也坚信，人们从研究外国文化所能得到的不过是表面的理解，这类研究最终是为了更加了解自己系统的活动状况"。美国语言学家Kramsch（1993）的观点是语言教学就是文化教学，文化从学习者学习外语的那一天开始，就已经渗透到其语言学习的整个过程中了，他在《语言与文化》一书中指出"语言表述着，承载着，也象征着文化，两者密不可分。"Brown（1994）认为，语言是文化的一部分，文化也是语言的一部分，二者是交织在一起的。Samovar（2000）等学者认为："了解你自己，了解自己的文化"是成功进行跨文化交际的一个重要的环节。这些学者们虽然对语言和文化强调的着重点不一样，但是共同点都有一点，那就是如果掌握不了母语文化，学习语言的人也是很难学好外语的。

二、国内研究现状述评

国内专家学者对中国文化融入英语教学的研究也比较多，但研究时间较晚，开始于20世纪90年代。2000年10月，南京大学从丛教授在《光明日报》发表《中国文化失语：我国英语教学的缺陷》一文，首次提出"中国文化失语症"之后，国内学者针对此现象提出了一系列理论思考和实践性对策措施。针对近5年的文献研究，分为以下三个方面：

一是从理论上介绍了中国文化融入英语教学的必要性和途径。如郭敏（2014）、康英华（2015）、周红（2015）、刘琨（2017）、李俊燕（2019）等对大学英语教学中文化教学存在的问题进行了分析，阐述了将中国文化融入大学英语教学过程的必要性，结合中国文化的内涵和英语教学的特色，有针对性地提出了将中国文化融入英语教学过程的具体方法。

二是对中国文化融入教学的实践探索。如邵丽君（2015）、孙秋月（2015）、陈相云（2017）、席蕊（2019）、李虔（2019）等对大学英语教学中融入中国文化进行了实践探索和行动研究，对中国文化融入英语教学的行动研究，发现受试对象的中国文化英语表达能力普遍偏低，但是学生对中华优秀的传统文化持积极的态度，有强烈的学习兴趣和动机，具有一定的母语文化传播意识。提出英语教学在传播西方文化的同时，更应该注重中国文化的渗透，实现知识传授和价值引领的有机统一。

三是提出在英语学习中渗透当地文化的学习。如刘芳（2019）建议将山西地方文化融入英语教学。范瑶、毛军社、吴沙沙（2019）主张将赣南客家民俗文化融入英语教学等。

从以上的文献来看，研究我国文化融入英语教学尤其是从理论角度出发的文献较多，但是也存在以下几个问题：

一是中国文化融入英语教学力度不够。习总书记在全国高校思想政治工作会议等多种场合强调：坚持中国特色社会主义教育发展道路，培养德、智、体、美、劳全面发展的社会主义建设者和接班人，要坚持把立德树人和思想政治工作贯彻教育教学全过程、实现全程育人、全方位育人。新时代，在文化自信视域下，中国文化融入英语教学的力度还需要加大。

二是中国文化融入英语教学实证研究有待加强。以往文献主要集中于理论研究，实证研究相对较少。在文化自信视域下，要通过挖掘相关的中国文化，真实且全面地讲好本土化文化特质的"中国故事"，有效助推我国的文化软实力，大幅度提高青年学生的文化自信。

许多高校的大学英语教学生态严重失衡，"中国文化失语"现象在大学英语教学中依然不同程度地存在，大学生的中国文化英语表达能力亟待提高。

第三节 中国文化融入英语教学的缘由及意义

随着我国社会的发展,一定程度上出现了漠视优秀传统文化的现象。《淮南子·说林训》有言:临河而羡鱼,不如归家织网。大学英语课程重要任务之一是进行跨文化教育,语言是文化的载体,同时也是文化的组成部分,学生学习和掌握英语这一交流工具,除了学习、交流先进的科学技术或专业信息之外,还要了解国外的社会与文化,增进对不同文化的理解、对中外文化异同的意识,培养跨文化交际能力。

无论是普通高中还是高等学校的相关专业,外语教育的国家最新标准都强调"外语教育"必须培养学生的"中国情怀""国际视野""文化意识""思维品质""人文素养"及"沟通能力",要求学生树立正确的历史观、国家观、民族观、文化观,理解中国特色社会主义文化,坚定文化自信,能够在文化交流中坚守中国立场,讲好中国故事,传播中华文化,积极主动地与来自多元文化背景的人们共同构建人类命运共同体。之所以要把中国文化融入英语教学,是由多个方面的原因决定的。

一、中国文化融入英语教学的缘由

英语教育普遍存在重技能轻文化、重目的语文化轻母语文化的现象,文化以输入为主,造成文化输入大于文化输出的不利条件,中西文化教学发展不平衡,在这样的背景下,中国文化应有机融入大学英语教学内容。

(一)"中国文化失语"现象

在日常的英语教学中,教师主要是教授西方文化知识,对中国元素的突显和阐释较为欠缺。另外过于注重语言技能操练,对中外文化融通与话语方式转换重视不够,学生知识结构缺陷,英语表达能力欠缺,这些都导致了大学生在中国文化方面的"失语"。

衡量学生国际化视野的尺度就是跨文化交际能力。在英语教学中,融入中国文化、"中国文化英语说"可以提高学生对中国文化的认知程度和认同感,提高学生应用英语的能力,特别是用英语讲述中国文化的能力。教师用英文讲授中国文化,能够体现中国文化深厚的内涵和外延。对学生的语言技能进行培训,要注重输出技能,特别是口语表达和交际能力。同时提高学生"了解自己文化、热爱自己文化和传播自己文化"的跨文化交际能力。教师要在学生掌握英语的同时，也要让他们熟悉中国语言文化知识，培养学生具有面向未来的科学精神和人文素养。

学生在学习英语的过程中，能够对西方文化有较深入的理解，但在阐述中国文化时，却无法准确地进行表达，在跨文化交际中，导致中国文化的魅力无法展现，"中国文化失语"现象严重。中国文化融入英语教学，可提升大学生对中国文化的认同，增强学生对中华文化的鉴赏能力，培养学生具有一定的中华文化英译能力，为其在世界范围内有效传播中华文化打下一定的语言和文化基础。

深挖中国文化，扎实推进"三全育人"。努力打造中国文化融入大学英语教学示范课，提倡"中国文化英语说"，将中国传统文化、党史、新中国史等融入日常英语教学中，不断提高学生思想水平，培养又红又专、德才兼备的人才，扎实推进"全员育人、全程育人、全方位育人"。

（二）从人的发展角度审视外语教学

2014年教育部研制印发《关于全面深化课程改革落实立德树人根本任务的意见》，提出"教育部将组织研究提出各学段学生发展核心素养体系，明确学生应具备的适应终身发展和社会发展需要的必备品格和关键能力"。从中观层面深入回答"立什么德、树什么人"的根本问题，使课程和育人模式更加完善。

上海大学原校长钱伟长认为"我们培养的学生，首先应该是一个全面的人，是一个爱国者，一个辩证唯物主义者，一个有文化艺术修养、道德高尚，心灵美好的人，其次才是拥有学科、专业知识的人，一个未来的工程师，专门家。"

从文化素养的角度，学生作为一个人来说，最核心的是应该具备什么样的文化修养和品质，什么是基本的文明礼仪与美德。教给学生茶道、如何做中国结、包饺子、弹扬琴等，这些并不一定就能使他成为一个具有文明礼仪、良好品德，能与人顺利交往的人。

（三）国际化人才的培养

2016年以来，党和政府多次强调，中国参与全球治理需要一大批熟悉党和国家方针政策、了解我国国情、具有全球视野、熟练应用外语、通晓国际规则、精通国际谈判的专业人才。

所谓全球视野，就是从全球的角度、高度、范围，观察问题，考虑问题，解决问题；就是从人类命运共同体的大局观出发，推动和谐共生、交汇融合，实现共同发展；就是在国际交往中知己知彼，既不唯我独尊，又不妄自菲薄，既具有文化主体意识，又持开放的心态，善于参照、借鉴、吸收人类文明的一切优秀成果；既在世界整体格局中把握中国文化，审视其优劣，扬长避短，又要有高度的文化自觉和自信，敢于肩负起全球责任，将中国发展的成功经验、中华文化的优秀理念，与世界进行分享。高校外语专业更应责无旁贷地扛起"培养参与全球治理的人才"这面大旗，而课程建设则是实现这一培养目标的根基和保障。

所谓"国际化人才"应该包含高层级的语言综合素养、文化认知与跨文化交际能力、思辨能力等，这也是在英语课程中教师需要培养学生的方向。国际化内涵建设不仅包括学生，还包括教师，二者要有对中国文化的自信和认同，同时能包容多元文化。因为只有在文化平等的基础上，我们才能实现跨文化交际。

戴炜栋曾经指出，在"文化走出去"过程中，我们尚缺乏大批高端的研究人才、优秀的经典著作翻译人才、国际会议同声传译、国际组织工作人员、金融法律外语人才等人才。从跨文化、跨学科角度来看，上述人才均属于国际化人才范畴。

新时代国际化人才应坚定自己立场，具有开拓进取的创新精神、坚定的文化自信、扎实的专业知识等。其核心能力包含：国际视野与协同合作能力、跨文化理解与表达的能力、分析问题与解决问题的能力。三者之间不是独立的，而是互相融合，你中有我，我中有你的。国际化人才已成为大国崛起的迫切需求，同时对英语教育质量与内涵提升提出了新要求。为中国走向世界舞台做好充分准备、服务国家战略需求、助力构建中国在世界格局新的话语体系，正成为英语教育新的使命。因此作为外语人，需要立足于服务国家话语体系的构建、国家语言能力建设等重新定位英语教育内涵。

（四）传播中国形象

国际人才培养的重要基础就是在人才培养的过程中，把中国文化融入英语教学，需要英语课程教学的积极参与，坚持跨文化课程特色。努力培养靠得住、有本领、用得上的高水平英语人才是新时代的要求和趋势。

在国际上，国家特别需要懂得法律、国情等方面的英语人才，为中国在国际事务中发声，关注世界上重要期刊和电视台等，针对别国对我国提出的不适言论进行有力、有节的回应，让世界了解中国的实际情况。

引导学生思考语言的力量以及文化对一个国家的意义和重要性，文化越来越成为民族凝聚力和创造力的重要源泉，越来越成为综合国力竞争的重要因素，谁占据了文化发展的制高点，谁就拥有了强大的文化软实力，谁就能在激烈的国际竞争中赢得主动，占得先机。讲好中国故事，传播中国声音，让国际社会对我们独特的历史传统、历史命运、基本国情有深入的理解，这也是学生学习英语的目标之一，是时代赋予学子的使命和担当。

二、中国文化融入英语教学的意义

十九大报告强调加强党对意识形态工作的领导，党的理论创新全面推进，马克思主义在意识形态领域的指导地位更加鲜明，中国特色社会主义和中国梦深入人心，社会主义核心价值观和中华优秀传统文化广泛弘扬，群众性精神文明创建活动扎实开展。

《大学英语教学指南》指出学生除了要学习、交流先进的科学技术和专业信息，还要了解国外的社会和文化，增加对不同文化的理解，对中外文化差异的意识，培养跨文化交际能力。《中国英语能力等级量表》五级标准提出"注意到文化习俗差异，体现对交际对象应有的尊重，实现有效沟通"。英语教学中融入中国文化具有以下重要意义：

（一）讲好中国故事的需要

讲好中国故事是时代命题，讲好中国故事是时代使命，中国"故事"，不仅指我们通常所理解的"有人物、有情节的生动事件"，更重要的是指体现中国理念的话语体系。

英语教学与其他学科相比，天生具有语言优势，有助于学生在未来的国际交往中讲好中国故事，传播中国声音，展示中国形象。但是目前的实际情况是学生跨文化交际比较弱，缺乏国际视野。将中国文化融入英语教学是构建大格局，参与构建人类命运共同体，推动世界文明进步的需要。

（二）服务大战略

中国文化融入英语教学，有利于服务中国文化"走出去"和"一带一路"建设。当前，"一带一路"倡议得到世界上很多国家和地区的认可，我国参与全球治理能力不断提升。"一带一路"倡议辐射的国家很多，这些国家的政治、文化、宗教等差异较大，如何克服可能会出现的文化交际障碍及误解，从而最大限度地避免文化冲突就显得尤为重要。编者带领团队教师录制了慕课课程《Know Before You Go: 趣谈"一带一路"国家》，具体的内容在本书第四章会涉及，编者在这里就不再赘述。

讲好中国故事的根本目的是构建体现中国理念的话语体系，提升我们在国际事务中的话语权。我们要占据国际舆论的制高点，准确而又理直气壮地传播中国声音，营造有利于我国进一步发展的国际舆论环境。要坚定文化自信，在文明交流互鉴中坚守中华文化立场，讲好中国故事，传播好中国声音。

全国范围内，外语人才就业情况如何？图3-1是国内70余所高校，235 219名外语类毕业生的就业分布：

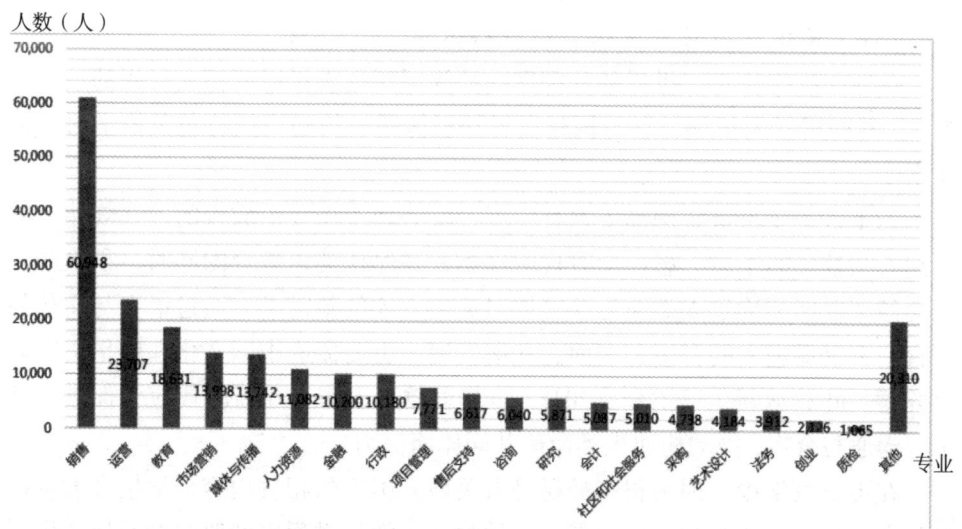

注：数字取自领英，未能穷尽，仅供参考，翻译工作未单列。

图3-1　英语专业学生从事相关工作图

从上图我们可以看出，学生主要从事的是与沟通有关的工作，所以要注重在国际交流和沟通中要传播中国文化。传播中国文化面临的一个很大问题是懂得中国文化的人不会用英语来讲，会说英语的人不会讲中国故事，所以这就是英语教学中需要解决的重要问题，培养学生用英语传递中国声音，指导学生讲好有故事和情节的中国故事和中国文化。

（三）增强对本土化的文化认同

事实上，中国在国际上发声是比较困难的，正因如此我们更要积极地把中国文化传播出去。

教师在对课程进行设计时，要立足中国文化，结合做人做事道理，进行教学设计。把中西方文化所包含的内容进行对比，通过分析比较二者文化的背景和历史渊源，让学生对二者文化进行了解，通过对比增强学生对本民族文化的自尊、自信。

中国在当今国际事务中发挥着越来越重要的作用，在走向世界舞台中央的过程中，需要向世界传播中国文化，同时也需要接收和借鉴外来文化，文化的渗透和文化的冲突是永远值得研究的话题。所以对于中国文化的探索，要辨析、分析,也要思考,用思辨性思维方式来思考,鼓励和推动文化自信。英语教育应该有时代特色,体现新时代理念。通过加入中国元素,用英文学习中国文化,讲述中国故事,唱响中国声音,可以让学生看得更远一些、更广一些、更深一些,同时使学生感悟中国美、培养中国心。

(四)构建中国特色英语学科话语体系

针对中国文化走向世界的外部需求,为了实现中华民族伟大复兴的"中国梦",需要树立大情怀,参与构建世界知识体系,构建中国特色英语学科话语体系。

为了进一步推进我国高等教育发展,就必须遵循英语教育的内在规律,回归到人文教育的本质,彰显新时代的理念,在保持英语教育的同时,积极顺应社会经济发展和构建人类命运共同体对英语人才的新需求,通过语言与文化的教育,不仅促进人的自由、全面、和谐发展,也要促进中国文化和中华文明兼收并蓄,吐故纳新(蒋洪新,2018)。英语教育工作者在新时代应为促进中外平等沟通与合作,推动构建人类命运共同体而努力。

在英语教学中,因为很多教材是有关西方国家的相关内容,学生会大量接触西方文化、价值观和意识形态等,教师在教学的过程中就要注意引导学生树立正确的价值观,正确分析和判断中西方文化差异和意识形态差别,从而形成学生的批判性思维。

表3-3是企业对人才的期待:

表3-3 企业对人才期待

毕业生基本就业能力	中型企业 (1~99人)	千人规模 以下企业 (100~999)	千人规模 以上企业 (1000+)	综合 评级
沟通能力	88%	86%	82%	86%
团队合作能力	85%	84%	84%	85%
人际网络能力	81%	86%	82%	83%
学习和研究能力	81%	84%	78%	81%
创造和创新能力	80%	81%	78%	80%
适应和应对改变能力	81%	79%	60%	75%

续表

毕业生基本就业能力	中型企业（1～99人）	千人规模以下企业（100～999）	千人规模以上企业（1000+）	综合评级
达成个人工作目标的能力	74%	72%	75%	74%
写作和报告能力	68%	72%	75%	71%
分析、决定和行动能力	68%	67%	69%	68%
领导和监督能力	74%	67%	73%	67%

注：来自全球最大的人力资源企业——万宝盛

从上表可以看出，很多大中型企业最重视人才的沟通能力，沟通就需要双方进行有效的交际。其实我们可以进一步进行跨文化思考，中国企业走出去了，但没有走进去，没有走好；中国文化走出去了，但只是文化符号而已；中国已走向世界，但许多国家还是不了解中国，甚至误解中国。在2020年全球抗疫中，中国用中国智慧控制国内疫情，同时提供物质援外、专家支援，体现了人类卫生健康共同体意识，可见如何对中国进行宣传和发出自己的声音非常重要。

沟通就是要建立良好的人际关系，仅仅抓住同他人沟通所必要的语言运用能力的部分，把语言能力视为沟通能力，这其实是一种误解和狭隘理解。所谓沟通应该是表达自己的内心世界并传达给对方，要有同理心，理解对方的内心世界，最终理解自身并从而培养自己的内心世界。其实人的沟通能力是人的内心世界的表达，也是其价值观念、价值体系、人格、品质的表现。

英语教学，除了语言的目标，还应该有社会文化目标和思维认知目标。社会文化目标有品格与品德，如理解他人、独立思考、尊重他人、平等待人、谦虚节制、包容他人，允许有不同的看法等。好的交流者具有良好的品格与个性，有自己为人处世的准则和对于不同文化的理解等。思维认知目标包含思维方式、思维能力、学习能力、解决问题的能力，这些都应该充实到英语教学的体系当中。把中国文化融入英语教学，实现有效沟通，也是国际社会经济发展的需要。

第四节　中国文化融入英语教学的策略与途径

教师从教学内容、教学方法、教学环节等方面要做到润物细无声,把中国文化和教学内容有机结合,突出强调知识传授与价值引领的有效融合,充分挖掘教学内容中中国文化的育人元素。

一、教学内容

英语课程要做到全方位育人,培养学生拥有自信地用英语表达中国文化的能力。

很多学生讲起西方文化来是头头是道,但是讲到中国文化就哑口无言。现阶段我们要通过中西文化对比,加深对中华文化的了解,激发学生爱国主义精神,培养积极正面的世界观、人生观、价值观。

在教学过程中,要通过各种途径和策略把中国文化融入英语教学中。如:课程内容,要通过调整教学大纲或教学基本要求的教学目标,提高中国传统文化在英语教学中的地位,将德育教育和文化教育融入语言教学,教师在课堂上进行语言教学的同时融入一定的东西方文化内容,并通过有效的东西方文化对比帮助学生加深记忆,进而达到思想教学、语言教学融合。另一方面,学生在进行听、说、读、写、译训练的时候,要将中国文化教育有机融入教学中,使学生在自主学习的同时进行思考,在学习语言的同时获得正确的思想观念、价值观点和道德规范。

在教学内容选取上,要注意将中国文化与英语教学相融合,让学生努力学习英语知识中跨文化交流、比较文化等因素,让学生在学习知识的过程中对其在内心产生强烈的感染力和渗透力,通过文化传播和认知过程进入到学生的意识中。

一定要以教材内容为载体,要有的放矢。教师在解读篇章理解时,要有机融入中国核心价值引导,要注意培养学生的思辨能力。课文文本中,蕴含着西方价值理念、思维习俗等,教师要找准切入点,用文化对比的方式进行解读,这些文化往往涉及中华传统文化、社会文化等,或者新闻时事中反映的价值引领自信,通过对比解读,教师要引导学生对中西文化的异同进行思辨,发扬精华,弃其糟粕,从而帮助学生形成正确的世界观、人生观、价值观。在翻译练习中,可以对加入的中国文化和当代社会发展的相关内容加以引导,对学生的是非观、人生观、文化观给予正面的影响。

要把课堂还给学生，在遵循教学规律的同时，做到全员育人、全程育人、全方位育人，具体到教学实践中，就是以学生为中心。信息化时代，选择合适的资源是非常重要的，需要从学生兴趣和生活实际出发，选取容易被学生接受并产生共鸣的文化资源，如校园文化、当地文化，以教师自身的体会和经历去感染学生或鼓励学生群体积极进行分享，达到情感和精神上的共鸣。

将中国文化融入英语教学知识目标是用批判性讨论的方法，把中西方立场差异、中国处理问题的基本出发点如社会主义核心价值观、中国传统文化价值观等用英语表达出来，以增强学生"四个自信"、家国情怀、理性思考等素养目标。

中国文化博大精深，在教授学生时，教师要深挖文化背后的核心理念，提升学生使命感和责任感，达到知行合一。其实很多学生对中国政策以及如何具体落实、将来发展如何等都比较关心。如：在对学生进行有关中国文化方面的调研时，学生会问我们的文化自信如何彰显？为何说"绿水青山"就是"金山银山"，美丽中国怎么样建？"一带一路"倡议和人类命运共同体包含着怎么样的中国智慧？教师对学生学习需求进行分析时，不要用理论术语，而要用标准的英文表达把"中国好故事"传授给学生。提高教育有效性的关键在于如何把中国文化自然而然地融入英语教学的全过程，学生能自然接受，能够引起学生的情感共鸣，能有效促进学生对课程知识的理解、拓展和深化。

二、教学方法

教师要利用新时代下，大学英语教学要不断创新教育教学方法。全面贯彻以学生为中心的教育理念，要深化人才培养体系，创新教学内容和教学手段，重视现代信息技术在英语教育教学中的应用，充分发挥云计算、大数据、人工智能等技术优势，努力营造课内、课外、线上、线下，实体、虚拟相结合的智能化教学环境。

（一）利用第一课堂

教师要利用教师主讲和学生自主学习相结合、学生分组讨论、师生互动交流、任务驱动学习等教学方法和手段，从口语表达的话语设计、讲解单词、短语中所列举的例句，课文主题的挖掘、汉译英和作文题目的设计等多方面来传递正能量，实现价值引领，如在阅读文本时，教师可以引导学生使用交互式阅读来把中国文化融入教学，在语言和文化学习中树立正确的价值观和中西文化对比。

如组织开展"颂千年经典，传中华文化"——中华传统文化英语说微课展示活动，从课堂教学出发，围绕中华传统文化中的精华，就如何把"中国味儿"更好地融入英语课堂和课外实践，让教和学既"有意思"又"有意义"，开展丰富多彩的微课展示活动，不断探索将中国文化融入英语教学的方式方法，坚决落实立德树人根本任务。

语言是文化的载体，文化是语言的本质。无论我们学习何种语言，我们都会不可避免地接触该语言或该语言的使用者所带来的"文化冲击（cultural shock）"。无论什么时候学习一种新语言，我们都是在学习一种复杂的文化体系，这种体系包括风俗习惯、价值取向、思维方式、情感世界以及行为方式等内容。因此，英语教学中的交互式阅读一定要贯彻语言与文化相联系的原则。

1. 交互式阅读的有关介绍

（1）背景知识

回顾我们的英语课堂，无论是专业英语阅读教学还是大学英语教学，一部分学生对文化信息较浓的文章普遍感到理解困难，其中的原因之一就是缺乏相应的背景知识。

（2）词汇

无论是以提高言语技能为目的的语言教学，还是以衡量英语水平为目的的各种英语等级考试，比如面向众多大学生的 CET 4 和 CET6，又如面向众多国人的 PET1—5，再如为英语专业学生量身定做的专业英语考试 TEM 4 和 TEM 8，当然也包括面向广大意欲出国留学而设的 GRE 和 TOFEL 等，词汇的学习和考试都必不可少，因此，词汇的扩充是文化理解的主要组成部分。

词汇量的大小很大程度上影响着阅读能力的高低。词汇量的缺乏，不能自动解码是构成阅读困难的首要原因。据调查，90%有阅读困难的英语学习者都是因为文本中出现大量生疏的词汇从而影响对文本的理解。

（3）句法结构

无论我们喜欢与否，句法结构都是阅读理解中的必要成分。不熟悉英语句法，面临各种英语能力考试的学生将必然崩溃。漠视英语语法重要性的学习者将很难流畅地阅读理解英文原著，更谈不上英语的欣赏和创造。总之，句法结构的陌生同样会给理解带来阅读障碍。不过句法所造成的理解障碍远远比不上词汇所带来的困难（Cooper in Eddie and Moran，1989）。在这一点上，高效率读者应当具备清醒的意识。

（4）阅读策略

俗话说，"习惯成自然"。流畅阅读的实现也需要良好的阅读习惯，而良好的阅读习惯则离不开阅读策略。因此，阅读策略是有效阅读的保证，不能正确运用阅读策略就很难在规定的时间内完成阅读任务。

（5）兴趣

兴趣是最好的老师，阅读离不开良好的阅读兴趣。兴趣可以加深阅读者对材料文本的理解，而缺乏兴趣常常是有效阅读的障碍。交互式阅读属于主动的阅读模式，需要持续不断的内驱力，而坚定有力的内驱力则离不开兴趣爱好或者说强烈的动机支持。

（6）阅读教学

固然，交互式教学更多的情况下强调学习者的独立主动的阅读活动，但是实践中我们很难排除合作式阅读所带来的巨大收获。根据"合作性原则"，阅读者也决不应该忽略阅读教学课堂或者说阅读中的合作。总之，阅读教学的开展对学生阅读能力的提高起着至关重要的作用。阅读教学的程序、采用的技巧、选用的材料、过程的监控、阅读的评估等都从不同的侧面影响着阅读教学的有效性和学生阅读水平的发展。

教师使用交互式阅读教学中也要注意以下问题：

①阅读要注重跨文化差异。文化没有好坏之别，优劣之分，只有差别。强调跨文化理解是语言学习的一个重要方面。

②阅读一些有关语言和文化联系方面的文章材料，积极参加由不同文化背景的人参加的教学娱乐活动，切身感受文化差异所带来的"冲击"。

③注重英语材料社会语言学方面的价值。一种语言的社会语言学层面经常能反映该语言的文化内涵。

④注意一些英语材料会包含一些文化互贬的内容。对此，师生都需要做出理性思考，避免攻击其他文化的倾向。

语言是交流的工具，交际能力原则就是建立在这种语言工具性的特征基础之上。然而，交际能力原则的内容不只限于交际本身，假如语言的目的只是交际本身，我们也不必提倡"交互"的概念了。

2. 交际能力的类别

Canale 和 Swain 在 1980 年提出交际能力包括四个方面：语法方面、社会语言学方面、语篇方面、策略方面（Richards，1986）。

1994 年，Brown 丰富了交际能力的内容。交际能力分为另外四种类别：(1) 组织能力（语法能力和语篇能力）；(2) 应用能力（包括功能性能力和社会语言学能力）；(3) 策略能力；(4) 心理动力技能。Brown 在《根据原理教学：交互式语言教学》一书中再次提道：

Given that communicative competence is the goal of a language classroom, then instruction needs to point toward all of its components: organizational, pragmatic, strategic, and psychomotor. Communicative goals are best achieved by giving due attention to language use and not just usage, to fluency and not just accuracy, to authentic language and contexts, and to students' eventual need to apply classroom learning to heretofore unrehearsed contexts in the real world.

跨文化交际本质上是话语的交际，即在合适的语境对合适的人用合适的方式说合适的话，文化交流不仅仅包含文化，还应该包含文化具体语境，如具体的人物、社会、机构、事件、语境，尽量使用英语描述真实的事物。教师要提供大量的当代英语材料，比如用报纸、杂志、电视、网络等媒体提供的真实的新闻事实供学生阅读、参考并用来相互交流，学生本人则要经常阅读当代英语文章。

除在教学中使用交互式方法阅读文本以外，还可以通过教学活动和体验，全方位育人，在培训学生文化自信时，进一步深入教学活动，让学生对中国文化元素有全方位、全面的体验和认识。教学活动要丰富多彩，例如以对中国元素的认知测试、学生对某一话题的感想和感悟等都可以开展活动。开设选修课来拓展学生的文化视野，培养学生的家国情怀，增强学生对中国文化的认同感，培养文化自信，激发爱国情怀。在英语课程中，不仅要让学生获得语言知识，更应该促进学生思想境界的升华和健全人格的塑造，在潜移默化中将思想政治教育融入课程教学的全过程，以培养学生的文化意识与自信。

（二）丰富第二课堂活动

信息化时代为全程育人提供了可能，建设学生中国文化自信不仅仅局限在课堂上，课堂外还有第二课堂，甚至虚拟课堂，要抓住合适机会对学生进行中国文化元素的熏陶。例如在春节、端午等节日，教师可以在教学平台发放此类有关资源引导学生学习，让学生在实际生活中学习相关文化表达，可利用中国传统文化相关视频，让学生在了解中国文化元素的同时产生对中国文化的仰望与敬畏，从而化为文化自信的动力和源泉。这些资源师生都可以提供，比在课堂上单纯地进行文化讲解更有意义和效果。如写作训练可以锻炼学生的批判性思维，正反对比的作文就是在训练批判性思维，让学生理解自己的立场和为何对方有这样的立场。

学生可以拍摄相关中国文化的视频，帮助学生获取中国文化自信的动力源泉，评估学生是否具有核心素养最好的做法就是让学生"做事"，而做事必须要有真实的情景。如：针对2020年的新冠肺炎疫情，教师带领学生可以在第二课堂开展有关致敬抗疫英雄的演讲赛、有关中国文化微视频的大赛、学生百家讲坛等都可以在第二课堂的实践教育中实现，另外把抗击疫情的故事、各种征文大赛、深挖中国节日传统文化内涵等这些转化为学生的内心信仰和实际行动，也可以从社会热点出发调动学生的积极性，学生在找这些素材时也会相对而言容易一些。另外可以举办类似全校性口语竞赛活动："我用英语说中国"这样的课外活动来加深学生对中国文化的兴趣。除课堂上教师提问、小组讨论之外，第二课堂还可以给学生布置项目式作业，让学生自己拍摄、准备台词等，让学生做中西文化对比案例，引导学生如何正确对待中国文化。

信息化时代实现了全程育人，打破了时空局限，师生活动随时可以实现。培养学生文化自信不仅仅在课堂上，课堂内外和校园内外等都可以对学生进行中国文化的熏陶。除了让学生了解中国文化表达之外，还可以通过各项活动和体验做到全方位育人，设计层层递进的活动让学生获得文化自信的动力源泉。

第二课堂还可以通过辩论赛、人文知识竞赛、中华传统文化大赛，在其间强调社会主义核心价值观的精神引领，打造"润物细无声"地学习中国文化的氛围。关于同一个文化话题，如果教师单纯地讲哪个好哪个不好学生会比较反感，教师可以寻找不同的文章，让学生自己去看和思考，让学生自己去辩论，一定要符合学生年龄段，不能灌输，教师要言之有理、言之有物，不能教条式地告诉学生哪个对，哪个错，因为在对比的过程中，学生的逻辑思辨能力可以得到训练。

丰富第二课堂活动，通过活动深化思想教育功能，将语言学习、活动和校园文化建设融为一体。学生活动中，教师要关注学生的讨论区，及时对学生的问题进行回答和解决。另外还有第三课堂，如当志愿者等社会实践活动，梁晓声先生说文化就是"根植于内心的修养；无须需提醒的自觉；以约束为前提的自由；为别人着想的善良。"总之，通过立体化多维度实践教学体系，如社区服务、志愿者活动、社会实践等可以培养学生将思想政治觉悟内化于行。

（三）利用VR技术

智能化时代，英语的教育和教学也必须要跟得上科学技术的步伐，深度融合现代信息技术，促进人才培养的理念、内容、模式和内容的完善，在此过程中，培养学生的创新思维和能力。

建构主义认为，知识不是通过教师传授得到的，而是学习者在一定的情境下，借助教师或学习伙伴的帮助，利用必要的学习资料，通过意义建构方式而获得的。VR虚拟现实技术（Virtual Reality）是当前各国技术领域研究的重点，未来发展前景广阔，是公认的高端科技，实现了计算机图形技术、计算机仿真技术、传感器技术、显示技术的融合，通过构建虚拟信息环境，实现了人机互动，能够让用户借助VR环境空间获得感知层面的虚拟体验。

在传统的视听说课程中，学生听、说能力是中国学生学习英语的一大难关，学生口语焦虑和沉默现象很常见，VR技术的基本特征是交互性、沉浸性和构想性。VR在大学英语视听说课程教学中的应用，可以大大提高学生的实践能力，让学生身临其境地感受到社会对英语人才的需求，体会到英语在社会中的实际运用。从现有的研究来看，虚拟现实平台既能显著提高学习者的外语学习成效，有效降低学习者的焦虑，同时又能增强语言学习动机，使学习效率得以提高，学生的语言表述能力、应用能力得到加强，全面提高了视听说课程实训教学的效果和教学质量。VR对传统的课程理念、内容和实施以及课程资源产生了深刻的影响和变革作用，给外语教学与科研带来了新思维与新视角。

以学生为中心，课堂要从教师教授为主转为给学生提供表达的机会，让学生成为知识的获得者、传递者、分享者，有效提高学习质量。课堂可采用协作式、个别化、小组讨论等教学形式或采用多种教学形式组合起来进行教学，将学生从单一注视屏幕的活动中解放出来，减轻学生的疲劳感。基于内容进行"坚定文化自信"和文化自觉，提高学生综合素质。

（四）中国文学经典阅读

20世纪，美国芝加哥大学校长罗伯特·赫钦斯（Robert.M.Hutchins）在大学教育中引入了经典阅读。在同时期的中国，吴宓先生在1926年代理清华外文系主任时提出，英语教育要把培养博雅的文化人作为目标，使学生"成为博雅之士；了解西洋文明之精神；熟读西方文学之名著，谙悉西方思想之潮流，因而在国内教授英、德、法各国语言文字及文学，足以胜任愉快；创造今日之中国文学；汇通东西之精神思想而互为介绍传布"（陈建中、蔡恒，1997）。他在《文学与艺术》的公选课上，开出来共152本的书单，将内容风格相近的书目列在一起，鼓励学生养成个人精神与学术风格上的博雅风气。

英语教育的目标绝不仅仅是语言教学，更应是学生了解文化、认识世界、提高心智、拓展思维的学科。文学经典是人类智慧和各民族文化的思想结晶和生活缩影，具有时代传承和典范权威的特性，无论是从语言思维、文字底蕴，还是从深层次的文化和精神层面，都具有重大意义，在信息时代快餐消费主义和功利主义盛行的现代社会，更需要引起大学生的重视和建设创新灵活的学习模式。注重经典阅读，健全人格，彰显了大学的精神气质和全人教育的宗旨。经典阅读能充分调动人文学科的各种资源来培养人的综合素质，使学生具有宽阔而又深邃的视野，充满理性智慧而又不失人伦情感，清醒了解自我责任而又能有同理心，做到推己及人的生命立场和情怀。

经典阅读的书目应该选择语言优美、规范的经典之作。中国文学英文版经典阅读可以帮助学生理解汉语、英语世界两者不同的文化内涵，增强学生学习兴趣，并建议学生多背诵中英文好句。教师可以利用"翻转课堂"模式将中国经典文学作品融入教学，通过阅读、讨论、写作、反馈与分享的循环模式帮助学生提高英语能力。对经典的阅读能够提高学生的英语综合能力，学生可以透彻理解和记忆多次出现的地道词汇，并感受到语言艺术的美；经典阅读不仅是经典传承的过程，学生还可以大大提高词汇量以及词汇理解水平，加深词汇之间的辨别和修辞应用的深度，从而提高学习兴趣。

对于比较难的中华经典，可以让学生先看英文翻译，然后再看汉语原文，让学生明白一些中文具体的表述在英文里面怎么说，这是很好的一种方法。通过阅读中国文学经典的中英文版，学生的文学审美得以培养，自主学习能力和思辨能力得以开发，并加深了文化理解，增强了中国文化自信。多层次多元化阅读活动，可以提高学生创造性思维能力。教师应进行有效引导，可以设置问题让学生养成边思考边阅读的主动性。同时这些书籍又是全民阅读书目中的一部分，能够引领社会阅读，履行大学职责。经典阅读书目可以设定为语言文学类、历史哲学类、政治经济类、科学技术类、教育心理学五大板块。

2020年的新冠病毒疫情期间，中国政府在巩固国内疫情防控成果的同时，向疫情严重的国家和地区多次援助，以各种形式提供物资，支持各国的抗疫工作。这正是人类命运共同体的体现，中国体现了一个大国的风范和担当。在对外捐赠的医疗物资上，怎样既体现他国文化，又兼顾两国文化的相似性，不触碰他国文化禁忌，还能产生共鸣，在跨文化交际过程中，这种文化元素的考量，对于"一带一路"商贸合作意义重大。在运往各国的援助物资上，出现了很多诗句名言：

下面是中国对几个国家捐赠物资的赠语，可以引导学生进行深层次的文化思考：

赠韩国：道不远人，人无异国。Great distance can't separate us, we all live in a united world.

赠日本：青山一道，同担风雨。Like the mountain range that stretches before you and me, let's share the same traits and hardships together.

赠非洲：人心齐，泰山移。When people are determined, they can overcome anything.

赠比利时：团结就是力量。Unity is strength.

这些简短的话语，其实背后都蕴含着丰富的文化内涵和两国友好往来的历史。中国提出的人类命运共同体在此刻得到精彩的彰显,人类命运共同体理念源于中华文明的历史渊源和中华民族的文化基因,教师可以正确引导学生,关注学生的语言能力和文化差异、职责和立场,进行中国文化对外传播和推广,让世界走向中国。

(五)提升教师文化素养

在中国文化融入英语教学中,既要以学生为中心重视和体现学生的主体作用,同时又不能忽视教师的主导作用。英语教师上课的惯性教学思维是强调异域文化多,在谈到西方文化时很多教师眉飞色舞,谈到中国文化时就轻描淡写。这些现象学生其实是可以观察到的。

将中国文化融入教学本身就对教师要求比较高,教师只有在提升中国文化素养理解和英文表达的基础上,才能传授给学生。因此,教师首先要通过专业发展,提高思想政治素质,努力做好思想政治工作,才能对青年学生的世界观、人生观、价值观加强引导。作为大学英语的教师如何从自己的学科来切入这一人才培养的教育体系,是值得我们共同思考的一个命题。

要讲好中国故事,教师首先要提升自身的思想政治意识和中国文化修养,"打铁需要自身硬",教师的思想政治教育意识和中国文化修养对教学效果起到至关重要作用。习总书记在哲学社会科学工作座谈会上提出:要创新发展具有重要现实意义的新兴交叉学科,要建设好新文科。英语教师需要走出传统教学"舒适区",来迎接新时代赋予英语教师的责任和担当。

若教师自身的知识储备和更新、阅历以及对国情、社情了解不足,对学生的影响会比辅导员、班主任大很多,所以把中国文化融入大学英语教学,需要教师长期积累和精心备课,对知识背后的历史文化要有深厚的积累。我们的思考和教学必须立足于民族精神的守护。中国文化博大精深,教师可以通过"学习强国"、中国日报等网络资料来增加自己的知识量,还可以采用集体备课等方式,发挥团队合力,团队教师可以分头准备主题,集中串讲,相互推荐和提供资源。以实现团队的共同发展和个人自我价值的实现。在此过程中,与学生共成长,建立师生命运共同体。

教师在做好武装头脑的同时,还可以通过各种途径在英语教学中有机融入中国文化,培养学生人文底蕴和人文情怀,引导学生关心社会和深刻认识社会,让学生对中国的历史和目前中国的国际地位影响和贡献有评判性的、均衡的理解,让学生对于不断变化的国际形势有深入的认识。教师要放下架子,主动了解当下学生的知识需求、情感需求和表达方式,并采用相应的态度和方式,才能与学生融洽相处,才能积极进行师生间的交流和互动。

教师可以阅读辜鸿所写的《春秋大义》、冯友兰的《中国哲学简史》、叶朗、朱良志合作的《中国文化读本》等，通过学习这些，教师要首先学会包容、尊重他国文化，有机会去感知文化差异和多样性，同时提高鉴别力。在此基础上增强师生的人文情怀、科学精神、人格健全、社会责任感等。

越来越多的国际友人对中华文化也产生了浓厚兴趣，让学生了解到我国优秀文化已然走出国门，这是每一位当代中国人都应该感到骄傲和自豪的。我们的职责就是要使大学生在增强文化自信的基础上，能够传承和弘扬我国文化，使之源远流长，如同中华五千年的历史一般绵延不断。

（六）教材的选择

在教材内容选取与编写时，应注意兼收中国传统文化和反映我国基本国情、价值观念、发展道路、内外政策等当代文化的素材，教材建设要注意中国元素的融入。将其在课堂教学中适时引入进去等，以探索中国文化融入英语教学的途径和策略。对教材的使用要有灵活性和创新性，有能力对教材进行重构和解构。可以通过资源建设弥补某些教材的滞后性，通过选修课来培养学生的家国情怀、国际视野以树立学生的文化自信，选取具有实效性的内容，结合国内外形势，与时俱进，寄托着美好期盼，存小异，求大同。

第五节 地方民俗文化融入英语教学

语言、思想、文化互为表里，密切相关，语言对人的意识形态具有影响和建构作用。中华民族大家庭的历史传承到今天，5 000多年未曾中断，从根本来说靠的是文化力量。民族的优秀传统文化博大精深，是世界上任何一个国家和民族所不能比拟的。因此，在我国同时具有跨文化能力与高水平外语能力的高素质人才将大有可为。

教师可以从学生的兴趣和生活出发，如当地文化和校园文化，用自身的体会和经历感染学生，或者让学生分享，也可以利用当地本土文化的相关视频，让学生了解，从而有仰慕，产生文化自信。编者认为也要充分挖掘校本资源、地方资源等，要经过细致深入的研究论证，设计适合本校的校本教材。

一、民俗文化

在提高学生学习英语的兴趣、帮助他们吸收西方文化的同时，也要帮助他们用跨文化的角度反省本土文化，站在本土文化的立场和观点出发，去思考和批判外来文化，这样才能培养他们的思辨性思维，从而形成自己独到的见解。

在过去相当长的一段时间里，我国过度重视英译汉和外国文化的引进，而国内文化的对外译介与传播却步履蹒跚，翻译生态严重失衡。随着中国"一带一路"倡议的提出和"讲好中国故事"背景下，当地文化译介与传播对于展示世界文化生态多样性、促进世界文化生态平衡具有积极的作用。

在国内外都非常重视保护非物质文化遗产的大背景下，地方文化译介与传播有利于拯救地方的濒危文化，增强民族自信和扩大中国文化的世界影响力，促进跨民族、跨地域、跨国家的文化交流与传播。丰富和拓展文化译介与传播的范围与领域、促进文化译介与传播发展，有助于中国在国际范围内塑造正面的、积极的形象以及提升国家软实力。

民俗文化是一个民族或一个群体在长期的共同生产实践和社会生活中，逐渐形成并世代传承的一种较为稳定的生活文化。编者所在的贵州省，由于其特殊的地理环境和悠久的文化历史使其民俗文化别具一格，呈现了鲜明的民族特色。贵州省少数民族人口占全省总人口的37.9%，全国近半数的苗族、过半数的侗族和几乎全部的布依族、仡佬族均分布在贵州。少数民族民俗文化翻译已成为贵州对外展示多元民族文化魅力、增强国际游客异域文化认知、促进中西方文化交流的重要途径。

二、地方文化的译介

当前贵州省地方文化英语翻译的总体数量较少且质量参差不齐，尚未引起外语界、翻译界和民族学界的广泛关注，而针对某个特定少数民族的民俗文化翻译在理论与实践层面更是有待开拓，可以从跨文化角度对贵州少数民族民俗文化进行英语翻译研究，在此过程中还可以邀请优秀的汉学家、翻译家、外教和留学生参与翻译的研究。

（一）地方文化的译介需要注意的事项

1. 文化差异与特色。

对于中国文化，特别是地方文化，如何解析它所包含的文化信息，如何克服文化差异，又保留其特色是译介中最有争议的问题，同时也是实践中最难完成的。

2. 突出特色，需要跨学科人才。

中国文化对外传播，人才就显得尤为重要了。翻译人员只有对中国文化的历史、文化、风俗、人民生活状况等具有深刻了解，还对西方文化和西方人的思维方式和阅读习惯有敏锐的洞察力，才能准确地把握住民族文化的神韵，将具有特色的文化信息传递和展现给世界。地方文化的翻译是否具有可操作性和现实指导意义、是否具有时代感，根据实际情况翻译出的文化对应词是否达到了最好的传播效果，这些都极大地影响了文化传播的实际效果。贵州少数民族民俗文化对外传播，事实上是弱势文化条件下的文化对外传播，因此，人才就显得尤为重要。

3. 教师的责任意识。

教师既要学习语言，也要学习科学文化知识，要加强责任心，绝不能想当然而为之，在翻译之前，要清楚其中涉及的方方面面、点点滴滴。不清楚的地方，一定勤动手，查阅资料和工具书；勤动口，请教专家，坚持先理解再着手翻译。

4. 多维协作的工作模式。

语言的最主要功能就是交际功能，两种语言之间的交往与交流实际上是两种文化、两种价值观、两个历史的碰撞，译者和接受者的个人经历、情感与对世界的体验是难以估量的。实际上，仅就翻译本身而言，要找到翻译实务（口、笔译）、翻译经验、翻译理论水平三方面条件都具备的人是很难的，即使具备实务与理论水平二者条件的人也较少。这样，多维协作的工作模式就很有必要了。

现实中的中国文化融入大学英语教学比较习惯于"各自为政"，进行个体式工作和研究，人人各自独当一面，很少分工协作，当然，个体研究是不可少的，但是，随着科技和社会经济文化的发展，个体式工作和研究方式对贵州民族文化翻译这样大型的研究项目、涉及"多板块"的建设项目而言就很不够了。这样，多维协作的工作模式就很有必要了。在多维协作中，只要每个成员都可以既发挥个人的聪明才智又发挥团队协作精神，在团队中各尽所能、取长补短，从而顺利地完成任务，教师就可以把研究成果应用到自己的课堂。让学生多接触周边事物，从语言学习角度来说，即使学的内容少，也可以树立文化意识，引导学生产生语言文化探索的意识，激发学生学习兴趣。

（二）地方文化传播

贵州地方文化译介会涉及两种类型的翻译，一种是语内翻译，即将少数民族语言翻译成现代汉语；另一种是语际翻译，即将汉语翻译为英语。翻译既然是双语间的意义对应转换，就不可避免地受制于原语言和目标语言的文化，包括衍生、依托语言的历史渊源、生活方式、风俗习惯、典章制度以及思维方式等。

地方文化传播有以下三种途径。

（1）通过查阅文献、实地考察、对贵州当地文化学者访谈等方式，确定贵州当地文化译介与传播的内容。包括：从贵州当地节庆文化、饮食文化、传统艺术、工艺品等原生态、原汁原味的文化进行全面、地道、详细地译介。

（2）邀请汉学家、外教、留学生等读者对译介的内容进行评价，翻译人员根据这些反馈再次对地方文化进行完善修改。

（3）传播的产业化运作。关注国外的主流官方媒体包括报纸、电视台、广播、网站，也要关注网络新媒体，如微信、微博、旅游网站等，总结贵州当地文化在国外的接受状况，关注国外读者的文化身份，了解他们的需求和兴趣，促进其对贵州当地文化产生较高的认同感和接受度。

（三）地方文化传播的益处

1. 有利于保护地方传统民俗文化。

随着民俗文化旅游的兴起，贵州省当地文化译介与传播可以有效地改变了贵州长期所处的文化封闭状态，使之经常性地与现代文明和外来文化相互交流，更加有效地保护当地文化的传承。

2. 人文和经济效益。

地道的地方文化译介与传播可以吸引外国友人前往参观旅游，他们不仅是当地文化的旁观者，而且是不同文化的传播者和参与者，他们在学习和了解了当地文化的同时又将自己本国、本地区或本民族的文化带到旅游目的地，并通过自己的言行举止传播给当地居民，促进文化传播和交流，同时也提高了地方知名度，产生"口碑效应"，为经济联合、吸引国外资金创造条件。

以编者所在的学院为例，将以表3-4内容来邀请学生做有关贵州本土的文化相关内容视频制作，让学生在得到英语技能训练的同时，学会用英文把中国文化传播出去，使学生在真实的情境中和特定的任务中提高核心素养。采用任务型语言教学，使学生在完成任务的过程中，实现培养学生核心素养的目标。

表3-4 学生作品展播

第1期	主题：贵州历史教育名人	
第2期	主题：贵州抗战、解放史	1. 展示2名学生作品。形式：形式不限，可以为Vlog、朗诵、配音、歌曲等 2. 学生作品应围绕课程思政建设，宣传中华传统文化、中国共产党党史；贵州历史、人文、旅游等方面
第3期	主题：贵州少数民族	
第4期	主题：贵州美食	
第5期	主题：贵州旅游	
第6期	主题：贵州特产	
第7期	主题：贵州地理	
第8期	主题：贵州革命文化	

第六节　传播中华文化讲好中国故事

2017年，中共中央办公厅、国务院办公厅《关于深化教育体制机制改革的意见》中提出要深入开展以爱国主义为核心的民族精神和以改革创新为核心的时代精神教育、道德教育、社会责任教育、法治教育，加强中华优秀传统文化和革命文化、社会主义先进文化教育。科学需要艺术，艺术也需要科学，二者应整合，建立新的人文主义和新的科学主义。

一、实践教学

如编者带领团队所做的慕课课程《Know Before You Go: 趣谈"一带一路"国家》时，把中国文化元素融入课程中，通过了解"一带一路"沿线国家的文学、文化、历史等概况，理解东西方文化差异，培养学生跨文化意识和跨文化交际能力，提高学生英语交流表达的能力，以社会文化现象阐释为载体，提高学生的思辨能力和中华民族文化自信。举例如表3-5：

表3-5　课堂教学内容与文化元素的融合

课堂教学内容	文化元素	教学方式
1. "一带一路"与跨文化沟通 各国抗疫不同措施说明了什么？ 不同国家人民对是否戴口罩和居家抗疫的争议说明了什么？ 跨文化沟通是什么？ 2. 讨论国际社会和某些国家对中国发展的看法	1. 全球抗疫引发跨文化思考：人类命运共同体——全球抗疫，国际合作 2. 跨文化交流的障碍	讲解 师生讨论 案例展示
讨论"一带一路"的"三同五通"	公共外交与跨文化沟通	讲解 师生讨论 案例展示
讲好中国故事与跨文化沟通能力： 讨论如何讲好中国故事：讲什么故事、怎么讲、谁来讲	中国故事英语说	讲解 师生讨论 案例展示

续 表

课堂教学内容	文化元素	教学方式
"一带一路"有关中国文化： 孔子思想对中国传统文化影响深远 苏格拉底是古代西方思想史上的"先哲"，对比两者观点的异同	"美德即知识" VS "仁" 一代宗师，两种风范	讲解 师生讨论 案例展示

通过把中国文化的融入和讲解，使学生了解跨文化交流中，如何讲好中国故事，服务国际合作，关注我们身边丰富多彩的跨文化实践活动。

团队精神、沟通能力、批判性思维是中国大学生目前的普遍短板，但是分工合作又是现代社会运行发展的重要原则，所以在把中国文化融入英语教学中，通过团队分工协作方式，可以使学生学会在团队中找准定位，积极做出自己的贡献。使学生的理论知识得到升华，毕竟纸上得来终觉浅，绝知此事要躬行。让学生在实践尝试中成为理论教学的必要延伸、拓展和补充，成为课堂教学的练兵场。在实践中培养学生爱国情操，激发奋斗使命感和社会责任感。

二、让中华文化展现永久魅力

深入挖掘中华优秀传统文化蕴含的思想观念、人文精神、道德规范，结合时代要求继承创新。推动中华优秀传统文化创造性转化、创新性发展，继承革命文化，发展社会主义先进文化，不忘本来、吸收外来、面向未来，更好构筑中国精神、中国价值、中国力量，为人民提供精神指引。

英语教育本质是人文教育，关于这点也无须赘述，既然我们认同英语教育是人文教育，就需要对其包含的人文学科专业属性进行强化，强调知识、能力与人格塑造相结合的全人教育。加强爱国主义、集体主义、社会主义教育，引导人们树立正确的历史观、民族观、国家观、文化观。学生通过英语课程的学习既认识了世界的多样性，但同时也容易受到西方外来文化的影响，英语教学重点就是在当下教师努力传授知识的同时做到立德树人，教育学生以开放的态度对待现代社会多种文化并存的现象，通过敏锐观察，合理诠释文化差异；灵活应用交际策略完成跨文化交际任务，才能在交际的过程中通过合适的方式把中国文化传播出去，让中华文化展现出永久魅力和时代风采。

我国英语教育工作者培养出了大批优秀国际化人才，为社会主义现代化建设做出了重要贡献。进入新时代，英语教育要主动服务国家发展战略和地方发展需求，满足中华文化走出去，"一带一路"建设和构建人类命运共同体对复合型人才的需求，为社会发展、经贸合作、人文交流和全球治理提供坚实的智力支持和人才保障。

中国外语学科正在经历一个从工具性、应用性向人文性和创新性转变的过程。我国外语学科的知识体系处于不断丰富、扩大和繁衍的过程之中，出现了越来越多的中国元素，在翻译学，比较文学，跨文化研究和区域国别研究领域尤其明显（李维屏，2018）。"在外语教育中融入中国元素，嫁接民族文化，不仅不会使外语教育'变形''乏效'，而且还是对外语教育本身的创新和发展"（彭龙，2017）。大学英语课程应当背靠中国文化，把中国文化融入英语教学，培养学生批判性思维能力、正确认识中西文化差异、合理且有效论证中国立场、方案、智慧。还要具有民族文化定力，唯有如此才能使大学生将来走向国际社会舞台时能自己维护国家利益和民族尊严，坚持自己国家和自身民族的文化。

本科教育将进入新技术、新产业、新业态、新模式，因此也需要关注学生语言与文化等方面知识、能力和素养的交叉融合，突出专业人才培养的跨文化、跨学科教育维度。我们要坚定文化自信，在文明交流互鉴中，坚守中华文化立场，讲好中国故事，传播中国声音，建构中国话语体系，还要增强学生对英语语言和文化的理解，增进对母语汉语和传统文化的把握，只有这样，学生才能在了解世界的同时，更好地向世界介绍和传播中国文化，成为高素质的国际化人才。

第四章 中国文化融入英语教学的案例

在英语教学中，中国文化作为提升学生核心素养的重要组成部分，教师可以有效地把中国文化融入英语教学，如何在课堂上进行有机融入呢？这一章编者介绍编者及团队教师在实际的课堂中进行中国文化有机融入的案例，包括编者带领团队教师录制的慕课课程《Know Before You Go: 趣谈"一带一路"国家》、某个单元的单元设计以及某节课的中国文化融入的教学案例。

通过以下中国文化融入英语教学的案例可以看出，并不是每一节课每一个点都要融入，教师要做的是在合适的地方有机加入有利于提升学生核心素养的内容，做到"润物细无声"的效果。

第一节 慕课课程

随着互联网以及智能移动终端的飞速发展，教育教学模式也发生了巨大转变。一种全新的网络教育教学模式——"慕课"脱颖而出。2011年，这种网络教育模式以大规模、开放式的形态呈现在大众眼前，使互联网在线学习的教学方式受到国内外学者的广泛关注，彻底改变了传统的网络教育模式。

教育部在2017年提出全面推进在线开放课程建设与应用，不断深化信息技术与教育教学深度融合，深入推进以学生为中心的课程、教学方式与学习方式的完善，实现高等教育教学质量的"变轨超车"。随着信息化发展，在教育行业一个代表性的产物就是慕课课程。中国慕课自2013年起步，经过几年的快速发展，截至2019年8月底，上线慕课数量15 000门，学习人数2.5亿，获得慕课学分人次8 000万，中国慕课已成为提高教育质量的关键一招，开辟了一条既满足在线大学生也满足社会学习者需求的在线学习道路。

教育部提出建设五大金课："线下金课""线上金课""虚拟仿真金课""线上线下混合式金课""社会实践金课"，到2022年，将建设国家和省级两万门"金课"，涉及92个专业大类，630个专业。实施一流课程"双万计划"，遴选10 000门国家级一流课程，其中3 000门线上课程，7 000门线上线下混合式金课和线下金课建设，1 000项虚拟仿真"金课"，1 000门社会实践金课，另外还有10 000门省级精品课程。

慕课课程以学习者为中心，为不同层次、不同类型的受教育者提供个性化、多样化、高质量的教育服务，促进学习者主动学习、释放潜能、全面发展。

"慕课"出现是开放教育资源理念的重要发展，它为大学课程提供了契机，也给我国传统的大学教育带来了冲击和挑战。与传统课程相比，促进了优质教育资源的共享、教育公平、教学质量的提高。另一方面也给教学内容、方法、模式、教学管理等带来了新挑战。面对这一新的机遇与挑战，外语教育和教学需要全力推动信息技术与教育教学的深度融合，探索教育新模式，满足国家对人才培养和教学的新要求。在线教育可以切实降低教育的门槛，推动优质教育资源的全球共享进程。因此，有机会改变人类历史上长期难以解决的教育不公平问题，有希望缩小不同国家、地区间的教育鸿沟。

"慕课"的优势体现在课程大规模的、在线的、不受时空、地域、国籍限制的特点上，慕课的特点是非常显著的，它把优秀的教学团队整合起来，为学习者提供优质的教学服务，学习资源呈现方式也更加生动有效，其开放性在某种程度上逐步实现了全球高等教育大众化，突破了传统校园局限。

"慕课"一般都有网上论坛，教师和学生以及学生之间构成了学习共同体，学习者和教师都可参与开放的作业和同伴的互动与互评，各种方式的互动，促进师生学习和思维的共同发展，这种创新的教学模式颠覆性地把老师和学生放到同一空间。目前大学英语的学时、学分大幅度压缩和减少，要在有限的课堂时间完成规定的教学目标不太现实，"慕课"搭载着教育信息平台弥补了这一缺憾。各大高校可以通过大学英语教学数字化资源开发整合，为学生营造最佳的外语环境；通过校本课程建设，为外语教育体系提供更丰富的共享资源，改变了传统课堂的单调和枯燥，取得了较好的教学效果。

"慕课"课程模式会给目前的大学外语教学带来哪些挑战与机遇？传统大学英语教学如何创新与变革，以顺应"慕课"课程模式？教师需借鉴"慕课"

发展的理念，重新审视与思考"慕课"引发的课堂转型，反思我国现行大学英语课程，深入探究大学英语课程体系重构与慕课模式的接轨。

英语教学引入"慕课"教学设计模式和理念，有利于和本校大学英语教学实际相结合，促进大学英语教学模式的革新，促进教学质量的提高，促进"开放型慕课校本化""本校英语教学慕课化"。

当今大学课程教学对象大多为"00后"的大学生群体，这些学生是伴随着互联网时代出生的大学生，在网络环境下成长，他们更喜欢技术，更依赖网络，也更习惯于碎片化的学习。慕课等系列信息技术在教学中的应用不仅体现了科技与教育的融合，也迎合了大学生学习方式的改变。慕课与大学英语相结合的混合式教学模式也可以解决目前大学英语面临的部分问题。

第二节 慕课课程的录制

编者录制了慕课课程《Know Before You Go: 趣谈"一带一路"国家》，现将具体的录制过程和教学内容进行介绍，希望能对教师的录制慕课课程有所启发。

一、录制背景

"一带一路"倡议是基于历史，但是却面向未来，是由中国提出，却是面向世界，要实现国际合作的大的开放平台，是史无前例的。

"一带一路"倡议是高举古丝绸之路的旗帜，积极发展沿线国家的经济伙伴关系。几年来，"一带一路"从倡议变为行动，从理念转化为实践，如今也已经成为世界规模最大的国际合作平台和最受欢迎的国际公共产品。特别值得一提的是2017年2月，联合国将"构建人类命运共同体"的表述写入联合国决议中，体现了国际社会对中国这一理念的高度认同，同时也彰显出中国理念的世界影响力。

在全球化背景下，"一带一路"倡议成为构建人类命运共同体的重要实践，"一带一路"以互相尊重和信任，互利互赢，在不同文明之间互相学习为特征。"一带一路"倡议就是对古丝绸之路的继承和提升，要想共谋发展只能先靠文化，只有文化的碰撞才能让心贴得更近。

二、录制过程

编者在制作慕课之前，经过了六个阶段：1. 组建团队。2017年年底，编者组建了课程团队,慕课教学团队是以中青年教师为主,他们都是在教学方面属于比较有实力的教师,有自己的思路和想法,愿意录制慕课课程,团队凝聚力比较强。团队成员经过反复协商,想录制与"一带一路"有关的国家文化的慕课课程,因为在当时背景下,师生对"一带一路"国家文化都很感兴趣。2. 调研。团队教师根据调研,发现在各大慕课平台上,当时并没有有关"一带一路"的慕课课程,这样我们会避免重复选题的可能性。通过调查问卷和访谈,就英语教学方面的普通课程和团队想制作的慕课课程对比,发现学生对"一带一路"沿线国家的文化更感兴趣,这就更坚定了团队的信心和勇气。3. 分析。团队教师根据调研和结论,经过分析,觉得制作这样的一门慕课课程是具有可行性的,将来也是会很受学生欢迎的一门课程,同时也能为国家的"一带一路"倡议做出自己的贡献。课程的名称是非常重要的,据了解,很多高校大学生选课拿到的慕课课程选课单有可能就只是一个课程名称,因为担心只是英文讲解的话学生会觉得枯燥,我们就准备以中英文相结合的方式进行教学,最后决定以 Know Before You Go: 趣谈"一带一路"国家为课程名字,因为"趣谈'一带一路'国家"表明了课程的内容,中英文相结合的课程名称又显示了课程是以中英文双语讲解。4. 准备。准备慕课课程的教学材料是最辛苦的一个阶段,因为当时团队教师虽然收集了一些材料,但是并没有特别的充分。这个课程的准备本身就比较有难度,也有挑战性。经过一段时间团队反复的协商、沟通交流,最终决定按照区域划分来准备相关国家材料,每一位团队教师负责一个区域,这样确定下来之后,教师找资料就会得心应手了。因为每个人管好自己的"责任田"即可,当然在此过程中团队教师需要经常互相沟通有无。5. 录制。这个过程其实比准备阶段要轻松,虽然我们平时经常会录制一些微课课程,但是我们都是第一次在摄影棚里面正式的录制,难免会感到紧张,甚至感觉手放到哪里都不自然。向合作公司的工作人员请教之后,大家才能完全镇定下来,静下心来录制课程,后续的一些工作相对而言就能水到渠成地按时完成。6. 校正。课程录制完毕之后,团队教师分别把自己的台词和要求等与公司工作人员进行沟通,反复校正课程里出现的中英文台词并对视频内容出现的画面等与工作人员进行反复沟通。这门课程经过 5 个月前前后后的准备,终于在 2018 年的 8 月在线上平台上线,受到了师生较好的评价。

团队教师经过努力终于成功制作慕课课程《Know Before You Go: 趣谈"一带一路"国家》,该门慕课课程被贵州省教育厅推荐参加 2019 年国家精品在线开放课程认定,贵州省总计推荐 5 门课程。

编者经过录制这门课程有一些自己的体会。比如团队教师录制什么样的课程是非常重要的，因为这涉及各大高校学生选课率的问题，如果课程制作出来，选课率比较低，那是我们不愿意看到的结果。一门慕课课程的成功离不开团队教师，没有好的团队教师，课程是很难有良好效果的。另外合作的公司和课程上线的平台也很重要，因为我们制作的课程是要公司帮忙录制和推广等这一系列的工作，也关系到日后课程制作效果和学生的选课等，所以好的公司和平台对课程的影响度很大。总而言之，一门受欢迎的课程制作是要教师付出很多心血的，也需要拍摄公司和平台的大力支持，只有这样，制作出来的课程才有可能受到学生的欢迎。

做这门课程的出发点是"一带一路"倡议让编者及编者所在的教师团队对此充满了兴趣。因为对于多数中国人而言，外国通常指的是欧、美、日、韩等发达国家，却忽视了多数邻国尤其是中亚国家的存在。中国人民对"一带一路"沿线很多国家都知之甚少，是部分中国人全球观失衡的体现。虽然录制这门慕课课程没有现成的教学材料，但是经过课程团队再三考虑，决定把"一带一路"沿线国家的文化等方面制作成慕课介绍给学生，在讲解的同时全程贯穿中国文化元素。编者相信随着我们与"一带一路"沿线国家的交往，大家对这些国家的了解也会越来越多。

"一带一路"沿线国家和地区非常多，那么就会存在文化差异，文化差异的存在，世界才丰富多彩，但也会造成交流障碍，因此互相了解对方的文化，能增加互相理解，使不同的文化互补。课程宗旨是鼓励学生主动探索本族文化和异国文化，根据切身感受认识并认同文化差异，以"剖析差异、相互尊重、求同存异"为学习目的，所以课程决定以"聊文化、学英语、促交流"为关键词，以"一带一路"为桥梁而展开整个课程。

当时查阅相关资料时，发现"一带一路"沿线国家和地区非常多，比如：东南亚地区有印度尼西亚、泰国、马来西亚、越南、新加坡、菲律宾、缅甸、柬埔寨、老挝、文莱、东帝汶等国家。

南亚地区有印度、巴基斯坦、孟加拉国、斯里兰卡、阿富汗、尼泊尔、马尔代夫、不丹等国家。

西亚、北非地区有沙特阿拉伯、阿联酋、阿曼、伊朗、土耳其、以色列、埃及、科威特、伊拉克、卡塔尔、约旦、黎巴嫩、巴林、也门共和国、叙利亚、巴勒斯坦等国家。

中东欧地区有波兰、罗马尼亚、捷克共和国、斯洛伐克、保加利亚、匈牙利、拉脱维亚、立陶宛、斯洛文尼亚、爱沙尼亚、克罗地亚、阿尔巴尼亚、塞尔维亚、马其顿、波黑、黑山等国家。

中亚地区有哈萨克斯坦、乌兹别克斯坦、土库曼斯坦、吉尔吉斯斯坦、塔吉克斯坦等国家。

独联体与其他6国：俄罗斯、乌克兰、白俄罗斯、克鲁吉亚、阿塞拜疆、亚美尼亚、摩尔多瓦。

这么多的国家和地区，编者和所带领的教师团队就很犯难，到底选取哪些国家和地区呢？经过一次次地协商和对比，最终决定选择一些有代表性的国家和地区，对人们熟悉且感兴趣的国家进行介绍。

这门课程没有现成的教材，编者带着团队经过查询资料，找到了由高等教育出版社出版的《体验世界文化之旅阅读文库》，这套书籍按照国别系列：亚洲、非洲、欧洲、美洲、大洋洲出版。这套系列书籍是课程团队的基础材料，在此基础上，团队成员查阅了"一带一路"有关国家的大量资料，以保证课程英文表达的准确性和地道性。

三、章节计划表

Know Befor You Go：趣谈"一带一路"课程章节计划表

第一章　概述

　　1.1 Preexistence of the Belt and Road "一带一路"的前世

　　1.2 The Present Life of the Belt and Road "一带一路"的今生

　　1.3 The Friendship along the Belt and Road "一带一路"的国家与中国的友谊

第二章　东南亚地区国家（一）

　　2.1 Singapore 新加坡

　　　　2.1.1 Brief Introduction of Singapore 新加坡简介

　　　　2.1.2 Festivals of Singapore 新加坡节日

　　　　2.1.3 Tourist Attractions of Singapore 新加坡旅游

　　2.2 India 印度

　　　　2.2.1 Brief Introduction of India 印度简介

　　　　2.2.2 Hierarchy in India 印度等级制度

　　　　2.2.3 Eating in India 印度食物和用餐礼仪

　　　　2.2.4 Tourist Attractions of India 印度旅游

　　2.3 Thailand 泰国

　　　　2.3.1 Brief Introduction of Thailand 泰国简介

2.3.2 Customs and Taboos of Thailand 泰国习俗和禁忌

2.3.3 Buddism of Thailand 泰国佛教文化

2.3.4 Tourist Attractions of Thailand 泰国旅游

第三章　东南亚地区国家（二）

3.1 Cambodia 柬埔寨

3.1.1 Brief Introduction of Cambodia 柬埔寨简介

3.1.2 Family of Cambodia 柬埔寨的家庭

3.1.3 Etiquette of Cambodia 柬埔寨的礼仪

3.1.4 Daily Life and Routine of Cambodia 柬埔寨人的日常生活

3.2 Myanmar 缅甸

3.2.1 Brief Introduction of Myanmar 缅甸简介

3.2.2 Food of Myanmar 缅甸的食物

3.2.3 Main Ethnic Groups of Myanmar 缅甸的主要民族

3.2.4 Traditional Wedding Ceremony of Myanmar 缅甸的传统婚礼

3.3 Vietnam 越南

3.3.1 Brief Introduction of Vietnam 越南概况

3.3.2 Tet of Vietnam 越南春节

3.3.3 Wedding of Vietnam 越南的婚俗

3.3.4 Education System of Vietnam 越南的教育体制

3.4 Indonesia 印度尼西亚

3.4.1 Brief Introduction of Indonesia 印度尼西亚概况

3.4.2 Family of Indonesia 印度尼西亚的家庭

3.4.3 Dining Etiquette of Indonesia 印度尼西亚的用餐礼仪

3.4.4 Body Language of Indonesians 印度尼西亚人的肢体语言

第四章　西亚地区国家

4.1 Iran 伊朗

4.1.1 Land and History of Iran 伊朗的历史及地理环境

4.1.2 Natural Resource and Religious Holiday of Iran 伊朗的自然资源及宗教节日

4.1.3 Social Life and Custom of Iran 伊朗的社交习俗及社会生活

4.2 Saudi Arabia 沙特

4.2.1 Land, History and Natural Resource of Saudi Arabia 沙特的历史、地理及自然资源

4.2.2 Religious Custom of Saudi Arabia 沙特的宗教习俗

4.2.3 Social Life of Saudi Arabia 沙特的社会生活

4.3 Turkey 土耳其

4.3.1 Land and History of Turkey 土耳其的历史和地理环境

4.3.2 Religious Custom of Turkey 土耳其的宗教习俗

4.3.3 Social Life of Turkey 土耳其的社会生活

4.4 Israel 以色列

4.4.1 Land and People of Israel 以色列的地理及人口

4.4.2 Social Life and Custom of Israel 以色列的社会生活及习俗

4.4.3 Religious Holiday, Education and Cities of Israel 以色列的宗教节日、教育环境及主要城市

第五章 独联体和中东欧地区国家

5.1 Russia 俄罗斯

5.1.1 Brief Introduction of Russia 俄罗斯简介

5.1.2 Tourist Attractions of Russia 俄罗斯旅游

5.1.3 Literature and Art of Russia 俄罗斯文学与艺术

5.1.4 Food and Customs of Russia 俄罗斯美食、习俗及礼仪

5.2 Poland 波兰

5.2.1 The Land of Poland 波兰的地理环境

5.2.2 A Brief History of Poland 波兰的历史简介

5.2.3 Poland after the Second World War 二战后的波兰

5.2.4 Religious and Social Culture of Poland 波兰的宗教及社会文化

5.3 Czech 捷克

5.3.1 Brief Introduction of Czech 捷克简介

5.3.2 Traditional Customs of Czech 捷克习俗

5.3.3 The Festivals and the Education of Czech 捷克节日和教育

5.3.4 Tourist Attractions of Czech 捷克旅游

5.4 Greece 希腊

5.4.1 Brief Introduction of Greece 希腊简介

5.4.2 The History of Ancient Greece 古希腊历史

5.4.3 Traditional Customs of Greece 希腊风俗

5.4.4 Tourist Attractions of Greece 希腊旅游

第六章 北非地区国家

6.1 Egypt 埃及

6.1.1 Brief Introduction of Egypt 埃及简介

6.1.2 Traditional Custom of Egypt 埃及传统习俗

6.1.3 Business Etiquette and Driving of Egypt 埃及商业礼仪与交通

6.1.4 Tourist Attractions of Egypt 埃及旅游

第三节 慕课课程内容

一、课程内容和特色

这门慕课课程最大的一个特点是坚持立德树人，把英语学习和中国文化很好地融合在一起，目的在于"讲好中国故事，传播中国声音"。

（一）课程内容

1. 第一章第1、2小节内容

编者以第一章1、2小节为例，展示导学任务书和教学设计以及具体的教学内容：

导学任务书

班级：　　　　学号：　　　　姓名：

一、请翻译如下短语：

1."丝绸之路经济带"：

2."21世纪海上丝绸之路"：

3.人类命运共同体：

4.共商、共建、共享：

二、了解古丝绸之路的有关知识：

It's reported that the ancient Silk Road, which began during the   Dynasty. The ancient Silk Road started in＿＿, travelled westward through Gansu and Xinjiang and

then through（中亚）＿＿and（西亚）＿＿before finally reaching（欧洲）＿＿. Through this route, Chinese brought to the Western countries（火药）＿＿、（指南针）＿＿、（造纸术）＿＿、（印刷术）＿＿. Meanwhile, through this route, Chinese introduced from foreign countries（佛教）＿＿and（伊斯兰教）＿＿.

第一章　第1、2小节教学设计方案

表4-1　第1、2小节教学设计方案

上课内容		Preexistence and the Present Life of the Belt and Road	
学科	大学英语	年级	大一年级
教学目标	知识与技能	通过本课视频的学习，掌握"一带一路"的历史起源和现状，能用英语简单介绍"一带一路"的前世今生	
	过程与方法	通过视频的学习，能让学生自主总结相关知识，积累"一带一路"的相关语言。培养学生自主学习、总结并对知识点不断梳理的能力	
	情感态度与价值观	激发学生热爱中华的思想感情，为实现中华民族的伟大复兴增强责任感	
学习者特征分析	知识基础	1.学生对"一带一路"的汉语表达比较了解 2.有关"一带一路"的英语知识点比较凌乱	
	能力基础	学生有一定的知识基础，但综合解决问题的能力还比较弱	
	学习者特征分析	1.学习者为大一年级的学生，具有一定的理论推导能力 2.学生是以小组为合作单位，同学们可以在互相帮助中完成	
	学习动机分析	学生学习的目的是为了了解英语知识在生活中的应用，并能够在实际生活中应用	
	学习风格分析	让学生了解"一带一路"相关知识，了解我国"一带一路"的发展，培养学生的爱国主义热情，培养学生不断进取的精神	

续表

教学内容	教材分析	本节知识在大学一年级的学生中进行，对于"一带一路"一些概念性强的问题的表达还是比较棘手。英语的学习是与日常生活、社会息息相关。这节课又像一把钥匙，打开了一个多彩的世界。根据学生的认识能力和特点，利用简单的介绍为以后"一带一路"的有关英语学习创设良好的开端

教学重难点：
重点：1."一带一路"涉及的关键词；
　　　2."一带一路"在历史上和现代社会所起的作用。
难点：用英语表述古丝绸之路所经过的路线。

教学过程（活动）		
教学环节	教学内容	师生活动及意图
引入学习内容	让学生向外国友人介绍"一带一路"	提出教学任务，激发学生学习兴趣
新课教学	介绍古丝绸之路的开拓者和相关知识	通过图片、地图等给学生展示古丝绸之路，使他们有一个比较形象的认识
	古丝绸之路的作用	用英语表达总结古丝绸之路的作用
	"一带一路"的含义和指代	要求学生对"一带一路"有一个深刻的理解
	"一带一路"的作用	学生理解实施"一带一路"的原因，从而深入理解其内涵
习题练习和讲解	通过本节课的学习，你有什么收获或体会？	学生分成8个小组，通过讨论后分组进行汇报
布置作业	课后收集有关"一带一路"沿线的有关国家的信息，1个国家即可	学生课外体验，让知识得以延伸与巩固

教学评价：
1. 希望通过本节课的学习让学生用英语表达好这部分的知识点
2. 话题联系生活，充分调动起学生的学习兴趣，让学生自主地去学习
3. 本节课主要是通过视频、图片学习，通过学生自主探究，自主总结，在此基础上加以习题的训练，以此达到巩固的目的

课后反思：
1. 通过本节课的教学之后，教学目标任务基本完成
2. 由于知识点容量大、概念性强，学生利用所学知识来介绍"一带一路"，还是有一定的难度

第一章第 1 小节具体内容：

If you are asked to introduce the Belt and Road to a foreigner, how can you introduce it? 如果一位外国友人想请你介绍"一带一路"，你怎么介绍呢？你了解"一带一路"的前世和今生吗？

"一带一路"的全称是"丝绸之路经济带和 21 世纪海上丝绸之路"分别翻译为"the Silk Road Economic Belt and the 21st-Century Maritime Silk Road"，简称"一带一路"，"the Belt and Road"。

一带一路倡议，那就是 The Belt and Road Initiative，it seeks to enhance cooperation and connectivity among involved countries and regions through the Belt and Road，enhance cooperation and connectivity 提高合作和联系。

Here I will give you some tips about the preexistence of the "the Belt and Road"，这节课我就给大家讲一下"一带一路"前世的故事。

公元前 140 多年的中国汉代，一支从长安出发的和平使团，打通了东方通往西方的道路，完成了"凿空之旅"，这就是著名的张骞出使西域。中国唐、宋、元时期，陆上和海上丝绸之路同步发展，中国的旅行家杜环、意大利的马可·波罗、摩洛哥的伊本·白图泰都在陆上和海上丝绸之路留下了历史印记。15 世纪初的明代，中国著名航海家郑和七次远洋航海，留下了千古佳话。

It's reported that the ancient Silk Road, which began during the Han Dynasty (206B.C.-220A.D.) for the first time in history opened trade routes between the East and the West.

The ancient Silk Road started in Chang an, which is called Xi an now, travelled westward through Gansu and Xinjiang and then through Central Asia and Western Asia before finally reaching Europe.

盛唐时期丝绸生产进入鼎盛时期。In the history of Tang Dynasty (618-907), silk production entered its prime period, with output and quality both reaching unprecedented levels.

Trade along the Silk Road reached its summit during Yuan Dynasty, the famous traveler Marco Polo travelled along the Silk Road visiting Dadu that is today's Beijing and wrote his famous book *The Travels of Marco Polo*, which introduced China to Western countries.

这些正好印证了这句话"这世界上本没有路，走的人多了就有了路"。

Through these routes, Chinese silk 丝绸, porcelain 瓷器, lacquerwork 漆器 and ironware 铁器 were shipped to the West, and Chinese brought to the west countries the four inventions: compass, gunpowder, paper-making technique and printing technique. Meanwhile, through this route, we Chinese introduced from foreign countries Buddhism and Islam and products such as grapes, walnuts, cucumbers, glass and perfume.

古丝绸之路不仅是一条通商易货之道,更是一条知识交流之路。古丝绸之路跨越埃及文明、巴比伦文明、印度文明、中华文明的发祥地,不同文明、宗教、种族求同存异、并相互尊重。酒泉、敦煌、吐鲁番、喀什、撒马尔罕、巴格达、君士坦丁堡等古城,宁波、广州、北海、科伦坡、吉达、亚历山大等地的古港,就是记载这段历史的"活化石"。

The ancient silk routes were not only for trade, but also they increased the exchange of knowledge as well. From the second century BC to the fifteenth century AD, splendid civilizations among China, India, Greece, Persia and Rome were exchanged along this famous trade route. It makes the route a great "Cultural Bridge" between Asia and Europe.

这些"一带一路"前世的故事之所以名垂青史,是因为人们使用的不是战马和长矛,而是驼队和善意;依靠的不是坚船和利炮,而是宝船和友谊。

现在大家知道了"一带一路"前世的故事了吗?对,它的前世就是古丝绸之路:The ancient Silk Road.

第一章第2小节具体内容:

The Present Life of the Belt and Road

Last time, we have known the preexistence of the Belt and Road, that is the ancient Silk Road. 我们已经知道"一带一路"的前世就是古丝绸之路。In this class, we will learn the present life of it. 这节课我们就介绍一下"一带一路"的今生。

We know the Belt and Road Initiative introduced by President Xi Jinping in 2013, and it has attracted close attention from all over the world. These are the countries along the Belt and Road, here are their English names. Because there are so many countries, we divide them into different parts according to their geographical position and regions. 涉及的区域目前包括中亚 Central Asia、蒙俄 Mongolia & Russia、东南亚 Southeast Asia、南亚 South Asia、西亚、北非 West Asia and North Africa、中东欧 Central and Eastern Europe、独联体国家: countries in the CIS. 当然随着经济的发展,"一带一路"沿线国家和地区的数量会越来越多。不得不说,咱大祖国的朋友圈真是越做越大了。

丝绸之路的精神：和平合作、开放包容、互学互鉴、互利共赢

The Silk Road Spirit is peace and cooperation, openness and inclusiveness, mutual learning and mutual benefit.

For thousands of years, the Silk Road Spirit: "peace and cooperation, openness and inclusiveness, mutual learning and mutual benefit" has been passed from generation to generation, promoted the progress of human civilization, and contributed greatly to the prosperity and development of the countries along the Silk Road.

和平合作、开放包容、互学互鉴、互利共赢的丝绸之路精神代代相传，促进了人类进步，对古丝绸之路沿线国家的繁荣和发展都起了很重要的作用。

When we mention the "the Belt and Road", you must hear about the following phrases. 人类命运共同体: a community of shared future for all humankind. The Belt and Road represents an important attempt at building a community of shared future for all humankind. "一带一路"将成为构建人类命运共同体的重要实践。

共商、共建、共享的理念: planning together, building together and benefiting together.

The Belt and Road Initiative has been so successful because it follows the open and inclusive principle of planning together, building together and benefiting together.

"一带一路"的倡议之所以取得成功，根本在于遵守了共商、共建、共享的开放包容理念。

The Belt and Road cooperation features mutual respect and trust, mutual benefit and win-win cooperation, and mutual learning between civilizations. "一带一路"以互相尊重和信任，互利互赢，在不同文明之间互相学习为特征。

The Belt and Road is to create a network of railways, roads, pipelines, and utility grids that would link China and Central Asia, West Asia, and parts of South Asia. This initiative in fact is more than physical connections. It includes policy coordination 政策沟通, facilities connectivity 设施联通, unimpeded trade 贸易畅通, financial integration 资金融通 and people-to-people bonds 民心相通。这五通正成为"一带一路"建设的强大助推器，人心的沟通才能带动政策的沟通，政策的沟通才能带动基础设施的沟通。因此，"民心相通"是助推剂，更是"一带一路"建设的社会基础和长久保障。

More than two millennia ago the diligent and courageous people of Eurasia explored and opened up several routes of trade and cultural exchanges that linked the major civilizations of Asia, Europe and Africa.

The Belt and Road aims to use the historic symbol of the ancient Silk Road, raise the flag of peace and development, and develop the economic partnership with nations along the line positively.

另外,12月16日定为"一带一路"国际日:The Belt and Road International Day。

All in all, the Belt and Road Initiative is a road map to the future. It aims to promote economic and trade, and it also helps to increase cultural ties among the countries along its routes.

当然除了国家层面的好处之外,"一带一路"对于老百姓来说也有很多便利,如淘宝更方便了,而且还便宜,安全可靠;中国护照含金量增加,出境旅游更便捷便宜了;去国外留学的机会增多,奖学金名额也多了;就业岗位增多,出国赚钱的机会更多了;文化交流增多,追剧看展更方便了等。

The ancient silk routes were not only for trade, but also they increased the exchange of knowledge as well. From the second century BC to the fifteenth century AD, splendid civilizations among China, India, Greece, Persia and Rome were exchanged along this famous trade route. It makes the route a great "Cultural Bridge" between Asia and Europe.

这些"一带一路"前世的故事之所以名垂青史,是因为人们使用的不是战马和长矛,而是驼队和善意;依靠的不是坚船和利炮,而是宝船和友谊。

共商、共建、共享的理念:planning together, building together and benefiting together.

The Belt and Road Initiative has been so successful because it follows the open and inclusive principle of planning together, building together and benefiting together.

"一带一路"的倡议之所以取得成功,根本在于遵守了共商、共建、共享的开放包容理念。

The Belt and Road cooperation features mutual respect and trust, mutual benefit and win-win cooperation, and mutual learning between civilizations. "一带一路"以互相尊重和信任,互利互赢,在不同文明之间互相学习为特征。

编者在直播课程中,留下题目供同学们进行反思:

(1) Among the famous people who contributed to the ancient Silk Road, who

impressed you the most? Why?

（2）With the introduction of the "The Belt and The Road" Initiative, the circle of Chinese friends has become larger and larger. How do you understand that?

因为篇幅的关系，就不再一一展示课程内容。

2. 课程简介

在新时代和经济全球化背景下，中国与世界的命运更加紧密地联系在一起。随着"一带一路"倡议的提出与实施，我国与世界各国的交往日益频繁。国之交在于民相亲，民相亲在于心相通，要想共谋发展先靠文化，只有文化的碰撞才能让心贴得更近。

该课程的5位主讲教师以"一带一路"沿线国家的区域划分为基础，用中英文结合的方式讲述了有代表性的16个国家的文化，分别涉及了这些国家的历史、人民的信仰、社交礼仪、饮食特色和名胜古迹等。从崇高典雅的奥林匹亚竞技会、充满睿智的哲学思想而著称于世的古希腊文明到精彩又充满魅力的"欧洲之心"捷克，从"神奇的"泰国到"不可思议的"印度等，将带您领略绚丽多彩的异国风情，而且主讲教师教学风格有趣易懂，让同学们在轻松学习英语的氛围中加深了对世界的认识。

（二）课程特色

不同国家的人民生活的地域不同，文化不同，风俗习惯和思考方式自然也不同。通过《Know Before You Go: 趣谈"一带一路"国家》这门课的学习，同学们可以知道"一带一路"相关国家的风土人情，能了解这些国家深层次的文化传统和价值观念，同时在学习文化中提高英语水平和跨文化交际能力。

1. 课程主要内容及面向对象

本课程运用信息技术在课程体系、教学内容和教学方法等方面的情况如下：

（1）课程主要内容及面向对象为服务"一带一路"倡议，促进不同文化互鉴共荣，该课程以"一带一路"沿线国家的区域划分为基础，用中英文相结合的方式讲述了16个国家独特的文化，分别涉及了这些国家的历史、社交礼仪和饮食特色等。

课程属于通识类教育课程，2学分，28学时，每个学期有4次直播课。面向高校学生和社会学习者开放。课程每个轮次结束之后，对课程内容和试题都进行了更新。

（2）课程特色

课程宗旨是聊文化、学英语、促交流。课程内容紧跟时代，课程特色如下：

①适应时代发展。随着"一带一路"倡议的提出与实施,我国与沿线国家的交往日益频繁,迫切需要了解各个国家的情况,了解各国的人民及其文化,在这样的背景下,课程团队为适应时代发展,讲好中国故事,培养学习者的"中国情怀",坚持立德树人。课程通过深入剖析,为学习者展示了一幅幅多姿多彩的不同国家风情,伴随学习者去认识世界、走向世界。

②实用性、文化性、趣味性相融合。课程内容以"一带一路"国别研究为启发,以讲述相关国家社会文化内容为线索,以培养学习者批判性思维和跨文化交际能力为目标,以英语学习为落脚点,课程具有学科优势,课程设计体现了实用性、文化性和趣味性相融合的原则。

通过课程学习,学习者能了解这些国家深层次的文化传统和价值观念,同时在学习文化中潜移默化地提高英语水平和跨文化交际能力。

③中英文双语为教学手段,文化交流与英语学习双重收获。国内涉及"一带一路"国家文化的外语课程寥寥无几。课程用中英文双语结合的方式,以期达到文化交流与英语学习的双重收获,增强课程的功能性。

④混合式教学模式。通过教、学、管、考等方式,使教学目标一一落地。线上基础学习+线下深挖细究,教学内容精准传达;线上线下师生互动,生生互动的方式解决了线下教学存在的问题。考核注重过程学习,平时成绩、期末成绩设计合理。

2. 对学习者学习的考核(试)办法

成绩评定方式如下:

该课程采用混合式教学方法,以网络在线课程为主,以见面课和课程互动问答等为辅。课程考核注重过程性学习,采用多元化成绩评定方式:

期末成绩 = 平时成绩20%+ 章测试20%+ 见面课30%+ 期末考试成绩30%。

线上学习部分占总评成绩的40%。要求学习者在学习周期内按照要求完成线上学习环节。其中:观看课程所有章节的在线视频,视频内插有相应的试题(平时成绩占总分的20%),并完成相应章节的章测试(章节测试占总成绩的20%)。

线下见面课占总评成绩的30%。要求学习者按照课程计划准时参加线下见面课程或者通过网络观看见面课视频直播(回放)。课程共安排四次线下见面课,每次占总评成绩的7.5%。学习者线下见面课的考勤、表现按照每次课程实际情况计入成绩。

期末考试占总评成绩的30%,要求学习者在规定时间内完成期末试卷。

总评成绩满分为100分。期末考试完成后如不及格,学习者在系统规定时间内可以有一次补考机会。当补考成绩≥60分时，最终成绩显示60分。

本课程的期末考试及补考试卷为题库随机生成，避免学习者在线考试时刷题得分或有其他类似作弊行为。

全程跟踪、多方面考察的考核方式使学习者的学习过程与学习结果紧密联系了起来，增强了学生自我综合评价的能力，也体现了课程考核的有效性和实用性。

3. 课程应用情况

（1）申报高校教学中的应用情况

课程质量较高，在贵州省引起了较大反响。2018年秋冬学期该校SPOC的选课人数是2 670人，2019年春夏学期该校SPOC的选课人数是2 935人，在2个学期运营中，进行在线课程和课堂教学相结合的混合式教学模式，在10个班级当中实行了"翻转课堂"的教学模式，对学生进行访谈，满意度较高。

基于此门慕课制作和实际教学实践，课程负责人成功申报2018年第九批中国外语教育基金项目：基于慕课和"翻转课堂"的大学英语混合教学模式研究。2019年，该门课程获得了校级"一流课程"的认定。

（2）其他高校应用情况

截至目前，课程运行了4个学期，100多所高校选课，选课总人数近5万人，据统计，课程满意度达到了95.5%。2018年秋季选课人数是：4 996人，2019年春季选课人数是23 062人，2019年春季选课人数是9 843人，其中综合类院校有：贵州大学、烟台大学、宁夏大学等。民族类院校有：贵州民族大学、青海民族大学等。医学类院校有：安徽中医药大学、湖南中医药大学、遵义医学院、遵义医药高等专科学校等。师范类院校有：河北师范大学、广西师范大学、贵州师范大学、琼台师范学院、广东技术师范学院、长江师范学院等。工科类院校包括：武昌工学院、荆楚理工学院、东莞理工学院、湖南工学院、西北工业大学、河北工程技术学院等。财经类高校有：西安财经大学、武汉工商学院、湖北商贸学院、西南财经大学、湖南财经工业职业技术学院、湖南商务职业技术学院等高校，其他职业技术学院包括了北京社会管理职业学院、杭州职业技术学院、珠海城市职业技术学院等。

自开课四学期以来，课程在线上收到来自全国各地学习者的热烈讨论，2018年秋冬学期，学习者参与讨论达4 920次，2019年春夏学期1.09万次。2019年秋冬季6.98万次。

（3）社会学习者应用情况

"学堂在线"学习者到目前为止有3 000多人。

二、课程建设计划

（一）面向高校的教学应用计划

课程将继续在"智慧树""学堂在线"平台以"随堂模式"开设，满足在校大学生学习需要。

（二）面向社会开设期次

（1）课程在智慧树手机端"知到"App 开设 C 端课程，满足社会学习者开放学习的需要。

（2）课程继续在"智慧树""学堂在线"平台上以"自主模式"开设，满足社会学习者开放学习的需要。

（三）持续更新和提供教学服务设想

（1）随着越来越多的国家和地区加入"一带一路"，课程团队将本次课程未提到的国家文化内容进行了第二轮资料准备并进行了录制。

（2）"一带一路"沿线国家文化内容丰富多彩，对已上线的国家文化内容进行再梳理，做精细化补充。

（3）进一步挖掘课程中的文化元素，并将其内化为课程内容，弘扬社会主义核心价值观。

（4）邀请相关国家的留学生进行视频拍摄和参加直播课程的录制，线下进行"翻转课堂"教学和混合教学模式，文化交流碰撞更直接。

（5）根据学习者的反馈情况和课程建设，对考核试题持续更新。

（6）随着课程内容的不断更新和完善，根据课程的多媒体资源和慕课教学成果，团队完成相应教材的编写。

（7）教学促进科研，科研反哺教学。课程团队教师通过该课程寻求教学与科研共同发展，相互促进的有效契合，努力寻求两者的良性互动方法和措施。

三、课程教学大纲

课程教学大纲是以布卢姆学习目标分类法（Bloom's Taxonomy）为基础来描述学生在学完本课程后应具有的能力，并以 L1（认知）、L2（理解）、L3（应用）、L4（分析）、L5（综合）、L6（判断）来表示对此级能力要求达到的程度。编者带领团队制作的慕课课程 Know Before You Go: 趣谈"一带一路"国家教学大纲如下：

预期学习成果

表 4-2 Know Before You Go: 趣谈 "一带一路" 国家教学大纲

教学内容			预期学习成果		要求程度
一级标题	学时	二级标题	知识	能力	
Overview the Belt and Road	2	Preexistence of the Belt and Road	1.master the related English expression about the Belt and Road 2.know the history about the ancient Silk Road	to understand the history and the present of the Belt	L1 L2
		The Present Life of the Belt and Road			
		The Friendship along the Belt and Road			
Countries in Southeast Asia (1)	1	Singapore	1.to know the climate, people, geography and ethnic of Singapore 2. to grasp the customs and festivals in Singapore 3. to know the famous tourist sites in Singapore	1. to grasp some basic expressions to describe geography, climate and ethnic 2. to grasp some basic expressions about festivals in Singapore	L1 L2
	1	India	1. to know the climate, people, geography, history and language in India 2.to grasp the four Indian caste and their status in society 3. to know the traditional medicine, food and customs in India 4. to know the famous tourist sites in India	to grasp some basic expressions to describe geography, climate and ethnic	L1

续 表

教学内容			预期学习成果		要求程度
一级标题	学时	二级标题	知识	能力	
Countries in Southeast Asia (2)	2	Thailand	1.to know the people, and Thai behavior 2.to know the customs, etiquette and taboos in Thailand 3.to know the importance of Buddhism in Thailand 4.to know the famous tourist sites in Thailand	1.to grasp some basic expressions about customs and taboos 2.to grasp some basic expressions to describe geography and climate	L1 L2
	2	Cambodia	1.to know the geography, climate and the types of ethnic groups of Cambodia 2.to know the structure of Cambodian family and their values 3.to grasp different rules and taboos in Cambodia 4.to know Cambodians' daily life and routine, eating and drinking and shopping	to grasp some basic expressions to describe climate and daily life of Cambodia	L1 L2 L3

续表

教学内容			预期学习成果		要求
一级标题	学时	二级标题	知识	能力	程度
Countries in Southeast Asia (2)	2	Myanmar	1. to know the geography, natural resources, climate and environment of Myanmar 2. to know Cambodians' eating habits and local food in different areas 3. to know the eight main ethnic groups in Cambodia and their features 4. to know the traditions and formality of Cambodian wedding ceremony	1. to grasp some basic expressions to describe natural resources and climate 2. to grasp some words and expressions of food	L1 L2 L3
	2	Vietnam	1. to know the geography, climate, economy and people of Vietnam 2. to know the traditions and formality of ceremony and taboos 3. to know the traditions and formality of Vietnamese wedding ceremony 4. to know the education system and programs in Vietnam	1. to grasp some basic expressions to describe geography, climate, economy and people 2. to grasp some words and expressions of food and wedding 3. to grasp some basic expressions to describe natural resources and environment	L1 L2 L3
	2	Indonesia	1. to know the geography, natural resources, climate and environment of Indonesia 2. to know the structure of Indonesian family and their responsibilities and values 3. to grasp some basic rules and taboos for dining etiquette 4. to grasp some rules and taboos for body Language in Indonesia	to grasp some basic expressions to describe the fact of Indonesia	L1 L2 L3

续表

教学内容			预期学习成果		要求程度
一级标题	学时	二级标题	知识	能力	
Countries in West Asia	2	Iran	1.to know the boarder countries of Iran 2.to know the capital and major cities and the climate of Iran 2.to know the dressing code and traffic and pollution of Iran	to grasp some basic expressions to describe the fact of Iran	L1 L2
	2	Saudi Arabia	1.get to know the Saudi Kingdom, Geo-location and climate 2.to know the Islam of Saudi and the holy cities 3.to know the tribal society and status of women	1.to grasp words related to the boarder countries, the climate and the oil economy 2. to understand the influence of Islam 3. to understand the tribe and family life and some religious rituals	L1 L2

续 表

教学内容			预期学习成果		要求程度
一级标题	学时	二级标题	知识	能力	
Countries in West Asia	2	Turkey	1.to know the founding of the nation, and its Geo-location and climate 2.to know the polarization of the society 3.to know the influence of Muslim and values of Turkey	1.to grasp words and expressions to describe the nation 2.to understand the religious divide and underlying values 3.to understand the influence of Muslim in the turkey society	L1 L2 L3
	2	Israel	1.to know the miracles of the nation 2.to learn about the Israeli–Palestinian conflict 3.to know the influence of the Jewish religion	1.to be about to talk about the miraculous nation 2.to grasp words and expressions about the Geo-location and climate of Israel 3.to understand effects of the religion on social life of Israel	L1 L2 L3

续表

教学内容			预期学习成果		要求程度
一级标题	学时	二级标题	知识	能力	
Countries in Central, Eastern Europe and in the CIS	2	Russia	1. to know the geography, history, climate, natural resources and the types of ethnic groups of Russia 2. to know why we Chinese people call Russia "ORUSS" 3. to know the legend of the ultimate symbol of Russia——St Basil's Cathedral. 4. to know the features of Russian metro stations 5. to know the location of St.Petersburg and its nicknames 6. to know the origin of the Hermitage museum 7. to know the features of Russian Versailles——The Peterof Palace 8. to know the history of the church of our savior on spilled blood 9. to know the Literature & Art of Russia	1. to grasp some basic expressions to describe geography and climate 2. to distinguish tricolour flags of different countries 3. to be able to talk about some famous tourist attractions in Moscow and St. Petersburg 4. to be able to talk something about literature and art of Russia	L1 L2 L3
	2	Poland	1. to know the Geo-location, population, and life styles in the cities and villages 2. to know the Piast Dynasty, and history of Poland after the Second World War 3. to know the Germany invasion, and the Republic of Poland 4. get to know the Catholic church, religious celebrations and social custom	1. to grasp words about land area and population boarder counties and climate of Poland 2. to be able to talk about Poland before the WW II 3. to understand the influence of the Polish	L1 L2

续 表

教学内容			预期学习成果		要求程度
一级标题	学时	二级标题	知识	能力	
Countries in Central, Eastern Europe and in the CIS	2	Czech	1.to know the regions, some traditional food of Czech 2.to know the work life, business briefing, time out, making friends of Czech 3.to know some important festivals, for example, the Christmas Season, Easter, New Year's Eve and New Year's Day, Jan Hus Day, and also the Czech Education System 4.to know about some tourists of Czech	1.to grasp some basic expressions to describe geography, climate and people of Czech 2.to grasp some customs of Czech 3.to grasp some festivals of Czech	L1 L2
	2	Greece	1.to understand the brief Introduction of ancient Greece 2.to understand the customs of Greece 3.to grasp the trips of Greece	1.to know the brief introduction of ancient Greece 2.to grasp some customs of Greece	L1 L2
North Africa	2	Egypt	1.to understand the brief Introduction of ancient Egypt 2.to master values and customs of Egypt 3. to know the trip to Greece	2.to know the brief introduction of ancient Egypt 3.to know some customs of Egypt	L1 L2

注：要求程度填写布鲁姆的教育目标分类法，分别为 L1——知道、L2——领会、L3——应用、L4——分析、L5——综合、L6——评价

（一）Chapter One: Overview of the Belt and Road

1. 基本内容

（1）Preexistence of the Belt and Road.

（2）The Present Life of the Belt and Road.

（3）The Friendship along the Belt and Road.

2. 教学重点

The related English expression about the Belt and Road.

3. 教学难点

The history about the ancient Silk Road.

（二）Chapter Two: Countries in the Southeast Asia（1）

1. Singapore

（1）基本内容

① Brief Introduction of Singapore.

② Customs and festivals in Singapore.

③ Famous tourist sites in Singapore.

（2）教学重点

① The climate, people, geography and ethnic of Singapore.

② The customs and festivals in Singapore.

③ The famous tourist sites in Singapore.

（3）教学难点

① Some basic expressions to describe geography.

② Ethnic, customs and festivals of Singapore.

2. India

（1）基本内容

① Brief Introduction of India.

② Indian caste, traditional medicine, food and customs in India.

③ Famous tourist sites in India.

（2）教学重点

① The climate, people, geography, history and language in India.

② The four Indian caste and their status in society.

③ The traditional medicine, food and customs in India.

④ The famous tourist sites in India.

（3）教学难点

Some basic expressions to describe geography, caste and customs.

3. Thailand

（1）基本内容

① Brief Introduction of Thailand.

② Customs, etiquette and taboos in Thailand, Buddhism in Thailand.

③ Famous tourist sites in Thailand.

（2）教学重点

① The people and Thai behavior.

② The customs, etiquette and taboos in Thailand.

③ The importance of Buddhism in Thailand.

④ The famous tourist sites in Thailand.

（3）教学难点

Some basic expressions to describe people, customs and etiquette of Thailand.

（三）Chapter Three: Countries in Southeast Asia（2）

1. Cambodia

（1）基本内容

① Brief introduction of Cambodia.

② Cambodian family, etiquette, daily life and routine of Cambodians.

（2）教学重点

① The geography, climate and the types of ethnic groups of Cambodia.

② Structure and values in Cambodian family.

③ Rules and taboos in Cambodia.

④ Cambodians' daily life and routine.

（3）教学难点

Some basic expressions to describe geography and climate.

2. Myanmar

（1）基本内容

① Brief introduction of Myanmar.

② Food, main ethnic groups, traditional wedding ceremony.

（2）教学重点

① The geography, natural resources, climate and environment of Myanmar.

② Cambodians' eating habits and local food in different areas.

③ The eight main ethnic groups in Cambodia and their features.

④ The traditions and formality of Cambodian wedding ceremony.

（3）教学难点

① Some basic expressions to describe natural resources and climate.

② Some words and expressions of food.

3. Vietnam

（1）基本内容

① Brief introduction of Vietnam.

② Tet, wedding, education system.

（2）教学重点

① The geography, climate, economy and people of Vietnam.

② The traditions and formality of ceremony and taboos.

③ The traditions and formality of Vietnamese wedding ceremony.

④ The education system and programs in Vietnam.

（3）教学难点

① Some basic expressions to describe geography, climate, economy and people.

② Some words and expressions of food and wedding.

4. Indonesia

（1）基本内容

① Brief introduction of Indonesia.

② Family, dining etiquette, body language of Indonesians.

（2）教学重点

① The geography, natural resources, climate and environment of Indonesia.

② The structure of Indonesian family and their responsibilities and values.

③ Some basic rules and taboos for dining etiquette.

④ Some rules and taboos for body language in Indonesia.

（3）教学难点

Some basic expressions to describe natural resources and environment.

（四）Chapter 4: Countries in West Asia

1. Iran

（1）基本内容

① Land and history.

② Natural resource and religious holiday.

③ Social life and custom.

（2）教学重点

① Land and history.

② Natural resource.

③ Courtesy and custom.

（3）教学难点

① Persian, the pride.

② Persian Calendar and the fasting month.

③ The dressing code.

2. Saudi Arabia

（1）基本内容

① Land, history and natural resource.

② Religious custom.

③ Social life.

（2）教学重点

① Saudi and the kingdom.

② Islam of Saudi.

③ Tribal society.

（3）教学难点

① The kingdom and the oil.

② Tribe and family life.

③ Privacy and social interaction.

3. Turkey

（1）基本内容

① Land and history.

② Religious custom.

③ Social life of Turkey.

（2）教学重点

① Founding of the nation.

② Polarization of the society.

③ Hospitality as a characteristic.

（3）教学难点

① The founding father.

② The religious divide and underlying values.

③ Superstition and the evil eye.

4. Israel

（1）基本内容

① Land and people.

② Social life and custom.

③ Religious holiday.

④ Education and cities of Israel.

（2）教学重点

① Israeli–Palestinian conflict.

② Demographics and economy.

③ Education and social courtesy.

（3）教学难点

① The miracles.

② The Jewish and the Islam.

③ Effects of the religion on social life.

（五）Chapter Five: Countries in the Central, Eastern Europe and in the CIS

1. Russia

（1）基本内容

① Brief introduction of Russia.

② Tourist attractions in Russia.

③ Literature & art of Russia.

④ Food and customs of Russia.

（2）教学重点

① Geography, climate, and types of ethnic groups.

② Tricolour flags of different countries.

③ Famous tourist attractions in Moscow and St. Petersburg.

④ Cultural conflicts during a trip in Russia.

（3）教学难点

① Tricolour flags of different countries.

② Appreciate one of poems of Alexander Pushkin.

2. Poland

（1）基本内容

① The land of Poland.

② A brief history of Poland.

③ Poland after the Second World War.

④ Religious and social culture of Poland.

（2）教学重点

① Life styles in the cities and villages.

② Once a land of religious tolerance.

③ The communist and the republic.

（3）教学难点

① The beginnings of polish nation.

② The nation in the wars.

③ Influence of the culture of Polish Catholicism.

3. Czech

（1）基本内容

① Brief introduction of Czech.

② Traditional customs of Czech.

③ The festivals and the education of Czech.

④ Tourist attractions of Czech.

（2）教学重点

① The regions, some traditional food of Czech.

② The work life, business briefing, time out, making friends of Czech.

③ Some important festivals, for example, the Christmas Season, Easter, New Year's Eve and New Year's Day, Jan Hus Day, and also the Czech Education System.

（3）教学难点

To know about some tourists of Czech.

4. Greece

（1）基本内容

① Brief introduction of Greece.

② The history of ancient Greece.

③ Traditional customs of Greece.

④ Tourist attractions of Greece.

（3）教学重点

① The brief Introduction of ancient Greece.

② The customs of Greece.

③ The trips of Greece.

（3）教学难点

The history of ancient Greece.

（六）Chapter Six: Countries in North Africa

1. 基本内容

（1）Brief introduction of Egypt.

（2）Traditional customs of Egypt.

（3）Business etiquette and driving of Egypt.

（4）Tourist attractions of Egypt.

2. 教学重点

（1）The brief introduction of ancient Egypt.

（2）The values and customs of Egypt.

四、在线开放课程校外评价意见

Know Before You Go: 趣谈"一带一路"国家是由贵州理工学院优秀教师冯建平团队制作，课程于2018年8月底在"智慧树网"平台运营，学分为2学分。

教学质量是人才培养的生命线。该课程学术水平较高，课程质量好。课程用中英文结合的授课方式使学习者了解"一带一路"相关国家的风土人情、深层次的文化传统和价值观念，而且主讲教师教学风格有趣易懂，使学习者在轻松学习英语的氛围中能够加深对世界的认识，培养学习者具有良好的人文素质和扎实的英语文化基础知识，具有国际视野和跨文化的交流、沟通能力。

该课程的应用效果也很好。课程受众面较广，有超过 80 所的高校参加了选课，有近 3 万人进行课程学习。课程教学内容和教学设计、教师授课、课程制作水平都很高，与学生互动也较好。同时试题库的试题数量、题型分布、难易程度等也能够满足考试规律，试题设计科学合理。

随着国家"一带一路"倡议的提出与实施，我国与世界各国的交往日益频繁，目前介绍英美等发达国家的文化较多，但是涉及"一带一路"沿线国家文化的课程较少。这门课程既符合"一带一路"建设的倡议，又融入了浓郁的国家风情，将伴随学习者认识世界、走向世界。

另外近 1 年来，团队教师以这门课程为依托，在省级、校级教改项目上均有立项。

东西部高校课程共享联盟
2019 年 8 月 2 日

五、"慕课"的有效促学机制

"慕课"的完成率是一个重要问题。据统计，目前大部分慕课学习者的完成率较低，这种学而不成的现象在"慕课"课程的学习者中非常普遍，编者认为，针对目前情况应对未完成"慕课"的学习者进行深入研究，挖掘其未完成课程的原因，并找出应对措施和长效机制。通过绩效评估等方法，对"慕课"建设与有效促学的绩效做定性与定量的价值研究，构建慕课有效促学机制的模式。

第四节　中国文化融入英语教学案例

由于教学设计所涉及的因素比较多，但是教学设计是始于需要和目标分析，终于对教学的评价。教学设计要设计真实的学习环境，应具有与实际情境相近的复杂程度，避免降低学生的认知要求。学生发展永远是教师教育与教学中所追求的目标，教师的教学理念、教学过程中的实际操作等一系列教学行为生成教学最终效果。

教学设计的作用是发现瓶颈—分享感悟—解决困惑。编者将把课程团队教师的中国文化融入英语教学的教学案例进行列举，包含整个单元的教学设计案例和一节课的教学案例。

一、单元设计案例

下面是编者所在团队以《新视野大学英语读写教程》第 2 册第 3 单元的整个单元设计的案例。

表 4-3 以第 3 单元 Discovery of A New Life Stage 为例的单元设计

一、单元教学目标（说明单元的具体教学目标，目标应包括语言目标与育人目标）

《新视野大学英语读写教程》第 2 册第 3 单元 Discovery of A New Life Stage

Section A: Journey through the odyssey years.

通过本单元的教学与学习，学生能够达到以下目标：

1. 语言目标
（1）掌握与本单元课文中有关青年成长的重点英语词汇与句型
（2）掌握奥德赛成长阶段的定义
（3）掌握本单元课文的结构与写作表达手法

2. 技能目标
（1）能够将阅读技巧寻读与略读应用于平时阅读中，提高阅读速度
（2）能够形成批判性阅读思维能力
（3）能够提高写作技巧：对比与比较

3. 育人目标
（1）通过本单元的学习，学生能对人生不同成长时期形成正确的认知
（2）通过本单元的学习，学生能发现在奥德赛成长阶段的问题与矛盾，形成积极解决问题的态度，从而顺利度过奥德赛时期
（3）通过本单元的学习，学生能形成正确的青年观，成为有责任、有担当，勇于奋斗的青年

二、单元教学过程 1）说明本单元主要内容、课时分配、设计理念与思路；2）说明本单元教学组织流程，包括课内、课外具体步骤与活动；3）特别说明单元教学过程如何实现语言与育人的有机融合）

1. 本单元主要内容、课时分配、设计理念与思路

第 3 单元 Discovery of A New Life Stage 中 Section A: Journey through the odyssey years 共计 4 个课时，每两个课时为一次课。

续 表

课次	主要内容	课时分配	设计理念与思路
第一次课	（1）课程导入： ①让学生分享观看奥德赛视频后的感想并对奥德赛的人生经历进行评价 ②展示有关人生阶段划分的汉英俗语，引导学生对不同人生生活阶段任务及挑战的思考 （2）小测试掌握课文重点词汇、表达以及篇章大意 （3）课文结构分析 （4）归纳课文段落大意及篇章主旨大意	2课时（100分钟）	我校大学英语（理工类）A班学生学习特点：个体学习能力一般但合作能力较强，英语基础一般但情感表达能力较强，学习主动性和创新思维较强。因此根据教材和学生的特点我们形成以下教学理念：（1）实现"师主导，生主体"的教学理念，即以教师为主导，以学生为主体；（2）学用一体，课上的知识学习与生活实际相结合，学有所用，学以致用；（3）全人育人教育，即"以社会为本；以人为本"的先进教育观点，形成既重视社会价值又重视人的发展教育的新理念
第二次课	（1）回顾"奥德赛时期"特点 （2）对比写作手法介绍、讲解 （3）对比写作手法写作实践 （4）批判性思维培养	2课时（100分钟）	教学手段与教学资源：（1）将授课内容与主题电影相结合，《奥德赛》电影与本节课内容相关。通过课前电影观看可以提高学生的参与度、投入程度，同时也可以丰富学习方式和资源。开展混合式教学，支持线上学习、线下翻转，并借助教学媒介（课前、课后、课中作业布置），利用作文写作网站（话题写作）等学习平台为学生提供多时段、多地点、多模块的教学和学习环境。采用线上线下教学将传统教学与现代教学有机结合，激发学生的学习兴趣，培养学生自主学习能力。（2）以学生为主体，教师起主导作用：本节课采用任务型教学方式，强调学生的主动性，以及学生与学生之间的互动合作，教师与学生之间的互动合作。（3）倡导学生个性的发展，通过课堂上话题辩论的形式激励学生勇于分享与发表对青年成长的观点

续表

2.本单元教学组织流程，包括课内、课外具体步骤与活动

课次	主要内容	课时分配	设计理念与思路
第一次课	课前：学生课前观看《奥德赛》电影 （1）学生课前观看外语影片《奥德赛》The Odyssey （2）预习课文：重点理解 ①语言难点：包括语言知识和语法 ②文章的写作目的、文体和篇章结构 ③在校内网络平台上传的学习资料（本单元单词和短语选择题），学生提前完成练习	学生自主学习	我校大学英语（理工类）A班学生学习特点：个体学习能力一般但合作能力较强，英语基础一般但情感表达能力较强，学习主动性和创新思维较强。因此根据教材和学生的特点我们形成以下教学理念：（1）实现"师主导，生主体"的教学理念，即以教师为主导，以学生为主体；（2）学用一体，课上的知识学习与生活实际相结合，学有所用，学以致用；（3）全人育人教育，即"以社会为本；以人为本"的先进教育观点，形成既重视社会价值又重视人的发展教育新理念
	课中： （1）Lead-in （2）Activity one：理解、分析、运用重难点语言 活动形式：小测试，分为学生独立完成和小组合作完成（一组以4～6人为宜，教师可以根据具体班级人数适当调整） 具体测试形式包括： ①将重难点词汇做成word puzzle，学生小组合作完成；②根据给出的具体语境，竞争方式独立填出单词；③英汉互译	（1）Lead-in步骤：（5 minutes） ①让学生分享观看《奥德赛》视频后的感想并对奥得赛的人生经历进行评价 ②展示有关人生阶段划分的汉英俗语，引发学生对不同人生生活阶段任务及挑战的思考 吾十有五而志于学，三十而立，四十而不惑，五十而知天命，六十而耳顺，七十而从心所欲，不逾矩（《论语》）	1.电影《奥德赛》 2.校内网络平台的电子练习单 3.教学PPT 4.课文音频 5.纸质word puzzle 6.校内网络平台上关于对比写作手法讲义

续 表

课次	主要内容	课时分配	设计理念与思路
第一次课	（3）Activity two: 篇章结构分析（掌握文章结构和主旨大意） 活动形式：Jigsaw Cooperative Study&Task Based study（将学生分为7个组（home group），让学生带着问题小组讨论） 讨论问题： Q1:What did young people used to do after college? Q2:Based on the reading, what are the so-called "odyssey years"? Q3:How is young people's assumption of adulthood in the past different from that at present?	the phases of life which we label to parallel different age groups and life stages: childhood, adolescence, adulthood, and old age. （2）Activity one: 小测试（30 minutes） Step one: 将制作好的 word puzzle 分发到每一组，并要求学生在规定时间之内通过小组合作完成任务，并汇报 Step two: 教师播放课文音频，同时要求学生对预习作业进行回顾 Step three: 教师分析、评价学生的预习作业 Step four: 小组之间交换课前预习遇到的问题，组与组之间相互解答。教师对组与组之间答疑进行评价并解答学生们未完成的问题 Step five: 教师在PPT上展示具体词汇语境，让学生独立抢答填词或者表达 Step six: 教师在PPT上展示英汉互译练习题，让学生在规定时间之内独立完成	

续 表

课次	主要内容	课时分配	设计理念与思路
第一次课	Q4:How do some young people in their odyssey years react to their parents? Q5:What advice is offered to the young people? Q6: What is the main structures of the text? Explain your answers. Q7: What is the main ideas of the texts? （4）教师对两个活动进行评价	（3）Activity two:Jigsaw Cooperative Study&TaskBased study（50 minutes:30分钟讨论，20分钟汇报） Step one: 学生根据教师提出的7个问题进行小组讨论，并要求每一个学生在讨论时间结束后对每一个问题有答案 Step two: 要求每个小组成员从1到7进行编号，不同的序号形成新的小组（guest group），新的小组之间进行再次讨论，确定每一道题的答案。之后在教师指导下决定不同组发言顺序和组内成员发言顺序 Step three: 教师要求每组前6位同学分别对所讨论的6个问题进行口头汇报（oral presentation），第7位同学对组内所有成员的汇报进行2分钟归纳总结，并准备对别的组的发言进行5分钟的总结发言（summary presentation）	

续 表

课次	主要内容	课时分配	设计理念与思路
第一次课		（4）教师反馈步骤（15 minutes）： Step one: 教师对第一次课的主要活动进行反馈 激励：对于表现积极的个体学生和小组进行及时具体表扬。对于课堂表现欠佳的同学进行鼓励并分析具体欠佳的原因，学生在教师指导下进行修改，下次积极参与 建议：对于两个活动学生的完成情况进行具体反馈，包括小组合作、寻找问题答案的方法、口头汇报三个方面出现的问题进行分析，并给出具体改进建议。 Step two: 教师简单介绍课文用到的写作手法——对比，并布置课后作业，为下节课教学做准备	
	课后： 1. 完成发布在校内网络平台的语言练习题和文章篇章结构题目，巩固本堂课学习内容 2. 阅读并学习教师发布在校内网络平台上关于对比写作手法的讲义 3. 找出文中出现对比写作手法的段落并记录 4. 要求学生下次按分好的小组就座		

续表

课次	主要内容	课时分配	设计理念与思路
第二次课	课前： 1. 学生完成第一次布置的作业 2. 学生在课前10分钟将上一次课第三个作业答案写到教师制定的书写版上 课中： （1）Lead-in: （2）Activity one: 对比写作手法介绍、讲解 活动形式：小组成员讨论并口头汇报关于对比写作手法的相关信息 （3）Activity two: 对比写作手法的写作实践 这个活动有以下几个优点具体： ①学生可以掌握对比写作手法在句、段、篇章中的具体使用方法。 ②学生可以掌握如何使用对比写作方式对文章的布局和构思进行设置 ③教师所列举的名言名句是积极向上的、篇章写作的话题也紧扣实时话题，给学生思想进行了洗礼 具体活动形式： 小组合作完成教师给出对比写作手法写作练习，达到对比写作手法在句—段—篇章的运用	Lead-in 步骤（5 minutes）： ①教师带领学生回顾"奥德斯时期"的定义 ②引导学生用词汇描述奥德赛时期的特点 Activity one 步骤（25 minutes）： Step one: 以小组为单位，小组成员逐个在组内汇报课前预习对比写作手法讲义的情况，并总结出对比写作手法的定义、特征和功能，最后每组成员派出三名同学对对比写作手法的三个方面进行口头汇报（oral presentation） Step two: 每组同学讨论并解释黑板上板书的答案（即文中出现对比写作手法的段落）并作口头汇报（oral presentation）	教学 PPT

续 表

课次	主要内容	课时分配	设计理念与思路
	Activity three: 批判性思维培养 具体活动形式：小组讨论"What's your attitude towards the odyssey years?"并让学生对"奥德赛时期"形成积极的应对方式和乐观态度	Step three: 教师反馈和解释 对学生们对"对比写作手法"三个方面的解释进行综合评价并在PPT展示对比写作手法定义、特征和功能的标准答案。Activity two 步骤（50 minutes）： Step one: 教师给出有对比写作手法的名人名言，让学生小组讨论并找出句中体现对比手法的地方，并进行口头汇报 Step two：教师在PPT上呈现段落主题"China has made great success in fighting against the COVID-19."并要求学生以小组为单位讨论如何使用对比的方式完成一个段落的书写，作口头汇报的同时对其他组的思路进行评价 Step three: 让学生以小组为单位将"China has made great success in fighting against the COVID-19."作为一篇文章的主题去讨论篇章结构以及如何在文章中使用对比写作手法，最后口头汇报所构思文章的布局以及如何将对比写作手法贯穿到文章中去	

续表

课次	主要内容	课时分配	设计理念与思路
第二次课	Activity three: 批判性思维培养 具体活动形式：小组讨论"What's your attitude towards the odyssey years?"并让学生对"奥德赛时期"形成积极的应对方式和乐观态度	Step four: 教师反馈 教师根据不同组别的构思进行评价，并在PPT上展示教师对文章的布局和使用对比的地方 Step five: 写作实践 让学生结合教师给出的思路和组内讨论的布局完成"China has made great success in fighting against the COVID-19."的写作任务 Step six: 学生互评作文 教师每个组抽取一篇文章随机发到不同组，让每组同学对所得到的文章进行点评（包括优点和不足）并汇报 Step seven: 教师反馈和点评 ①教师对学生小组写作、写作的优点和不足进行逐一点评，并给出改进建议 ②教师在PPT上展示一篇"China has made great success in fighting against the COVID-19"和学生们一起鉴赏	

续 表

课次	主要内容	课时分配	设计理念与思路
第二次课	Activity three: 批判性思维培养： 具体活动形式：小组讨论 "What's your attitude towards the odyssey years?" 并让学生对 "奥德赛时期" 形成积极的应对方式和乐观态度	Activity three 步骤（20 minutes）： Step one: 教师与学生分享并告知学生对于课文里提及的 "奥德赛时期" 形成对比的观点——消极和积极 Step two: 小组讨论人们形成 "消极和积极" 的原因，并做口头汇报 Step three: 教师分享自己观点并展示习近平主席对青年说的话，鼓励学生们积极应对 "奥德赛时期" 的挑战甚至人生中的所有挑战，形成乐观积极的人生观、世界观和价值观	
	课后： 教师收集并批改学生课堂上写的作文并在下一次课程导入阶段对学生作文进行评价		

3. 单元教学过程如何实现语言与育人的有机融合

本篇文章的主题与当下青年所遇到的问题不谋而合，因此本教学设计通过以下几点实现语言与育人的有机结合。

（1）课前观看《奥德赛》的电影让学生关注当下在奥德赛时期青年遇到的问题及挑战，并熟悉本文的内容和主题。

（2）课中通过设置细节阅读问题和组与组之间相互解决语言点以达到掌握并运用本单元的词汇和句型。

（3）根据本文的主题及奥德赛时期青年面对的挑战设置相关启发性问题，让学生进行小组讨论，并运用本单元的词汇和句型恰当表达自己的观点。

（4）教师根据学生发表的观点进行适当引导并给出相应的建议，以期让学生形成正确的人生观、世界观和价值观，最终达到育人的目标。

续 表

三、单元教学评价（说明本单元的评价理念与评价方式，特别说明如何在评价中实现语言与育人的融合）

本单元以形成性评价为主，对学生和教师两个主体分别进行评价。形成性评估可以采用课堂活动和课外活动记录、网上自学记录、学习档案记录、访谈和座谈等多种形式，以便对学生学习过程进行观察、评价和监督，促进学生有效地学习教学评估还包括对教师的评估，即对其教学过程和教学效果的评估。对教师的评估不能仅仅依据学生的考试成绩，而应全面考核教师的教学态度、教学手段、教学方法、教学内容、教学组织和教学效果等。

学生评价表	
评价内容	分值（%）
课前任务完成度	10
小组讨论	10
篇章内容复述	10
课堂笔记	10
课后作业完成度	15
网络自主学习	15
上课积极性	15
学生参与度	15

续　表

教师评价表	
评价内容	分值（%）
教学态度	10
教学手段	10
教学方法	10
教学内容	15
教学组织	10
教学效果	15
上课积极性	15
学生参与度	15

在评价中实现语言与育人的融合：

1. 多元化的评价体系注重对学习过程的指导和改进，避免了只凭分数不讲能力的弊端，评价贯穿于课前、课中与课后。教师要将学生平时的各种表现纳入考核体系有助于培养学生的积极主动能力，提高学生课堂参与度。从而实现语言与育人的融合。

2. 课堂教学评价的根本目的是为了促进学生的发展。教师若能充分发挥课堂教学评价的激励功能，便能促进学生素养的提高。教师要全面了解学生的学习状况，评价时关注学生的个性差异，保护学生的自尊心和自信心，激励学生的学习热情，促进学生的全面发展。

3. 对学生在进行学习评价时，既要关注学生知识与技能的理解和掌握，更要关注他们情感与态度的形成和发展情况。主张发展性评价观是在评价的功能上由重甄别、重选择转向重激励、促发展。

4. 对评价时间的掌控，评价的时机要恰当，评价不宜过早也不宜过晚，教师应让学生说完再做评价，既给学生以自由发挥的空间，也有利于教师做出中肯的评价。有些问题（如阅读前的问题），学生即使回答错了，教师也不要立即否定，道破真相，而可以用期待的目光注视全班同学，鼓励其他学生发表自己的看法，展开不同意见的争论，使学生的思维在争辩中发展，认识在争辩中深化，问题在争辩中解决，学习的积极性在争辩中提升。评价也不宜迟，太迟的评价就起不到应有的心理激励作用。

续表

5. 评价的语言准确合理。评价的语言准确得体，符合学生实际，有较强的针对性，不能随意打击，也不能夸大其实。合适的评价语言可以提高学生的自信和课堂参与度。

四、本单元教学设计特色（说明教学设计方案在体现语言与育人融合方面的创新特色）

教学设计方案主要把语言与育人的主题融入教学内容、教学方式、教学步骤和教学评价的各个阶段。

1. 教学内容：深挖单元主题，教学要紧密结合当下教学要求，将语言学习和育人教育有机结合。通过本单元主题的育人元素：青年成长，正确引导学生积极应对人生不同阶段面对的困难，学生形成正确的青年观，成为有责任、有担当、勇于奋斗的青年。同时，课堂中补充国家领导人对广大青年的寄语（中英双语版），既符合英语语言教学的需要，又能从思想层面形成对广大青年的激励。

2. 教学方式：开展混合式教学，支持线上学习、线下翻转，并借助网络教学媒介，利用作文写作等学习平台为学生提供多时段、多地点、多模块的教学和学习环境。采用线上线下教学将传统教学与现代教学有机结合，激发学生的学习兴趣，培养学生的自主学习能力。使用全方位的学习资源和媒介，倡导主动学习和终身学习的理念。

3. 教学步骤：在教学环节中通过启发式教学积极引导学生发现问题、讨论问题并解决问题，表达自己的观点。使学生掌握语言并运用，同时达到育人的目标。教学要充分发挥学生的主动性并将课堂还原给学生；包括学生与学生之间相互合作讨论与解决问题，相互分享并评价观点等，真正实现"师主导，生主体"的教学理念。此教学过程通过让学生相互解决问题和相互分享的方式，潜移默化地形成了开放分享的积极思维和态度。激励措施贯穿整个课堂；通过小组间竞争的激励方式有效提升学生的课堂参与度以及积极性。高效的参与度与积极性是语言学习的保障，同时可以有效提升自信心。在阅读技巧教授过程中采用任务型教学法以成效为导向既可以激发学生的学习兴趣，同时也可以引导学生思考问题，提高学生的实际应用能力。

4. 教学评价：在教学评价中发挥课堂教学评价的激励功能，使用正确合理的评价语言和方式，促进学生素养的提高。全面了解学生的学习状况，评价时关注学生的个性差异，保护学生的自尊心和自信心。激励学生的学习热情，促进学生的全面发展。

二、单元设计案例 2

21st Century College English-for Interactive Purposes:

Book 1　Unit 4 Education

表 4-4　以第 4 单元 Education 为例的单元设计

Class Text	Book 1 Unit 4 We Are Raising Children, Not Flowers!
Target Students	Non-English major, Freshmen, Higher Intermediate Level
Duration	6 Periods: 2 for Starter &Warm-up&Words and Expressions, 2 for Text A, Exercises, 2 for Skill Development
Assignments	Pre-Class Preview Assignments Writing& Post-Class Mini-Research Project
Assessments	Assignments; Class Performance; Oral Presentations; Dictation
Key points	Get to know the theme and general idea of Unit 4; Master certain useful words and expressions of Text A.
Difficult points	Discuss what attitude on earth the parents take towards the children.

课时安排：2 学时	教学课型：理论课☑ 实验课☐ 习题课☐ 实习课☐ 其他☐
题目（教学章、节或主题）： Unit 4　Education	
教学重点、难点： 教学重点： 1.Learn to read for the theme and structure. 2.Learn to use some oral expression about parenting style. 3.Learn to think critically. 教学难点： Shape a positive perspective of education.	
教学方法： Student-oriented teaching;the communicative approach; free discussion; self-directed learning;cognitive-code approach.	
本次课预期学习成果	

续表

预期学习成果	要求程度	评价方式
Learn some expressions and words for positive parenting behaviors and negative parenting behaviors.	L2	小组讨论
Master certain reading skills (e.g.skimming & skimming).	L3	阅读练习
Be able to discuss the relationship between parents and their children and to talk about own childhood experience.	L2	小组讨论 & 口语练习

教学过程:
Learning Objectives:
Knowledge & Skills:
Learn to read for the theme and structure.
Learn to use some oral expression about parenting style.
Learn to think critically.
Emotional attitude:
Shape a positive perspective of parenting and children.
 Step 1 Review:
Ask the students to use the "rainclass room" to finish the exercises, and the teacher should explain the answers to them.
Step 2 Directions: Put the words / expressions in the box into the correct categories.
Words / expressions for positive parenting behaviors:
Words / expressions for negative parenting behaviors:
Step 3 Warm-up
Appreciate the following poem :
On Children
Your children are not your children.
They are the sons and daughters of Life's longing for itself.
They come through you but not from you,
And though they are with you, yet they belong not to you.
You may give them your love but not your thoughts,
For they have their own thoughts.
You may house their bodies but not their souls,
For their souls dwell in the house of tomorrow,
Which you cannot visit, not even in your dreams.
You may strive to be like them.
But seek not to make them like you.

续 表

For life goes not backwards, nor tarries with yesterday.
—Kahlil Gibran, The Prophet
Ask the students to read the poem, and one of the students to read the Chinese version.
Show the following common saying:
子不教,父之过。A child is better unborn than untaught.
Parents are their children's first teachers.
Children learn more from what you are than what you teach.
不打不成器。Spare the rod spoil the child.
Do you agree with them? Why?
So our topic today is Unit 4 Education Text A We Are Raising Children, Not Flowers!
Step 4.Lead-in
Task1: Questions for discussion
What would your parents do if you knocked over a glass of milk?
Ask the students to answer this question, just some key words are all right.
Then show a video: Do British parents smack their children?
Make a conclusion:
Parenting style:1.authoritarian parenting 专制型
Answer for Reference:
strict.
high expectation
give orders
controlling
...
1). These parents establish strict rules which are expected to be followed by their children.
2). These parents expect their orders to be obeyed without explanation.
2. permissive parenting 宽容型父母
"You are really annoying, go back to where you are. I'll deal with it..."
Answer for Reference:
affectionate
nurturing
giving in
little control
few boundries
...

These parents assume the status of a friend rather than a parent.
3. uninvolved parenting 放任型父母
Answer for Reference:
uninvolved
rejecting
neglected
self-absorbed
no boundries
…
1) These parents have few demands to make on their children.
2) These parents have very few demands, low responsiveness, and little communication.
Step5: Exploration of Text A
Task1: Global Reading
Task2: Read the text and answer the following questions
(1) What should be our parents' priorities in raising children according to the author? 细节题
(2) If Jan had been on David's side, what would happen then? 细节推断题
(3) What was the famous scientist's view on mistakes? 细节态度题
(4) What will happen if we consider our children's spirits more important than any material things? 推理判断题
Give the students 2-3 minutes to answer the questions.
Task3. Text Structure
Ⅰ.The story of David, Jan and their son Kelly (1-3): Kids and their self-esteem are more important than any physical object they might break or destroy.
Ⅱ. The author's own story about parenting (4): Parents are easy to forget that they are all still learning.
Ⅲ. The story told by a scientist about his mother (5-11): Children's mistakes could be the opportunities for learning something new.
Conclusion (12): Our children's spirits are more important than any material things.
Task4: Text Organization
Reading skills: Global Reading Skills of Narration
1.Structure: The beginning: start the topic;
2.The middle: tell us the author's experiences;
3.The end: make a conclusion, reflection, and inspiration.
2. Distinguish Facts and Opinions
Facts: for example, for instance, as a matter of fact, in fact…
Opinions: I believe, I think, I guess, in my opinion…
Task5. Task Based Reading
Step6: Detailed Reading
Task 1: Read for the theme and every story structure.
Skills: Detailed Reading Skills of Narration
a. Pay attention to the details. ("5W")

续表

b. Don't stop at one or two difficult words and sentences. c. To master the points from the details. 　Ask the students to read the text and have a discussion with their group members and find the 5w. Step7: Critical Thinking Which do you prefer? Chinese parenting or Western parenting? No matter which one the students to choose, the teacher should tell the students both are worth rethinking.
作业（包括预习和课后讨论内容）： Write an essay On the Relationship Between Parents and Children.（120–180 words）

三、单元设计案例3

《新视野视听说教程4》
Unit 8 Everybody Has a Story to Tell

表 4-5　以第 8 单元 Everybody Has a Story to Tell 为例的单元设计

课时安排：2 学时	教学课型：理论课☑实验课□习题课□实习课□其他□
题目（教学章、节或主题）： Unit 8 Everybody Has a Story to Tell Opening up & Listening to the world	
教学重点、难点： 1. Predict the listening material by using listening skills. 2. Know how to organize notes when listening.	
教学方式：采用 PPT 演示的方法，播放视频和音频文件，鼓励学生练习英语会话。PPT 中融图片、音频、视频为一体，采用多媒体试听材料，题材和体裁多样，有英语短片让学生了解文化，可以激发学生的学习兴趣。 教学手段：学生小组竞争及任务型教学模式，达到以学生为中心的自主学习效果，并提高学生批判性思维能力。	

本次课预期学习成果		
预期学习成果	要求程度	评价方式
1. Learn to talk about reading experiences.	L2	讨论
2. Understand idioms and phrases in listening.	L2	讨论
3. Learn how to express likes or dislikes.	L3	讨论

续 表

教学过程:(应体现本次课堂教学的组织与设计,包含回顾上节内容、引入新课、组织教学、交流讨论及启发思维等内容)

Unit 8 Everybody Has a Story to Tell

Opening up & Listening to the world

Knowledge: Master how to express likes or dislikes.

Skill: Practice gist and detailed listening abilities through tasks.

Awareness: Enhance the variety and effectiveness of the language.

Ⅰ. Opening Up

Part 1: Ask Ss to read three quotes about Reading, understand what do they mean and choose one they like best. They may read and discuss the three quotes in pairs.

The quotes are:

1.Every one of us is a wonder. Every one of us has a story.

2.A good story should make you laugh, and a moment later break your heart.

3.The more that you read, the more things you will know. The more that your learn, the more places you'll go.

续 表

Explaining the quotes:

This part aims to encourage Ss to think about the importance of stories and reading to people. After Ss finish discussion, several of them will be invited to share their thoughts in front of the class.

Part 2: ask Ss to share their thoughts

A possible sharing: I like the third quote best. It makes us realize that reading benefits us in a number of ways. Reading enables us to know things and places. It provides a channel through which we get to learn more about the world we are living in.

中西方对于阅读的名言警句

1. 知之为知之，不知为不知，是知也。——孔子

Hold what you really know and tell what you do not know this will lead to knowledge.

2. 读书百遍其义自见。——西晋 陈寿

See the book is read hundreds of times, its righteousness.

3. 我们读书越多，就越发现我们是无知的。——雪莱

The more we read, the more found that we are ignorant.

4. 读书之于精神，恰如运动之于身体。——爱迪生

Reading is to the spirit, just as exercise is to the body.

5. 不读书的人，思想就会停止。——狄德罗

People who do not read, thinking will stop.

Ⅱ. Listening to the world

Sharing:

First, ask students to brainstorm how to understand idioms and phrases.

Question: What are idioms and phrases?

The Reference answers:

An idiom is a group of words with a special meaning not readily understandable literally. In a broad sense, idioms may include proverbs, colloquialisms, catch phrases, and slang expressions, among others. A phrase is a group of words that always come together to express a particular idea or meaning.

Then the teacher should give out two examples:

1. I had thought it would be difficult, but George made it sound as easy as pie.

2. He made a name for himself in science, but he remained very modest.

Next the students are going to listen to the interview and answer the questions.

1. What does Larry Smith's magazine website believe about storytelling?

2. What surprised him about the response to the six-word life story challenge?

3. What feeling do a lot of the stories express?

4. What are some examples of the six-word stories got by the magazine? Give at least two.

Then ask the students to watch again and check the answers.

Exercise 4: What's the book about and what's special about this novel?

Watch Part 3 of the podcast and check (√) the true statements.

The Reference: 2, 3

Exercise 5: Watch Part 4 and fill in the blanks?

1) funniest novel
2) completely normal
3) easy
4) complex
5) dark and monstrous
6) by default

Exercise 6: Work in pairs and discuss the question.

What's your favorite book and why?

Reference: My favorite book is *Gone with the Wind*, a famous American novel written by Margaret Mitchell. First, I like the main character Scarlett a lot. She is independent and strong-willed, with the courage to pursue what she wants and take on family responsibilities. While reading the book, I can feel her growing maturity.

Listening:

Listening skills: Understanding idioms and phrases.

To the listening exercises, if there any questions that the students can't understand, the teacher should play the audio again and repeat the answers.

Before answering a question the teacher can ask students to brainstorm their ideas first and then write them down briefly. This can help them organize their thoughts before speaking.

Viewing:

Before you view:

Get familiar with the new words first. Have students read the new words that will appear in the viewing.

Ask the students pay attention to the culture notes.

Exercise 1: Ask Ss to read My Family and Other Animals the BBC program information and answer the questions.

1. What is the movie adapted from?
2. How many people are there in the Durrell family?
3. Where do the family move to?
4. Why are the family happy to have a new friend?

References:

1. A book written by Gerald Durrell.
2. Five.
3. The island of Corfu in Greece. / An island in Greece.
4. Because the beginning of their life in Greece isn't easy.

Exercise 2: Watch the video clip and choose the best answer.

1. B The climate.
2. D It's ridiculous.
3. C A customs officer.
4. A Because they don't have a bathroom.
5. B Take the house of the Greek driver.

续 表

Exercise 3: Watch the video clip again and check (√) the true statements.
The Reference answer:
3 The family decides to move to Greece.
5 The family doesn't speak the language of the island.
7 Spiro, the Greek driver, once lived in Chicago for several years.
Then ask the students to watch again and check the answers.
Exercise 4: Work in pairs and discuss the questions:
1. Do you think you will have the courage to give up everything you have and pursue a different life? Why or why not?
2. If you could live in another city or country, where would you like to move to? Why?
After the class finishes the discussion, choose any of the questions and ask some students to give their answers briefly. Note down on the blackboard what they say, and encourage other students to give different answers if they have any.

作业（包括预习和课后讨论内容）：
1. 预习此单元 Further practice in listening。
2. 网络自主学习 Unit 8。

四、单元设计案例4

新世纪大学英语（第二版）视听说教程（1）

Unit 5　Around the World

这个单元的教学目标是关于如何用英语问路和回答怎么走。

（1）Master the expressions on asking and offering directions on places.

（2）Use the words and expressions on asking and offering directions on places smoothly in daily life.

在导入部分，编者把学校新校区的图片展示给学生，让学生明白这些教学楼和宿舍名字的由来。对教学楼、宿舍、食堂的这些名字的解释引起了学生极大的兴趣，使他们对学校的历史和文化也有了更深入的了解。

在教学内容中,因为还涉及了对新加坡的介绍,我们便通过人口、天气、生活花销、交通、夜生活的描述(表4-6),来训练学生的听力水平。

表4-6 新加坡信息描述表

Country	
Population	
Weather	
Cost of living	
Transportation	
Nightlife	

在学过这一部分知识之后,编者也给学生布置了课后作业,创设情境,请学生写一篇文章对贵阳进行介绍,Make a "travel guide" of Guiyang. 包括贵阳的人口、天气、生活花销、交通、夜生活等,可以模仿原文句式。

其中一名学生递交的作文如下:

Gui yang is a great city for a vacation. There are a lot of interesting things to see. You can visit Jiaxiu Tower, Qianlin Park, and Qingyan Ancient Town, and the food in Guiyang is tasty, like siwawa, changwang noodle, and Huaxi beef noodle, etc. The city has very good public transportation—you can take a bus, subway and taxi. It's also a clean city and there isn't much pollution.The population of Guiyang is approximately 4.68 million, which is nearly equal to the population of Singapore. The weather in Guiyang is so cool that many visitors come to Guiyang to enjoy the cool summer. What's more, the night life is becoming vibrant with the its fast development. The only problem is that the living cost is too high, but Guiyang is definitely a great place for vacation for its weather, scenes and food.

学生不仅学到了如何用英语介绍一个地方, 且查阅有关资料后, 省内外的大学生都对贵阳有了更深入的了解。

五、单元设计案例 5

《21 世纪应用型综合教程（4）》
Unit 5 Financial Management

表 4-7 以第 5 单元 Financial Management 为例的单元设计

课时安排：学时 2	教学课型：理论课☑实验课口习题课口实习课口其他口

题目（教学章、节或主题）：
Unit 5 Financial Management
Warm up, Text analysis

教学重点、难点：
教学重点：
1. Pre-reading activities: Knowing and discussing the topic of Unit 5.
2. While-reading activities: Text analysis.
3. Post-reading activities: Summary and assignment.
教学难点：
1. Make a budget.
2. Discuss the advantages and disadvantages of credit cards.
3. Analyze the logical structure of Text A.

教学方法：
Student-oriented teaching; free discussion; self-directed learning.

本次课预期学习成果		
预期学习成果	要求程度	评价方式
Know and discuss the topic.	L2	作业 / 讨论等
Understand the structure of Text A.	L3	作业 / 讨论 / 报告等
Master the key language points.	L3	作业 / 讨论 / 报告等

教学过程：
确定课程中有关中国文化的相关元素：
大学生应该黜奢崇俭，做到绿色消费，要有正确的消费观、金钱观。面对不良消费，要勇于拒绝。

Part Ⅰ
1. Pre-reading activities
Show a video to students and ask them what the main ideas of the video is and what point they have got from the video.—Money matters.

· Introduce to students some successful money managers and unsuccessful money managers by doing the guessing game "Who is he?" Then ask students to find the similarities between the successful money managers and the differences between successful money managers and unsuccessful money managers, namely, successful money managers are good at making practical budget.

· Show an example of what a budget is. Ask students "How much money do you usually receive as your allowance every month? How do you spend that?" Have students make their own budget. Ask some students to share there budget.

· Have students work in groups and discuss the question "If you can't follow your budget and use up all your money, what will you do?" The answer might be "ask parents for money or borrow money from your classmates and use credit cards."

· Have students discuss the question "What are the advantages and disadvantages of using credit cards?" Invite one or two students to share their answers.

给学生展示《诫子书》里面的英文翻译，让学生猜测汉语意思是什么。

This is a way of life for a man of virtue: to cultivate his character by keeping a peaceful mind, and nourish his morality by a frugal living. Only freedom from vanity can show one's lofty goal of life; and only peace of mind can help him to achieve something lasting.

夫君子之行，静以修身，俭以养德。非淡泊无以明志，非宁静无以致远。

2. While-reading activities
· Ask students to read the passages by themselves and then analyze the logical structure of text A.

· Introduce the reading skills of skimming and scanning to students. Ask students to find the topic sentence in paragraph one—Our educational institutions should be providing instruction into the mysteries of money. Ask students to scan Para.2 and Para.3 to find the time when banking was introduced into the author and when he developed an idea of the relationship between work and money. Get students to skimming Para.4 to Para.10 to find the reasons for providing financial education. The reality: 1. Our schools don't teach students enough about how to handle money.(Para.4) 2. Students run through a semester's cash before midterm break.(Para.6) 3. There is often inadequate comprehension of the finite nature of credit account.(Para.8) 4. Many young people are not adequately educated about credit cards and debt.(Para.9) The bad result:1. It can become difficult to keep up with credit card payments

续 表

if they get out of control. (Para.9) 2. They enter the next stage of life with a negative dowry. (Para.10) 3. They are denied the opportunity to build good financial habits and some are obliged to take jobs that pay a little more but... (Para.9). Then get students to find the conclusion or the appealing of the passage.

• Have students read the passage again and answer the following questions.

1) Why should our educational institutions provide instruction into the mysteries of money?

2) How did the author develop an understanding of the relationship between work and money by the time he graduated from elementary school?

3) What lessons does college have to impart according to the author?

4) Why does borrowing funds for tuition at a single digit interest rate become overwhelming to the student at the end of four years?

5) What kind of jobs are some students obliged to take when they enter the next stage of life with a negative dowry?

3.Post-reading Activities

• Summarize the main ideas of Text A. This text deals with the topic of financial management education. Young people usually are not provided with specific instruction on money management. Therefore, the author appeals for more financial education for young people. It can be divided into four parts: Young people should be providing the instructions into the mysteries of money (Para.1). The author's personal experience about money management as a young child (Paras.2 and 3). Deep explanation about the reasons for providing financial instruction (Paras.4-10). The appeal for more financial education for young people (Para.11).

校园贷: Compus loan (selected from CHINADAILY.com.cn)

Campus loan generally refers to a loan given to a college student on the campus, but it is in essence a private loan. Internet lenders, most of whom are loan sharks, offer such loans to students who need the money to meet their college and other expenses. The demand for such loans is high because it is relatively easy to apply for and receive. But these loans come with high interest rates and often with collateral security, which has included naked photographs of female students.

Dangers of campus loan:

1) Personal information leakage

ID card, student card, bank details, information of their contacts...

2) High interest rate

3) Loan tricks

e.g. sign a contract for a huge loan with high overdue charge, but lending them only a small amount. In order to avoid the trap laid by illegal campus lenders, the students should limit their consumption to what they really need, increase their financial knowledge and learn how to protect themselves using legal means if they fall in trouble even after taking a loan to pay for their necessary college expenses.

作业（包括预习和课后讨论内容）：
1. 翻译下文：
要加大宣传引导力度，大力弘扬中华民族勤俭节约的优秀传统，大力宣传节约光荣、浪费可耻的思想观念，努力使厉行节约、反对浪费在全社会蔚然成风。
参考译文：We must disseminate our thoughts and intensify our guidance, promote our splendid national tradition of diligence and thrift, and regard frugality as honor and waste as disgrace. The strict enforcement of diligence and thrift must become the common practice of the whole society. All must oppose extravagance and waste.

2. 写作任务：
Please write a composition on the topic Consumption Concept. You should write at least 120 words, and base your composition on the outline (given in Chinese) below:
1) 作为一名大学生，如果高消费的话，会给家庭造成一定的负担。
2) 分析产生这一现象的原因。
3) 我的看法。

六、单元设计案例6

议论文的概念、基本结构与写作要点如表4-8所示。

表4-8 议论文的概念、基本结构与写作要点

| 教学安排 | 教学对象：二本院校大二年级下学期学生
教学材料：议论文的概念、基本结构与写作要点
教学理念：把写作教学"注重结果"教学模式变为"注重过程"教学模式，在写作教学过程注重交际法和认知法的使用，强调师生共同参与和学生独立自学能力的培养。
教学目标：在辩论的基础上，让学生学会用英语表达自己的态度、见解、看法或主张，且培养学生的批判性思维。
教学活动：以学生的生活经验和兴趣为出发点，循序渐进，由易到难。自由讨论引入式，把辩论和讨论作为学生写作的铺垫。 |

续 表

教学环节教案	Concept, Basic Structure, and Essentials 教学目的要求：From studying this period students are expected to 1. Master the concept, basic structure and essentials of a persuasive writing. 2. Can write persuasive paragraphs based on the discussion. 教学重点： How to write persuasive paragraphs. 教学难点： Discussion and debate: Is the progress of technology always a good thing? 教学方法与手段： 1. 教学激发情感，知识渗透思想。以学生为主体，学生合作学习和学生课外自主训练相结合，讲授和学生操练相结合的教学方法。 2. 利用各种教学方法和策略，培养学生有效使用英语的能力。 3. 充分利用以教材和多媒体课件为主体，网络教学资源为辅助的教学模式。 Teaching procedures: Stage 1 Lead in & Objectives Step 1 Lead in Show the students the writing（2014 年 6 月大学英语六级真题作文）： 1. It is unwise to put all eggs in one basket. 2. It is unwise to judge a person by appearance. What writing style is this composition? From the titles we know the writing is about persuading people not to put eggs in one basket/ not to judge a person by appearance. So today's writing task is to write argumentation, to be specific, the persuasive writing. > Use the latest CET6 composition to arouse students' interest, let the students know the topic of this period. Step 2 Objectives From studying this period students are expected to 1. Master the concept, basic structure and essentials of a persuasive writing. 2. Can write persuasive paragraphs based on the discussion. > Show the objectives to the students, so they will know what they should master in this period. Persuasive paragraphs mean you want to persuade others to do or not to do something, we will use an example to show how to write persuasive paragraph. We know technology can be seen everywhere, if you are asked to

续 表

教学环节教案	write a composition: Is technology always a good thing? How to write this composition?
	Stage 2 Writing task
	Step 1 Video Watching
	It's a fantastic episode from a film: "The entire history of you"
	According to the video, answer the question: What technology is the video talking about?
	Keys: Saving and watching your memory.
	
	> Let the students see the saving and watching memory vividly, and arouse their thinking about the technology.
	
	Step 2 Brain Storming
	What characteristics come to mind when we talk about the technology?
	  optimistic pessimistic
	  1. advanced 1. absurd
	  2. speedy 2. risky
	  3. comfortable 3. unpredictable
	  4. innovative 4. ridiculous
	  5. convenient ...
	  ...
	
	> Different students have different attitudes towards this question, it can be divided into 2 sides: the optimistic and pessimistic. Both are right. This part is the foundation of the following discussion part.
	
	Step 3 Discussion and Debate
	Is the progress of technology always a good thing?
	In my opinion, ...
	　Personally, ...
	Agreement as far as I am concerned, ...
	　Frankly speaking, I think...
	　　innovative, creative, convenient...
	It's impossible that...
	Disagreement　I don't think...
	　　　　　　　I'm not sure...
	risky, unpredictable, unreliable...
	Ask the students to have a debate, based on the words and sentence structures.
	
	> This part is the sentence structure that can express one's opinion about agreement and disagreement. The students can use the above words (Step 2) and sentence structure (Step 3) to write the composition.

续 表

教学环节教案	Step 4 Conclusion Technology is a double-edged sword. 科技是一把双刃剑。 > Let the students know that every coin has two sides. We should see things from different views. Step 5 Writing Is the progress of technology always a good thing? According to the discussion, tell the students to write persuasive paragraphs. There should include topic sentences(主题句), supporting sentences(论点句) and concluding sentences. > Tell the students how to write persuasive paragraphs, after these 3 activities (Step 2, Step 3, Step 4), the students will know how to write persuasive paragraphs. Stage 3 Summary 1. Know the structure of persuasive writing. 2. Video watching & Discussion. 3. Write the passage. > According to summarize what the students have learnt, they will have a main idea about this period. Stage 4 Assignment Choose one of the following topics you would like to write: (150 words) 1. It is unwise to put all eggs in one basket. 2. It is unwise to judge a person by appearance. > Check if they know how to write a persuasive writing.

第五章　教师发展

If we teach today's students as we taught yesterday's, we rob them of tomorrow.

——Dewey

这是美国约翰·杜威曾经说过的一句话：如果我们像昨天那样教今天的学生，我们就会剥夺他们的明天，这句话充分说明了教师成长的重要性。百年大计，教育为本，教育大计，教师为本。教师队伍壮大，为国家培养了一批优秀的英语人才。外语教学是国家高等教育重要的组成部分，对我国人才的培养发挥着重要作用，外语教学质量如何很大程度上与教师自身素质有关，所以教师的发展在外语教育中就显得尤为重要了。

随着信息化不断发展，知识获取方式和传授方式、教和学关系都发生了根本性的变化。这也对教师队伍能力和水平提出了新的更高的要求。新时代的学生获取知识渠道多元，具备从网上获取学习资源的习惯和能力。大学教师不再是知识的垄断者，不再是当然的权威。传统的灌输式教学，无法吸引大学生们的关注。

柏拉图说："什么是教育？教育是为了以后的生活所进行的训练，它能使人变善，从而高尚地行动。"教育的最高境界是把人的灵魂牵引到至善、至美、至真、至高的境界。

著名的钱学森之问：为何我们的学校总是培养不出杰出人才？这个问题值得每一位教师深思。教师是推动教学变革的核心力量，通过教师专业发展能够优化教学结构体系，提高教学效率和人才培养质量，所以要加强教师和教师团队建设。

在新时代，教师除了要掌握专业知识之外，还需要有一些"跨学科"知识。如了解认知心理学、发展心理学、教育心理学、第二语言学习者心理学、社会心理学、青少年成长等这些跨学科知识，这也是英语教师目前比较缺乏的知识，但是如果不掌握这些知识的话，那么我们想培养学生的核心素养能力就难以落实，只有了解了以上知识之后，才能从另外一个角度看待英语教学语言、教学内容和教学体系。

第一节 高校教师成长

职称、学历、教学、家庭、论文、课题等诸多压力的存在使许多高校教师感到焦虑。教师专业发展要向内涵式发展迈进，教学是教师的立命之本，科研是教师的立身之基。教学、科研、社会服务等认真态度和精益求精的精神是很重要的，对学生是一种影响和教育。教师能力包括三个方面：专业水平、教学能力和科研能力。

高校教师工作的特点有：

（1）长期性。教师工作具有长期性，从教师毕业到高校，一直到退休，每届学生的教学内容变化会有一些，但是总体上很多知识没有根本改变。高校英语教师觉得自己学科理论基础薄弱，研究方向不稳定，研究方法训练不足，产出少，教学理论掌握不够。很多教师教学理念陈旧，方法老套，缺乏创新，照本宣科，学生积极性不够高。正因为教师讲授内容具有重复性，就更要在漫长的职业生涯中保持持续不断地努力探索。

（2）风险。在高校，教学任务繁重，科研竞争激烈。如果教学和科研没有相应的成果，教师很有可能在时代的发展中落伍，被淘汰。高校教师实行评聘分离，差额聘请相关职称教师，会有部分教师的工资薪酬低于自己的相应职称，出现不匹配情况。

（3）挑战。在工作中，随着社会发展和知识更新的加快，教师会面临着学生、自我知识更新的挑战。教师不仅要工作，还要对工作进行反思，只有这样，职业才有意义。

新时代英语教师面临的挑战很多，首先是来自社会和学校的质疑：大学英语学习费时低效，质量差强人意，在社会上，很多人认为没有必要再单独开设英语课程，认为英语是一门工具，只有掌握好专业，英语学不学习都可以。学校的专业课老师也在开设专业英语，认为普通英语教师无法开设专业英语课程等等这些质疑的声音随时可以听到。其次是学生的挑战：由于现代社会发展，学生也不再把教师当成获得信息的唯一来源，学习资源丰富，有些基础较好的学生甚至英语口语水平都已经超越了教师，所以教师的业务水平需要大幅度提升。再次来自国际交流的挑战：外籍教师数量和质量不断提升，留学生规模也逐渐扩大，学生出国留学的机会增多。

另外还有诸如教师视野不够宽广，知识面偏窄，导致教学和科研的深度不够，现代技术不熟悉等。在英语教师中，虽然不乏技术达人，但由于女性教师较多，很多教师对新科技天生存在有畏惧感，甚至抵制，致使教学效率低效；机械地、低层次地使用现成课件，致使教学无趣等。

（4）精神活动。教师教学活动从本质上说属于脑力劳动者，成功既取决于智力品质，也有赖于意志、情感等非智力因素，一定程度上，事业上的成功取决于教师的意志。

这是新时代英语教师面临的一系列挑战，也许这样写出来，会使部分英语教师心里不舒服和不平衡，但是我们只有拥有把刀刃向内的勇气进行自我剖析，认识到这些问题的存在，才能更好地针对这些问题想方设法提高自我，才能真正做到教师发展，如果连面对这些问题的勇气都没有，那更从哪里谈自我成长呢？

教师在自己职业生涯中，需要上课、做科研，如申报课题、发表论文等，另外很多高校教师还有服务地方、服务学校等职责，比如承担学校的班主任工作、学院秘书工作，甚至参加学校扶贫工作和社会其他服务工作等。

总而言之，高校教师要坚持以教学立身、科研立命、服务立心为宗旨。所以只有使工作具有创造性，才能防止出现职业倦怠与枯竭等。教师要有"韧性"，只有持续发展，才能有源源不断的动力促进教师成长。

一、师德

我国古代伟大的教育家孔子说过："其身正，不令而行；其身不正，虽令不从"。在教育教学过程中，教师的人格品行、言谈举止会潜移默化地对学生发挥作用，影响着他们的心灵、人格和品行，教师要有"学高为师"的业务素质，也要有"德高为范"的师德品质，具有渊博的知识和严谨的治学态度。

2018年1月20日，中共中央、国务院颁发了《中共中央、国务院关于全面深化新时代教师队伍建设改革的意见》，文件提出"大力振兴教师教育""促进教师终身学习和专业发展""要转变培训方式，推动信息技术与教师培训的有机融合"。

2018年3月28日教育部等五部委颁发了《教师教育振兴十大行动》《关于全面深化新时代教师队伍建设改革的意见》等文件的颁发都是国家和党中央对教师教育教学发展重视的表现。2018年9月10日，习近平总书记在全国教育大会上讲话，强调教师是人类灵魂的工程师，是人类文明的传承者，承载着传播知识、传播思想、传播真理的责任，担负着塑造灵魂、塑造生命、塑造新人的时代重任。

教师要有爱心，当然也要有学问，师德首先是个人品格的支撑，所以不能把师德单纯理解为职业道德。培养学生核心素养的基础就是教师要把课上好。好老师就是最好的核心素养元素，教师对待工作、对待生活的态度学生都看在眼里，所以身教胜于言教。无论教师在家庭和工作中有什么困难和委屈，也要在课堂上展示自己最好的一面。

教师要有身份认同及教师自我意识，只有从自身真正建立其职业认同感，才能从自身经历中逐渐发展，积累经验，通过各种方式进行不断充电，教研结合，愿意做到终身学习。教师的任务就是要通过教育教学把人类通过艰苦努力奋斗创造出来的科学文化知识以及一定的思想观念通过合适的教学方式传递给学生。教师在课程中达成的重要目的，并不只是知识传授，还有价值塑造和能力培养，是在教学过程中通过言传身教去育人。教师作为课堂教学的主导者，必须有自觉的育人意识，育人主体必须得到提升。育人出自细节，以行导人，以事服人，以情感人，以文化人，同时教师还要进行自我反省、自我教育、自我提高、自我完善。

二、教学

教师专业发展是指教师作为专业人员，在专业思想、专业知识、专业能力等方面不断完善的过程，即由一个专业新手发展成为专家型教师的过程。对于教师而言，在提升学生核心素养的背景下，首要前提就是教师要把课上好，如果课都上不好的话，怎么能让学生信服呢？学生也不可能听这样的老师讲道理。爱护和尊重学生，着眼于学生的发展，并把这种意识贯穿于教育教学工作之中。润物细无声，教师在潜移默化中转变理念促进教学相长。

教师发展最重要的是掌握和熟悉专业知识，就是与任教学科相关的专业知识。就其核心而言，自然是任教学科的系统知识和教学理论。具体地说，一方面要不断更新已有的学科知识，不懈地充实自己的学科知识，并将其用于教学实践；另一方面，要不断学习先进的教学理论，更新自己的教学理念，用新颖的教学理论来武装头脑。其次是专业能力，教师不光要发展教学专业知识，更要发展教学专业能力。具体一点，就是要不断地将教学专业知识转化为教学专业能力，将教学专业理论升华为教学专业技能。教师要夯实自己的语言基本功，才能培养出有后劲的学生。提高课堂组织能力，强化课堂互动，激发学生学习潜能和实践能力，提高教学效果。教学规律要学会循序渐进，举一反三，提高学生语言技能与思辨能力。

教师在不同阶段面临的重点也不同。入职阶段：一般情况下，教师需要3年左右的时间熟悉环境和工作，胜任教学，站稳讲台，这个阶段教师要善于学习，可以多听一下有经验教师的课，把握知识重点。首先要熟悉教材内容，而且能对不同教材进行对照，基本功夫要做到。其次，教师要反思，自己课堂效果不理想有可能是自己准备不充分，也可能是理解不充分等，积累经验。刚入职的时候，教学肯定是占第一位，当然有能力的情况下，可以抓紧时间进行科研方面的学习。自主发展阶段：这时教师已形成自己的教学风格，在教学、科研上也会都取得初步成果。成熟阶段：确立了自己的学术地位，发挥学术领导作用，同时帮助青年教师成长。

三、教学与科研相辅相成

当下高校英语教师面临的最普遍的问题是教师课时量大，教学任务繁重。在这样的背景下，教师科研压力大，科研任务繁重。如果缺乏教师职业规划，很多教师会认为教学和科研是冲突和对立的，根本就没有时间进行科研，不做科研，或者极个别教师沉醉于科研，不愿意多上课等。高校教师既是上课教师，又是科研工作者，教务部门和科研部门在年终时都要对教师进行评价和考核。

如何处理好教学和科研的关系？人的时间、精力有限，教学和科研两者表面上看是互相矛盾的。两者如果能相互转化是最好的，教学是科研的基础，把教学过程中产生的灵感积极应用于科研，使科研研究更接地气。科研是提高教学的重要手段，不管是自己的研究成果还是同行的研究成果，在教学中融入科研，可以摆脱单纯的知识传授，使学生接触到更深层次知识，可以赢得学生对教师的尊重。教学和科研互相促进，相辅相成。所以教学在时间上会与做科研的时间发生冲突，但是教学本身从一定意义上说成为了科研的基础和背景，因为教学是科研的灵感源泉，是科研成果检验的场所。

教师发展要以需求为导向，如国家需求、学校需求和个人需求等。为使教师队伍在科研主持和高水平论文发表上有进一步突破，需要建立健全科研激励机制，营造好科研氛围。以研促教，以教促研，教研一体，形成教书育人，科研硕果累累的多样化教师队伍。

语言基本功决定了英语教师能否站稳讲台，而教师科研研究能力能提供给学生源源不断的创新和新知识，科研是需要每一个人长期追求和体悟的一个过程。研究能力是教师发展的基础，教师专业发展最终必须反映到教学和研究工作过程和结果，以及学生的发展上，体现教师内心感受中的价值，如自信、享受成功的喜悦、职业成就感等，提升作为教师的幸福指数。

科研上建议英语教师可以与自己的导师建立学术联系，科研能力中写作能力是非常重要的一部分，可以随时关注有关英语方面的重要期刊，保持浏览的习惯。从长远发展角度来看，对自己感兴趣的和好奇的事物要坚持，避免功利目的，不要轻易改变了自己的研究方向。

教师要提高自己的科研工作和研究能力，要研究教学法，研究教与学的关系、过程、总结教学效果，使教学的层次水平得到提升。深入研究西方国家发展情况，与中国的关系等，围绕教学开展研究，让研究成果反哺教学。

四、教师自我反思

Richards 和 Farrel（2005）归纳了语言教师教育发展的策略：workshop（教师工作坊）、teacher support group（教师支持小组）、teaching journal（撰写教学日志）、analyzing critical incidents（关键事件分析）、teaching portfolios（教学档案）、case analysis（案例研究）、action research（行动研究）、self-monitoring（自我监督）、peer observation（同伴观察）、peer coaching（同伴辅导）、team teaching（团队教学），这 11 种策略中包含教师合作也包含教师的反思。

教师发展关键是要激发教师自我内在发展的主动性，教师个人的自我反思是教师发展的前提和基础，校本教研是教师发展的重要途径，校内外培训也是必不可少的。

教师周而复始的工作，会产生职业倦怠感，所以一线教师要不断研究，不断思考。可以转换方向，研究新的内容，但是要与原来的研究问题是有联系的，也可以进行跨学科研究等，始终保持探索的工作状态，自得其乐。教师发展是全面、持续、自主的发展，教师的自我发展是根本的。教师不能完全靠外力推动自己的工作，自我激励的发展才是可持续的发展。教师需要内在驱动，如对工作的热爱使自己能对工作充满激情。

若教师感觉疲劳、焦虑是正常的，但是这种状况是不能持续太久。每个人都有自己的"短板"，要提高自己的信息素养，去学习、去请教，以克服心理恐惧，不断自我挑战，有学习能力和欲望。教师要学会生活和工作的平衡，我们会面临很大压力，在一定的时间段，要学会抓住某一阶段的重点，错开时间段，分清轻重缓急，否则会有很多负面情绪，怀疑自己，长期下去是非常危险的。不光是教师，各行各业都有自己的压力，所以教师的理想和信念会影响自己的一辈子。

第二节 教师成长途径与策略

党的十九大报告指出"加强师德师风建设，培养高素质教师队伍，倡导全社会尊师重教。"加强高校师资队伍建设和提高人才培养质量的重要的一个方面就是教师专业发展，英语教学成败的关键就是英语教师师资队伍建设。教师专业发展与职业发展规划相结合，信息技术与外语教育教学深度融合，线上线下自发学习与平时省内外各种培训相结合等。

一、教师培训

教师要充分利用培训和交流的机会"走出去"，同时也要"请进来"，聘请省内外专家学者，不定期进行学术讲座。建立教师培训、交流的常规机制，形成一支责任心强、科研能力高、教学经验丰富、热爱教学工作的高水平教师队伍。丰富教师的教学经验，提高教师的综合素质，争取做科研水平高、学术造诣深、在同行中具有较大影响的专家型、学者型教师。学校和学院可以从以下方面对教师进行培训：

（1）建立内培机制：定期或不定期聘请在国内外有影响的专家、学者到校举办讲座，展开学术交流；聘请有经验的老教师与中青年教师交流教学心得与体会。

（2）建立外培机制：选派中青年教师到国内外高校培训、进修，进一步提升教师的专业水平。

（3）调整科研激励政策，鼓励教师开展科学研究，提高自身业务水平，联系教师参与到非本校老师、学者、专家的高水平科研项目中，锻炼教师的科研能力。

通过以上措施，形成一支职称、学历、年龄及学缘结构合理，了解社会需求，教学经验丰富，热爱教学工作的高水平教师队伍。

习总书记曾经强调过要运用新媒体新技术使工作活起来，推动思想政治工作传统优势同信息技术高度融合，增强时代感和吸引力。教师也可以利用线上

+线下进行培训,如网络上很多有关英语教师的培训,教师要把自我主动发展作为常态化。线上学习:教师可以进入"优讲堂"、人民网公开课、网易公开课、中国教育干部网络学院、全国高校教师网络培训中心等这些网站和App进行学习,即使这些网站和App上的部分课程是要缴纳费用的,但学习起来非常方便,而且课程讲授得都是非常前沿的知识。线下学习:邀请专家、同行等进行交流学习,互动起来更容易一些。

总之,教师需要通过线上线下各种合适自己的方式进行自我提升。

二、申报课题

师生关系中教师由知识传授者转变为人格培养者,在职业发展中,教师应该成为一个终生学习者,同时也应该成为一个研究者。高校教师在进行教育教学中要积极进行项目申报,现在高校的很多教师都会感觉到自己发展受限,特别是高校的职称评定是很多青年教师心中的痛,课题申报是评审职称中必不可少的环节。

教师申报课题时,一定要先认真阅读课题申报指南,指南是将要做的项目研究的方向,然后教师再结合自身的学术背景、研究兴趣和爱好,以及前期所做的工作,选定方向,确定选题,定好选题之后查阅大量相关资料,进行课题申报。申报成功之后,一定要设立目标和思路。如果是与教学有关的,那么教师在平时的教学中,就要自我反思,发现问题,并最终顺利完成课题任务。

三、社会服务

高校教师的社会服务会占据教师很多时间和精力,但是对于教师的品质和人际交往等是一种磨炼,特别是如果把社会服务工作迁移到学术工作里面,则有助于教师的专业发展。编者所在学院就对乡村中学进行了帮扶,编者积极参与其中,同时把此次的教育扶贫工作研究申报了省级课题,且得到了立项。

第三节 助力乡村教师能力素质提升

消除贫困、改善民生、实现共同富裕,是新时代中国特色社会主义的本质要求。精准扶贫是以习近平同志为核心的党中央在新时期提出的扶贫工作的战略举措。治贫先治愚,扶贫先扶智,编者所在学院以帮扶贵州省湄潭县复兴中学教师为例,探索新时代背景下,乡村教师能力素质提升的相关机制。

教师能力素质提升本就面临各种挑战,而乡村教师这一特殊群体在能力素质提升上面对的问题和困境更多。本研究通过分析乡村教师能力素质提升的困境与出路，项目组从乡村教师缺乏社会支持、职称评定困难、教师本人学历偏低、知识结构老化、普遍缺乏专业发展意识、欠缺科研能力等方面对教师现状进行了分析，并给出了相应的对策。

在帮扶过程中，全程贯穿着行动研究，要根据研究目标确定研究内容，形成研究方案、研究思路和评价体系，在研究中不断地观察、反思、修正和改进，并形成成果。编者所在学院通过"教学交流""送教下乡""网络教研"等形式，组织有关人员、团队深入到贵州湄潭县复兴镇中学一线开展基于信息技术教学提升、教研指导、学生学习解困等方面的精准帮扶，实现乡村教师"办好学，开好课，上好学"的基本均衡发展目标。从单一英语学科拓展到多个学科，从湄潭县复兴镇中学扩展到其他乡村学校。

根据帮扶需求，编者申报了省社科联项目，项目有效实施与研究，对乡村教师全面落实国家教育扶贫计划，构建符合乡村教师素质能力提升体系起到了很大的促进作用。通过相应的帮扶措施，乡村教师对教师自我发展的认识有了根本性的改变，理念上也得到了提升。同时通过学院的有效指导，形成了一套较完整的乡村教师能力素质提升机制：建立保障制度—构建教师队伍—培训师资—设定提升目标—形成素质提升指导策略。为乡村教师能力素质提升机制的常态实施提供了可操作的案例，促进了乡村教师能力素质提升。

一、背景

习近平总书记在党的十九大报告中指出："中国特色社会主义进入了新时代，我国社会的主要矛盾已经转化为人民日益增长的美好生活需要和不平衡不充分的发展之间的矛盾。"尤其是教育方面的公共需求在西部落后地区显得更大、更紧迫，为此，习近平总书记多次批示高度重视教育工作，特别是乡村教育工作。2015年11月27日习近平总书记在中央扶贫开发工作会议上强调："国家教育经费要继续向贫困地区倾斜、向基础教育倾斜，加大支持乡村教师队伍建设力度。"

截至2017年底，作为西部地区的贵州，全省现有乡村教师近13万名，占全省教师队伍的四分之一。在新时代背景下，教育落后已是制约贵州脱贫攻坚和经济社会发展的短板之一，为了让贵州省的乡村孩子都能享有公平且有质量的教育，乡村教师的能力素质提升尤显重要。基于此，编者所在的外国语学院以贵州理工学院的帮扶对象湄潭县复兴镇乡村教师为例，试图对乡村教师能力素质提升机制创新进行深入研究，以求为乡村教师能力提升提供参考，进一步夯实乡村教育发展基础。

2019年是新中国成立70周年，是决胜全面建成小康社会第一个百年奋斗目标的关键之年，是贵州省按时打赢脱贫攻坚战的决战之年。贵州省政府办公厅印发的《贵州省乡村教师支持计划实施办法（2015—2020年）》目标任务是以提高乡村教师队伍整体素质为目标，着力建设一支扎根山乡、数量充足、素质优良、乐于奉献的乡村教师队伍。在城镇化的进程中，乡村教师能力素质提升会遇到各种瓶颈与挑战。本研究从哲学视角，以湄潭县复兴镇乡村教师能力素质提升为研究对象，用绩效评估法、实证分析法等进行研究，以期为贵州省乃至全国乡村教师的能力素质提升机制提供参考、建议与启示。

二、文献研究

精准扶贫是以习近平同志为核心的党中央在新时期提出的扶贫工作的战略举措。2015年习近平总书记到贵州省考察时指出扶贫开发"贵在精准，重在精准，成败之举在于精准"。2017年4月16日，贵州省第十二次党代会提出了"大扶贫、大数据、大生态"的发展战略，坚持精准扶贫、精准脱贫的基本方略。在这样的背景下，编者首先对国内外相关研究的文献进行了梳理，具体研究如下：

（一）国内外相关研究的学术史梳理及研究动态

通过贵州数字图书馆可知，以"乡村教师"为全部字段，进行文献搜索，其中相关的中文图书61种，中文期刊4 315篇，报纸14 585篇，学位论文158篇，会议论文38篇；国外的相关文献较少。现就近5年相关领域的主要中文文献梳理如下：

1. 基于现代信息技术在乡村教师能力素质提升方面所起的作用

以赵洪礼（2017）、曲波（2017）等人为代表的研究者对乡村教师信息化技能和培训需求进行了调研，他们渴望并正在融入教育信息化，具备接受信息化的基本技术，但缺乏互联网与日常教育教学深度融合的专业知识和技能。这就要求我们要在过去已经开展的提升教师教育技术能力培训的基础上，下大力气研究提高教师培训效率和质量的新路径、新内容、新策略、新模式。

2. 提出乡村教师培训策略

以刘超（2016）、张卉（2016）、钱晨阳（2016）等人为代表的研究者以"送教下乡"为例提出了乡村教师培训策略。马多秀（2019）提出乡村教师的本土化培养，孙兴华（2015）、马云鹏（2015）提出在乡村教师能力素质提升规划设计中，要有全息的视角，凝聚乡村学校和乡村教师的个体信息点，创建一个在他们中能真正落地生根的规划图景。于海洪（2016）、王殿东（2016）

提出在乡村教师培养方面，要重视"基础教育的普适性"，忽视"乡村教育特殊性"，要重视"教师教育理论研究"，忽视了"乡村教师培养实践经验的推广"，提出乡村教师本土化培养的建议。

3. 对《乡村教师支持计划（2015-2020）》（以下简称《计划》）政策的解析和调查研究

以桂勇（2016）、冯帮（2016）、万梦莹（2016）、徐永军（2018）、张剑（2018）等人为代表的研究者分别对《计划》政策认同度进行了调查和分析，多数乡村教师认为此政策有助于提高乡村教师整体素质、优化乡村教师师资结构、促进城乡教师地位平等、推动乡村教育科学发展等方面产生积极影响。但同时也认为此政策仍存在局限性，分别就此提出来自己的意见和建议。刘佳（2017）则是对基于31个省（区、市）"乡村教师支持计划"实施办法的内容进行了分析和对比，并提出实施方案的补充与完善。吴会会（2018）提出动态嵌套的"三流耦合"，该理论将政策议程梳解为问题流、政策流、政治流三大源流，并制定出了《计划》制定过程的多源流框架模型。

4. 对乡村教师能力素质提升的检视与思考

以孙兴华（2015）、马云鹏（2015）等人为代表的研究者对乡村教师能力素质提升进行了深度研究，做了大量的问卷、访谈、实地考察等，重点检视与思考乡村教师能力素质提升的三个核心问题，包括诉求与挑战、要素与环境、对策与建议。

总体而言，通过文献分析，国内外学界对于乡村教师素质能力提升问题的研究成果十分丰富，呈现出理论研究与实践研究并行，但仍存在一些不足之处：

一是原有的一些研究是在党十九大和新时代背景之前，相对滞后。过去的研究是基于当时的社会背景，但是在新时代背景下，要始终贯彻落实党的十九大精神和习近平新时代中国特色社会主义思想，才能更加科学而有效地推进各项工作，包括贵州省乡村教师能力素质提升机制创新工作也要与时俱进。

二是研究内容在贵州缺乏因地制宜较大范围的推广价值。现有的很多研究多关注乡村教师的培训工作，而乡村教师素质能力提升机制虽然积累了一些经验，但仍然比较零散，不够系统完整，在贵州缺乏因地制宜较大范围的推广价值。

三是乡村教师能力素质提升机制的一些关键性问题以及解决路径还有待更深入的探究。深度结合我省脱贫摘帽"军令状"等急需的、关键的政府工作任务，深入探析教育扶贫制约工作的瓶颈，针对问题，提出切实可行、极富操作化的对策和建议,助力我省乡村教师工作,助力我省脱贫摘帽甚至全面建成小康社会。

通过对一系列文献进行研究,从贵州乡村教师能力素质提升对贵州经济发展的战略意义出发,在对贵州乡村教师能力素质提升机制状况进行评估的基础上,以湄潭县复兴镇乡村教师为例,进而将研究视野聚焦于新时代贵州乡村教师素质提升机制创新,完成贵州乡村教师能力素质提升机制的搭建,提供可借鉴的贵州模式。

(二)湄潭县复兴镇中学概况

复兴镇中学位于湄潭县北部乡镇——复兴镇,距县城32公里。学校坐落在复兴镇文化街,北靠巍巍的尖峰山,南邻土洋屏,东依木耳坡,西接湄江湖。校园绿树成荫,环境幽雅,景色宜人。

复兴镇中学于1983年8月从复兴区复兴场完小分离出来,建成了一所独立的初级中学——湄潭县复兴场中学,由湄潭县教育局直接管辖。1993年由于"撤区建镇",复兴镇中学成为湄潭县复兴镇的最高学府,更名为"湄潭县复兴中学",由复兴镇教育工作站管辖。2005年,教育局撤销了教育工作站,中小学分离,复兴中学又重新归属湄潭县教育局直接管理。2012年9月,该校又归属于镇中心学校管理,更名为"湄潭县复兴镇中学"。历经数十年风雨历程,复兴中学日臻完善,办学规模不断扩大。

现学校占地总面积35 864平方米,校舍建筑面积16 385平方米,校园绿化面积1 928平方米,学生宿舍4栋,总面积6 445平方米,寄宿生840人。学校现有22个教学班,学生1 122人,专任教师87人(本科67人,专科20人),专任教师学历合格率为99%,各类教育教学设施设备配套相对完善。

学校以"立志 勤学 成才 奉献"为校训,以"尊师 守纪 团结 进取"为校风,以"严谨 求实 开拓 创新"为教风,以"乐学 勤学 活泼 善思"为学风,以"德育为首,安全第一,教学中心,后勤服务"为办学宗旨。

虽然硬件等条件还是不错,但是经过调研和访谈,教师们普遍对提升自己的教育教学水平感到困惑,迫切需要有人来对其进行点对点的帮扶。

编者所在学院以贵州理工学院的帮扶对象湄潭县复兴镇乡村教师为例,试图对乡村教师能力素质提升创新机制进行深入研究,以求为全省乡村教师能力提升提供参考,进一步为推进全省乡村教育发展夯实基础。

三、服务脱贫攻坚教育主战场

党的十八大以来,习近平总书记多次对贵州工作做出了重要批示。十九大期间，习总书记参加贵州省代表团讨论时强调，实现第一个百年奋斗目标，重中之重是打赢脱贫攻坚战。贵州是全国脱贫攻坚的主战场，习总书记要求贵州要以脱贫攻坚统揽经济社会发展全局，尽锐出战、务求精准，确保按时打赢脱贫攻坚战。贵州省孙志刚书记更是在各种场合，都对贵州决战决胜脱贫攻坚工作做出重要安排部署和要求。按照省委省政府的部署和要求，近年来，贵州理工学院充分发挥人才优势和智力支持，选派驻村干部，组建专业技术团队，帮助湄潭县进行茶产业技术攻坚、兴修乡村公路、新建党员活动室、开展"一对一"结对帮扶活动等，取得了一定的成效。

扶贫攻坚怎么抓，特别是作为一所新建的理工科院校，如何在全省的扶贫攻坚中做出自己应有的贡献？编者所在学院根据实际情况，与湄潭县复兴镇中学结对子进行帮扶，学院参与人员既是贵州理工学院外国语学院专任教师，同时大部分也是党总支班子成员，有党总支副书记、党总支统战委员、党总支宣传委员等，学院以此活动为契机，瞄准脱贫攻坚教育主战场，充分发挥政治功能，帮扶湄潭县复兴镇乡村教师。

（一）牢记初心使命，聚力脱贫攻坚

"牢记初心使命，聚力脱贫攻坚"，为坚决扛起脱贫攻坚政治责任，学院以"乡村英语教师教学能力提升计划"为主题，以解决复兴中学英语教师教学中遇到的实际问题为目标，结合学院自身教学科研优势，开展相关教育扶贫工作。

"治贫先治愚，扶贫先扶智"，教育扶贫是治本之策，是扶贫最有效的方式之一，但是教育扶贫如何做也是值得思考的课题。

全体党员教师运用"三会一课"、主题党日、组织生活会、政治理论学习、专题学习会议、支部党员大会等日常载体开展教育扶贫大研讨，建立工作机制，增强党员教师对教育扶贫的理论认识、思想认识和情感认同，实现教育扶贫建设常态化，开创了高校基层党建与地方中小学教师教育帮扶的新局面。

在教育扶贫的过程中，编者所在的基层党建作为脱贫攻坚的坚强动力，且做到了党建工作与脱贫攻坚工作相融合。充分发挥了党总支的政治优势、组织优势，并进而转化为脱贫攻坚的优势。党总支的战斗堡垒作用得到了充分发挥，每一位党员教师也发挥了自己的作用。

（二）具体帮扶内容

关于帮扶的具体思路，如下图：

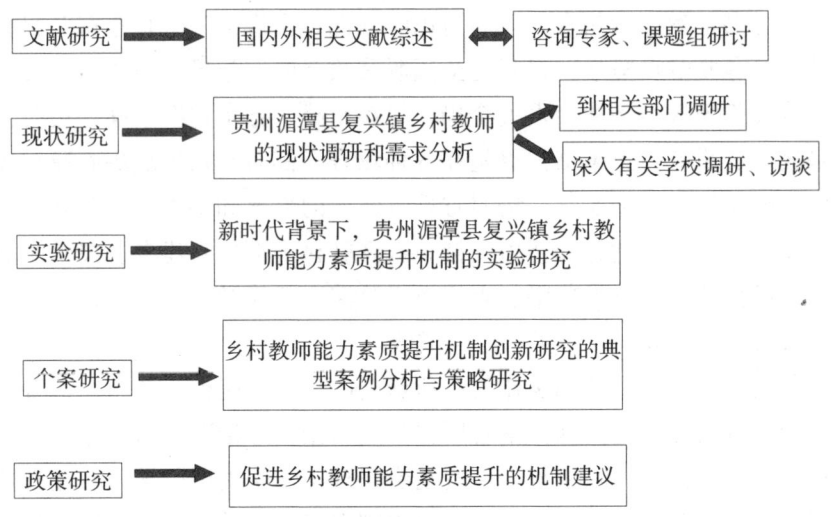

按照相应的研究方法进行调研和帮扶：

（1）实证分析法。主要采用田野调查和深度访谈法，从历史、现状、趋势三个维度，进行广泛而深入的调查，获取一手资料。

（2）绩效评估法。以湄潭县复兴镇乡村教师能力素质提升机制创新的案例作为基础，用绩效评估法对此做定性与定量研究。

（3）抽样调研与专家访谈。根据调研所处的地域、经济发展水平等多方面因素进行抽样调查和访谈，了解贵州省乡村教师能力素质发展现状，从中归纳出具有操作性、推广价值的机制策略。

学院依托教育扶贫，充分发挥学校教学资源和师资力量优势，且利用周边资源，围绕湄潭县复兴中学英语教师培训等提供帮扶。具体帮扶内容如下：

1. 调研

研究中，通过调查问卷和访谈，统计分析发现了乡村教师目前存在的困惑和问题，并针对问题提出了帮扶对策。

2019年3月26日，编者所在的外国语学院党总支书记带着帮扶团队前往湄潭县复兴中学开展脱贫攻坚工作调研，复兴中学校长及学校英语教师代表参加了本次调研活动。根据学院和湄潭县复兴镇中学教师的实际情况，进行了调查问卷和现场访谈。

具体的调查表如下：

湄潭县复兴镇中学英语教师教育教学现状调研

亲爱的老师：

您好！我们正在进行一项关于中小学英语教师教育教学现状的调研，想邀请您用几分钟的时间帮忙填答一下这份问卷。所有数据只用于统计分析,请您放心填写。题目选项无对错之分,请您按自己的实际情况填写。

谢谢您的帮助!

填写说明:选择题如不特别注明,均为单选题。

1. 您的性别:

    A. 男

    B. 女

2. 您的年龄:

    A.20～30

    B.30～40

    C.40～50

    D.50 以上

3. 您的学历:

    A. 研究生及以上

    B. 本科

    C. 专科

    D. 高中及以下

4. 您的教龄:

    A.1～5 年

    B.6～10 年

    C.11～15 年

    D.15 年以上

5. 您的职称:

    A. 特级

    B. 中高

    C. 中一

    D. 中二

    E. 中三

6. 是否带班主任:

    A. 是

    B. 否

7. 您一周的课时:

    A.10 节以下

B.10～15 节

C.20 节以上

8. 您觉得您所在地区的教师是否紧缺？

　　A. 是，无法满足需要

　　B. 否，教师数量足够

9. 您的工资大约多少？

　　A.2000 元以下

　　B.2000～3000 元

　　C.3000～4000 元

　　D.4000 元以上

10. 自己参加公开课比赛的情况：

　　A. 学科组内公开课

　　B. 校级比赛

　　C. 区县级教学比赛

　　D. 省市级比赛

　　E. 国家级比赛

11. 您的获奖情况：

　　A. 从未获奖

　　B. 校级比赛获奖

　　C. 区县（乡）比赛获奖

　　D. 省市级获奖

　　E. 国家级获奖

12. 多媒体使用情况：

　　A. 从不

　　B. 很少

　　C. 偶尔

　　D. 经常

　　E. 总是

13. 在您看来，作为教师，最需要改善的问题是（多选题）：

　　A. 领导重视

　　B. 提供教学科研的物质条件

　　C. 提高收入

　　D. 解决住房问题

　　E. 减轻工作负担和压力

F. 职称问题

14. 您认为目前乡镇教育亟待提高的地方有哪些？（多选题）

　　A. 政府重视乡镇教育并加大投资

　　B. 教学硬件有待改进和提高

　　C. 教师的数量、观念、年龄结构和教学水平有待加强和提高

　　D. 家长的教育知识和意识有待提高

　　E. 其他

15. 受您欢迎的培训研修方式（多选题）：

　　A. 校本研修

　　B. 网络授课

　　C. 示范教学

　　D. 名校研学

　　E. 送教下乡

　　F. 集中脱产

16. 需要的培训内容方面（多选题）：

　　A. 教育实践与教学新技能

　　B. 专业发展与教科研能力

　　C. 教育理念与学科新知识

　　D. 教育政策和法规

　　E. 职业道德与素养

17. 请您介绍一下学生学习英语的情况：

在和复兴镇中学沟通的基础上，根据与在校英语老师的座谈和调查问卷了解了该校英语教师的教学方法、教学效果及其存在的问题，学生在学习英语方面出现的问题等，整理相关数据，具体的内容如下：

英语教师总计11人，其中男性3人，女性8人，年龄在20～30岁之间的有3人，30～40岁之间的有3人，40～50岁之间的有3人，50岁以上的有2人。

学历方面，研究生及以上的没有，本科学历的有10人，专科学历的有1人。教龄方面：1～5年的有1人，6～10年的有5人，11～15年的教师没有，15年以上的有5人，职称：特级没有，中高的有4人，中一的有2人，中二的有5人，中三的没有。

另外统计信息如下：5人担任班主任，6人暂时没有担任班主任。一周的课时：10节以下的有1人，10人是10～15节。8人认为所在地区的教师紧缺。

工资方面，3 000～4 000元的有6人，4 000元以上的有5人。8人次参加过学科组内公开课，4人次参加校级比赛，没有人参加过省市级和国家级比赛。在获奖方面，3人曾在区县（乡）比赛中获奖，对于多媒体使用情况，6人经常使用，4人总是使用，1人很少使用。作为教师，他们最需要改善的问题：领导重视的有6人，提供教学科研的物质条件的有8人，提高收入的有5人，解决住房问题的有2人，减轻工作负担和压力的有6人，有职称问题的有8人。

在乡镇教育亟待提高的地方，认为政府重视乡镇教育并加大投资的有8人；教学硬件有待改进和提高的有9人；教师的数量观念年龄结构和教学水平有待加强和提高的有7人；家长的教育知识和意识有待提高的有8人。

最受欢迎的培训研修方式：9人次认为是示范教学；6人次选择名校研学；送教下乡的有6人；集中脱产的有5人；校本研修的有2人；网络授课的有2人。

针对最需要的培训内容方面，选择教育实践与教学新技能的有11人次；专业发展与教科研能力的有9人次；教育理念与学科新知识的有9人次；教育政策和法规的有4人次；职业道德与素养的有3人次。

另外教师认为学生学习英语的情况如下：

（1）由于大学生都来自农村，学生父母外出打工，较多为留守儿童，在家没人管理、没人辅导。加之，学生在校学习不是太好导致学习基础差，缺乏信心。

（2）学生在刚进校（七年级时）学习英语的积极性较高，充满激情，能够认真对待学习和作业。有些学生学英语比较轻松，但有些学生学习英语的方法不得当，死记硬背，不会去运用，有待改善。但到八年级由于课本内容较难，有一部分学生跟不上教学就放弃了。九年级学生上课积极性不高，布置的课堂内容及作业也不爱完成，对英语完全失去七年级时的激情，放弃的情况更多。

（3）乡村学生对英语学习兴趣不浓，尤其是不愿意记单词，甚至不愿开口说英语，听、说、读、写技能都差。

（4）没有激情活力；根本不喜欢、不愿意去学。学习英语的氛围不强，学生在听、说、读、写方面有待提高，应从小学抓起，打好基础。

（5）学生学习英语两极分化严重；学习的自觉性较差；学习英语的方法比较单一；不喜欢开口说英语。

（6）学生学习英语的效果良好，对英语感兴趣，课堂氛围好，作业完成好，但部分学生因为小学升初中，小学基础太差，导致学习不主动，对英语学习没有信心。

（7）农村学校的学生，在小学接触较少，多数学生对英语学习缺乏兴趣，缺乏主动学习的动力，家长无计可施，只有学校老师督促，效果较差。

（8）对于乡镇学生而言，学习英语对他们来说比较吃力，英语基础比较薄弱，口语方面尤其严重，很多学生不敢开口说英语，听力方面也很让人担忧，因为他们听力训练机会比较少，所以学生在英语学习中，口语、听力、词汇、语音等各个方面都存在一定的问题，想要彻底改变这种状况的话，估计会有很长的一段路要走。

（9）大部分学生为留守学生，因此父母均不在旁督促。学生学习自主能力差，对英语缺乏兴趣。因为基础未打好，部分学生越学越不懂，且部分学生在背诵单词，短语句子时存在困难，背了就忘，或者不会用，不愿问老师与同学。

（10）因为对英语课堂厌恶，课堂害怕说，怕说错。不敢表达自己的想法。

针对教师在教学方面希望得到什么样的帮助，大多数教师认为：

（1）提供教师培训。多培训，多学习，能够多去参加外面的教学活动，取长补短，希望有机会多出门学习，或在本校内能多听听年轻老师的课，学习他们的课改观念，学习他们带动学生学习英语的方式方法（感觉学生们更喜欢年轻老师授课），使自己能力得到更高的提升和锻炼。得到机会参加培训，多学习外边老师的先进教学经验和方法。

（2）业务能力方面的培训：专业的教学指导、新的教学理念、教学方法。

（3）英语教学基础设施的完善。可以给老师提供多一点的现代化设备，如电脑，应人手一台，或一间办公室至少备两台电脑。

（4）送教活动，例如可以进行"同课异构"等教学活动。

（5）希望得到适用可行的课堂资源，尤其是适用的英语课件，希望能应用在同步的英语课件、种类繁多的素材中，尤其是将导入时运用的同步视频或音频以及有效的课后训练存于同步课件里，并能有单元检测的随堂测验（目的是进行 Section A 以及 Section B）部分的巩固练习，因为现有资料课件或自己运作的课件在网上搜寻起来太过困难，所以素材导入不精练就会导致网上搜寻起来太过困难，所以素材导入不精练就会导致学生一开始上课就不起兴趣。

（6）课堂小游戏。希望能将种类繁多的适合课堂中的小游戏提供给我们参考。

在调研的基础上，学院根据实际情况，与复兴镇中学的老师商议，举行讲座、外教来校对英语教师进行英语口语以及听说方面的训练、邀请相关专家进行教学方法的培训学习等。

后期，编者所在的外国语学院党总支把帮扶的范围扩展到湄潭县西河镇中学，在2020年上半年对湄潭县西河镇中学进行调研时，发现西河镇的英语组教师的师资是非常令人揪心的，总计6名英语教师，平均年龄应该是在40岁以上，年龄段偏大，而且有部分教师是属于师范毕业，但是并不是英语专业，是教师自己在教英语的过程中自我学习的，这个学校的师资总体上是远远无法满足教学需求的，这就不是光靠学校自己能解决的问题了，需要有关部门加强这方面的师资输送。但是由于到目前为止，编者所在的党总支主要是帮扶复兴镇中学，所以编者在书中仅以帮扶复兴镇中学为例。

学院做到了力所能及地解决复兴镇英语教师教学中遇到的一些实际问题，增强了为基层服务的本领。在调研的基础上，做出了具体的方案。在此过程中做实各个环节和细节，使双方取长补短，优势互补，都有实实在在的收获。

扶贫更得扶智，只有帮助贫困地区打开一扇窗，从传统闭塞的思维中寻求到破局方法，才能在新鲜的时代气息中，捕捉发展的机遇。经过深入的走访调研，学院细心梳理，最终决定，在学院英语教学的资源优势和贫困地区基础教育中英语教学的难点之间寻找出扶贫路径，通过教师培训、教学交流、暑期培训等方式，开展"乡村英语教师教学能力提升计划"主题扶贫活动，帮助湄潭县复兴镇解决当地乡村英语教师发展的突出制约问题，进一步提升英语教师教学能力。

2019年4月，学院在调研的基础上，对复兴镇中学的帮扶活动工作实施方案出炉。具体内容如下：

（1）学院教育帮扶小组以习近平新时代中国特色社会主义思想、习近平新时期扶贫开发战略思想为指导，深入贯彻学习党的十九大精神，认真学习贯彻全国扶贫开发工作会议精神及中央、省、市脱贫攻坚工作决策部署，认真学习《中共贵州省委贵州省人民政府2019年脱贫攻坚春季攻势行动令》中有关"义务教育保障固好本"之精神，坚持"四个自信"，树牢"四个意识"，以科学扶贫和精准扶贫为主要扶贫手段，抓重点、补短板、强弱项，着力打造以提升英语教师教学能力为主要目的的帮扶活动。

（2）总体目标以"乡村英语教师教学能力提升计划"为主题，以解决复兴中学英语教师教学中遇到的实际问题为目标，结合编者所在学院自身教学科研优势，开展相关扶贫工作。

（3）具体工作措施及步骤见下表：

表 5-1 具体帮扶措施和步骤

序号	时间节点	具体帮扶内容	涵盖方面	备注
1	2019.3–2019.4	调查问卷	拟定复兴中学英语教师教育教学调研工作方案	
			到校进行英语教师座谈和调研，为下一步帮扶工作奠定基础	
2	2019.4–2019.6	教师培训	邀请外教对复兴中学英语教师进行口语方面的培训	
			"送教下乡"，邀请外教或者课题组教师给复兴中学学生现场教学	
			邀请1～2名复兴中学英语骨干教师来参加有关教学能力提升方面的培训	
3	2019.6–2019.7	教学交流	邀请毕节民族中学"名师工作室"教师来复兴中学进行交流	
4	2019.7–2019.8	暑期培训	邀请1～2名复兴中学教师参加暑期教师培训	
5	2019.8–2019.9	微课制作	课题组教师帮扶复兴中学英语教师做微课制作等教学手段的培训	
		教学材料	课题组教师通过各种途径帮助复兴中学英语教师寻找适合学生的课件资源等教学材料	
6	2019.9–2019.10	2019年教育帮扶总结交流	双方就帮扶工作进行总结交流，探索建立长效工作机制	
7	2020年3月	网络帮扶	远程网络教学观摩（QQ+语音直播）"钉钉"软件网络培训	
			远程网络教学观摩（"钉钉"直播）	
8	2020年4月	微课培训和"同课异构"教学研讨	微课网络培训	
			网络"同课异构"教学研讨活动	

续 表

序号	时间节点	具体帮扶内容	涵盖方面	备注
9	2020年5月	调研和英语文化墙	前往湄潭县西河镇中学帮扶点实地调研师生需求	
			设计和对接湄潭县复兴中学英语文化墙	
10	2020年6月	教学研讨和留学生进校	教师教学培训研讨交流活动（"课程思政"建设）	
			留学生进校交流（主题待定，留学生疫情期间没有回国）	
11	2020年9月	研讨和捐赠书籍	教师教学培训研讨交流活动（线下"同课异构"）	
			留学生进校交流（主题待定）	
			开展线下教学资源、教材、纸质学习书籍捐赠活动	
12	2020年11月	总结交流	双方就帮扶工作进行总结交流，形成《贵州乡村英语教育帮扶路径与策略》研究报告，探索建立长效工作机制	

注：由于工作安排等原因，时间等方面可能会有所调整，以实际的为准

（4）工作要求

①提高认识。切实提高学院全体人员的教育扶贫意识，把2019年脱贫攻坚工作作为检验课题组"四个自信"够不够、"四个意识"强不强、"两个维护"坚不坚决的重要标尺，以高度负责的态度，扎实开展帮扶工作。

②强化领导。学院负责人需要加强领导和指挥调度，小组成员需配合做好相关调研及细节工作，为统筹推进工作打好基础。

③从严从实。帮扶工作要敢于较真碰硬、从严要求，始终做到在帮扶过程中"态度严肃""过程清晰""成果显著"。在帮扶工作的前、中、后期，需对帮扶工作中的思想、部署、机制、问题等相关情况，认真总结，从严从实地撰写相关报告。

④总结推广。此次帮扶工作结束后，学院将进一步持续推进扶贫工作，探索建立长效工作机制，不断巩固帮扶成果，求真务实、真抓实干，确保扶贫工作取得实实在在的效果。

在 2020 年，编者所在的外国语学院党总支将在 2019 年脱贫攻坚工作的基础上，继续加大助力乡村教育精准扶贫行动力度，深化乡村英语教师教育教学能力提升工作和学生学习英语兴趣，扩展 2019 年服务范围（复兴镇）至校对口帮扶的西河镇中学。通过复制复兴镇帮扶的成功经验至其他中学，基本形成了区域化横向教育发展模式，为共同打造乡镇中小学师生教育命运共同体，提供了有力保障。

在调研的基础上，教育帮扶小组展开了一系列的活动，具体活动内容如下：

2. "请进来"

（1）送教下乡

课题组根据工作实施方案的具体安排，2019 年 5 月 31 日上午，课题组组织外教赴湄潭县复兴镇中学开展"送教下乡"活动。

活动中，复兴镇中学对外教的到来表示热烈的欢迎，同时也感谢贵州理工学院提供机会让师生们享受了这样的一场"教学盛宴"。这是复兴镇中学成立近 40 年来第一次有外教来上课和做讲座。

课堂上，外教以合作教学的方式给同学们上了一节英语课，通过各种有趣的活动和游戏来引发他们学习英语的兴趣。同学们在课堂上踊跃发言，一节课在有趣活泼的氛围中很快就结束了，同学们都依依不舍地与外教告别。

随后，两位外教一起为复兴中学的英语老师们做了一场专题讲座，从如何激发学生学习英语的热情、怎么样来教英语等话题展开，给老师们提供了一个学习、交流、领悟、提高的机会。讲座结束后，复兴镇中学教师表示，外教合作教学的方式让老师们耳目一新，同时对教学有了更深的体会，激发了学生对英语学习的兴趣，促进了教师专业素质的提高，期待以后有更多的交流和沟通学习的机会。最后双方就接下来的帮扶工作具体内容进行了沟通。

（2）讲座

为了使复兴中学的教师与同行进行切磋交流，促进学院帮扶湄潭县复兴镇中学的教师专业发展，学院积极利用和深挖周围资源，于 2019 年 6 月 10 日，特邀请省级名师工作室老师到帮扶学校开展以"共赢共促进"为主题的教育交流帮扶活动。

名师工作室的主讲老师主要围绕提升英语教学质量以及农村教师专业发展两个方面，以讲座加讨论的形式开展。四位主讲老师分别做了题为《从新修订高中课程标准维度谈初中英语教学质量提升策略》《初中英语高效课堂教学的几点思考》《农村教师专业发展途径研究及课堂提升策略研究》《运用数据诊断提升课堂教学质量的策略研究》的主旨发言，并针对如何进行微课制作进行了交流，教师们表示讲座不仅对自身的日常教学、研究有很大的帮助，而且对个人的职业发展也很有启发意义。

针对复兴中学的教师们缺乏教学资源等情况，学院教师通过各种途径帮助复兴中学英语教师寻找适合学生的课件资源包括相应的书籍等教学材料，丰富了教师们的教学资源库。

3. "走出去"

编者所在的教育帮扶团队利用资源优势，邀请复兴中学的教师参加省内外教育教学培训，使复兴中学的教师有机会走出去增长见识，并把自己的所学带回到课堂，实现了良性循环。如在暑假，邀请复兴镇中学3名教师参加2019年"英语演讲与辩论教学骨干教师研修班"。作为典型的英语沟通技能课程，英语演讲与辩论课程可以有效培养英语学习者的综合素质，突出培养学生的英语表达、沟通与谈判技能，注重发展学生的信息获取与分析、逻辑推理与论证、总结与判断的思辨能力，注重激发学生的创新思维能力。此次"走出去"是将研修重心放在课程设置、教学设计、教法研究、教学科研等广大教师在教学实践中最关注的难点和重点上，以期进一步推动全国英语演讲与辩论教学实践与研究的发展，相信这些讲座会对复兴中学的教师也会有所启发。

4. 英语活动

在对教师进行帮扶的同时，为进一步丰富复兴镇中学学生在校生活，扩展学生视野，2019年9月25日，学院联合复兴中学以"喜迎70华诞、谱丝路篇章"为主题，展开了"英语才能展示暨图书捐赠"活动，"一带一路"沿线国家的留学生向复兴中学师生展示了多姿多彩的异国风情。此次活动的举办相信同学们在学好英语的基础上，能用英语传递中国声音、讲述中国故事，通过语言媒介向世界展示中国悠久灿烂的民族文化，促进中国与世界的文化交流。

读书声、歌唱声、笑语声，校园里热闹非凡。编者所在学院邀请本校来自孟加拉国的留学生与复兴中学的同学们亲切交流，激发了同学们的热情。文艺汇演上，留学生带来异域风情的歌舞表演，现场掌声、欢呼声不绝于耳。

此次学生活动的开展是编者所在学院与复兴中学开展帮扶的浓重一笔，也是学院开展智力扶贫、积极响应贵州省委省政府决战决胜脱贫攻坚的重要举措之一。作为一所应用型、地方性普通本科高校教师，我们不仅要把大学生培养成才，还应该担当起高校的社会责任，为社会主义新农村做出我们应有的贡献。

5. 网络虚拟教研

在2020年疫情期间，经过调研，除了有省教育厅统一安排的"空中黔课之外",复兴中学教师还没有找到特别适合辅导学生的途径。2020年3月2日,贵州理工学院开学的第一天,编者邀请了复兴镇中学教师进入教研室老师班级的课堂,该教师运用QQ群课堂展开直播教学,与学生进行互动。接下来编者对复兴中学英语组老师进行了"钉钉"软件的培训。这些上课模式和软件平台都让复兴中学的老师们耳目一新,虽然老师们无法正常到学校上课,但是对学生的学业辅导是不能落下来的,他们表示愿意在自己的班级进行教学辅导尝试,疫情决不能挡住同学们学习的脚步!

2020年4月8日,贵州理工学院外国语学院、湄潭县复兴中学、金沙县沙土镇官田初级中学英语教师在QQ虚拟教研群进行了一场教研活动,活动内容包含"同课异构"教学研讨和微课培训活动,此次活动三校总计20多人参加。

这次"同课异构"的两位老师分别就短文改错进行"同课异构"。两位老师授课结束后,听课教师进行评课,认为两位老师通过列举各类短文错误例句,要求学生观察讨论并进行总结,充分体现了以学生为主体的教学理念,如名词、动词、介词等各种错误形式,并且同时使用了口诀来让学生快速记忆可能出现的错误形式。另外做到了即讲即练,学以致用,也对存在的问题提出自己的建议和意见。

第二个环节是微课技术培训,由贵州理工学院外国语学院教师进行经验分享。该教师从微课的制作步骤、录制方法、微课示例、制作微课建议等方面展开,介绍了喀秋莎、格式工厂、EV录屏+QQ影音等几种软件的使用,并进行了实践演示,在讲解的过程中,老师们纷纷留言学到了很多。

湄潭县复兴中学校领导认为"同课异构"无论是执教者还是听课者都受益匪浅,而且还能结合自身教学实践进行教学反思,从而有效地促进了教师自身的专业成长,同时也回顾了贵州理工学院自2016年以来对湄潭县复兴中学的帮助,并发自肺腑表示了感谢。

叶圣陶曾经说过"教师是培养人才的人才",通过这次虚拟教研室活动,三所学校的老师们做到了自我成长和感悟。

除了以上的活动之外,还有一些其他帮扶活动,每一项帮扶活动前都做到了有计划、有交流,活动后及时进行总结和反思,得到了复兴中学教师的肯定,使乡村教师的教学理念与教学模式有了改变和提升。

2019年1月,华为创始人兼CEO任正非在深圳接受央视记者专访时呼吁要重视基础教育,"……我认为国家首先要重视教育,特别是农村的基础教育。国外有人说过,一个国家的强盛是在小学教室的讲台上完成的,教育是最严谨的国防"。作为一个从贵州大山里走出去的孩子，即使带领华为成为国内乃至世界网络电子设备领军企业时，任正非仍然念念不忘贫困地区的基础教育。但他也深知，在贫困地区从事基础教育的教师实在是太难了。

如何解决这种贫困地区教育面临的马太效应？作为每一个教育工作者来说，这是大家共同的责任。编者所在的学院为激发党员教师积极性，深挖部门优势，利用专业资源，深入贫困村开展了"乡村英语教师教学能力提升计划"，在做好教书这一校内本职工作的同时，更是彰显了教师这一神圣职业的育人初心。

第四节　高校进行教育扶贫之思考

《国务院关于统筹推进县域内城乡义务教育一体化改革发展的若干意见》提出在许多地方，城乡二元结构矛盾仍然突出，乡村优质教育资源紧缺，教育质量亟待提高。提出城乡义务教育应实现"四个统一""一个全覆盖"，包括乡村教师的培养、乡村教师的培训、乡村教师的补充、乡村教师的待遇等。

我们以乡村教师能力素质提升为项目主要研究内容，以乡村教师的特点为依据，同时考虑贵州省本地区的教学实际和可操作性，在不断总结、反思、修正的基础上初步形成了乡村教师能力素质提升机制。

一、高校提高脱贫攻坚意识和服务水平

（一）提高服务脱贫攻坚能力

脱贫攻坚是2019年贵州省最重的任务、最严的责任，贵州理工学院作为一所应用型、地方性的高校，编者所在学院以"乡村英语教师教学能力提升计划"为载体展开扶贫工作，取得了较好的成效。

1. 强化领导

学院党总支副书记，通过"三会一课"等途径使所有学院教师统一思想，对教育帮扶获得了情感认同。

2. 寻找自身优势和扶贫途径

通过深入走访调研，细心梳理，教育帮扶小组利用高校英语教学的资源优势，在贫困地区基础教育中寻找出两者的结合点。通过教师培训、教学交流、暑期培训、学生活动等方式，开展"乡村英语教师教学能力提升计划"主题扶贫活动，帮助湄潭县复兴镇解决当地乡村英语教师发展的突出制约问题，进一

步提升了英语教师教学能力,得到了复兴中学教师的一致认可。

3. 发挥集体智慧

在教育帮扶过程中,学院通过深入一线调研,找到切入口,充分发挥自己的集体智慧和专业优势,帮助贫困地区教师从传统闭塞的思维中寻求破局之路,在新鲜的新时代气息中,捕捉发展的机遇。

4. 注重细节

如邀请名师工作室的老师来复兴中学交流时,教育帮扶团队要对讲座内容和复兴中学教师沟通,另外要做好邀请函、学术讲座证明的发放工作;学生英语活动也是教育帮扶团队所在学院和复兴镇中学联合举办的一项重大活动,也要特别注重细节,因为这样的活动涉及的面更广,只有这样才能顺利把工作推进,赢得对方真正的尊重。

(二)治贫先治愚,扶贫先扶智

编者所在的学院以教育精准扶贫为契机,加强基层党组织建设,切实提高了党员教师的政治站位和政治意识,改变了党组织活动形式单一,实现了党建和教育扶贫共同发展。走进基层,加强了党员教师党性教育,推动了党组织服务社会的功能,同时也了解了贵州省当地中小学英语教师教育教学现状和学生英语学习状况,为大学英语教学奠定了良好的基础,在一定程度上促进了大学英语教学。

2016年2月,贵州省教育厅印发《贵州省教育精准脱贫规划方案(2016-2020年)》,明确到2020年贫困地区基本公共教育服务要接近全省平均水平,实现县域内义务教育基本均衡和基本普及十五年教育,保障贫困家庭子女享受公平有质量的教育。贵州区域经济发展的极不平衡极不充分性决定了教育发展的极不平衡极不充分性。基于贵州教育扶贫政策、经验、实践的初步分析,贵州教育扶贫从传统的物质(经济)扶贫(经费补助)发展到综合扶贫(人、财、物大水漫灌)到现在的精准扶贫。

治贫先治愚,扶贫先扶智,只有乡村教师自身教育教学能力得到提升,学生们受教育水平才能真正得到提高。教育扶贫,为乡村教师和孩子都打开了一扇窗,使他们开阔了眼界。在下一步帮扶工作开展中,我们将进行更深入的调研,发现新的教育扶贫途径,明确活动主题,坚定不移地把扶贫攻坚工作长期有效地坚持下去。对教育扶贫工作中出现的问题、好的经验、做法及时总结及推广,同时构建长效帮扶机制,巩固教育扶贫工作成果。

作为一所地方性高校,我们不仅要把大学生培养成才,还应该担当起高校的社会责任,利用教学优势和资源优势,让从事当地基础教育的教师和孩子能分享到优质资源，使高校在新时代下真正做到教育扶贫，得到社会广泛认可。

编者根据所在学院的教育帮扶机制积极省报了课题，申报的课题研究将致力于在继承和发展学术界关于乡村教师已有研究的基础上，以及在新时代对教育主要任务的指引下，力求在乡村教师能力素质提升机制的理论框架建构、关键问题深描、解决路径探讨等方面有所突破和创新。

1. 解决问题方面的创新

新的社会背景需要新的举措，基于新时代背景下，我省乡村教师能力素质提升机制出现新的变化，急需在习近平新时代中国特色社会主义思想指导下进行卓有成效的治理和解决，提出切实可行、极富操作化的对策或建议，切实解决现代化发展中我省乡村教师能力素质提升过程中具体现实的问题。

2. 破解教育扶贫难题

多年来我国的教育扶贫事业经历了以资金投入为主的粗放式扶贫向以资源配置为主的精细化扶贫转变的过程，教育扶贫的目标也从保障贫困地区的教育普及转向关注师生基本要求，项目研究使贵州在教育扶贫研究及实践方面拥有更多话语权。

探索"新时代背景下贵州乡村教师能力素质提升机制创新研究"问题具有重要的理论意义和现实意义，是学习贯彻党的十九大精神和习近平总书记新的治国理念的实际行动。

二、乡村教师能力素质提升的路径

C.Berliner 对教师教学发展提出五阶段理论：新手教师（Novice）—熟练新手教师（Advanced Beginner）—胜任型教师（Competent）—业务精干型教师（Proficient）—专家型教师（Expert），乡村教师教育教学能力提升的挑战源于：一是主观因素，教师自身的教学观念、综合素养、自身知识结构和专业技能。所以教师的内因，如自主、个性、自醒、自律等是影响其发展的最主要因素。二是客观因素，单位人文氛围和环境、变化迅速的外部环境。乡村教师素质能力提升外因：机构性和机制性就很重要。

乡村教师职业发展三个方面内涵：1. 教师的学术水平，包括基础理论、学科理论、跨学科的知识面；2. 教师职业知识、技能，教育知识和教学能力；3. 教师的师德，包含教师的学术道德、教师职业道德等。

（一）提升乡村教师信息化教学能力

1. 促进教师专业技术发展

我们生活在不断变化着、发展着的时代，随着我国社会各方面的不断进步，各行各业的工作者都面临着学习新知识、新技术的考验，教师也不例外。

在先进信息技术的帮助下，教师可以多渠道地获取知识；随时与同行、专家进行交流而不受时间和空间的限制；从而学习到更先进的教学理论和方法，不断弥补自身的不足，从而提升自身的教学水平。逆水行舟，不进则退，故步自封只会阻碍自己的进步，最终被社会淘汰。因此，作为知识文明的传承者，教师更加应该紧跟时代的步伐，不断地更新自己的知识和能力，主动学习先进的教育理念和信息化教学技术，不断地探索教学创新，这样才能促进自身专业技术能力的不断发展进步，同时给学生传授与时俱进的知识。

2. 提高课堂教学效果与效率

在信息化时代背景下，合理运用信息化教学设备能够有效提高课堂教学的效果与效率。比如：在一节立体几何课上，从前只能靠老师用粉笔和三角尺在黑板上画图，而对于一些空间想象力较弱的同学而言，相关知识点就比较难理解；如今在信息化教学设备的帮助下，老师可以在多媒体屏幕上画出准确且美观的图形，并且可以将立方体的各个面用不同颜色填充，再利用电脑技术将立方体展开，这样一来学生可以非常直观地观察到立体图形与平面图形之间的关系，从而有效地帮助学生学习相关知识点。再比如，在英语课堂上，通过运用信息化教学设备，学生们可以随时随地接触到最新的英语教学相关图像、音频、视频等，老师可以有效地在课堂上创设不同的情景，从而激发学生学习英语的积极性，变被动学习为主动学习，最终达到更好的教学效果。

3. 缩小教育地域差异

近几年来，虽然政府已经加大了对乡村学校的教育投入力度，越来越多的乡村学校拥有了信息化教学设备，但城乡间的教育差异仍然突出，究其原因，主要还是城乡间教育资源和教师教学水平上依然存在较大差距。乡村教育相关部门不仅需要为学校提供硬件设备，还必须保障网络的通畅与稳定，并联合城市学校建立资源共享平台。例如，通过网络共享平台，乡村的学生可以享受到在线教育、远程教育，与城市里的优秀名师对话学习，从而实现教育资源的有效共享和均衡分配，缩小教育地域差异，促进教育公平。

（二）各方合力

在今年的全国教育大会上，习近平总书记强调，全党全社会要弘扬尊师重教的社会风尚，努力提高教师的政治地位、社会地位、职业地位，让广大教师享有应有的社会声望，在教书育人岗位上为党和人民事业做出新的更大的贡献。

1. 教育部门顶层设计

（1）贵州省相关教育部门要加强统筹调度

从贵州省教育局到各县教育局都要明确乡村教师能力素质提升工作的联络

员，可以建立 QQ 群或微信群，以加强工作上的联络和沟通。政府部门要改进工作作风，提高效率树形象。结合实际工作，开展评优争先活动，发挥党员干部的示范引领作用，坚决整治慵懒作风，严厉查处工作中不作为、慢作为、乱作为等问题，结合常态化工作约谈活动，重点了解有关工作的推进落实情况，做到及时提醒督促，切实为教育扶贫保驾护航。

（2）教育部门要及时收集相关材料

对展开的相关帮扶工作进展材料进行收集整理，包括工作进展情况、典型经验、存在困难及问题对策建议等，只有及时收集，才能对工作中发现的问题进行及时沟通和解决。

（3）强化宣传浓氛围，鼓舞人心聚能量

通过微信平台、政府网站、信息化工作平台等多种渠道，充分利用各类意识形态阵地。聚焦新时代背景下，乡村教师能力素质提升全过程，坚持正面宣传为主，弘扬主旋律，传播正能量，鼓舞人心凝聚，深入宣传先进典型，总结推广教育脱贫攻坚的好经验好做法，营造良好舆论氛围。

（4）教师培训相关政策落地

省、市教育部门要着力抓好基层教师培训。充分发挥"国培计划"教师培训示范引领作用，将"国培计划"项目实施与教师教育精准扶贫紧密结合，设置专题培训项目，加大对边远贫困地区、少数民族地区、精准扶贫重点地区等教师的培训支持力度。认真落实好国家和我省支持乡村教师发展举措，确保培训农村教师占一定比例，着力缩小乡村教师与城市地区学校教师教育教学水平差距。特别是信息技术方面的培训建议如下：

①开展分级培训

由于乡村教师队伍中每位教师的年龄、教育背景、信息技术基础、个体认知和学习能力等方面都存在着较大的差异，因此，信息化教学技术培训不能"一刀切"，而应通过调查研究收集所有教师的学习需求，开展分级培训，才能取得更有效的培训成果。

初级信息技术应用能力培训内容应包括课件制作、多媒体教学的使用、网络工具的应用以及网络教学资源的合理摄取等，务必做到全覆盖。中高级信息技术应用能力培训应以信息素养基础较好的青年骨干教师为主要培训对象，开展信息技术与课程深度的整合培训。

②教材出版部门

教材出版部门要向乡村教师倾斜，教材出版部门教师对教材的把握力度更强，可以邀请相关有经验的教师到当地对乡村教师进行教材方面的培训，使乡村教师能够享受到优质的培训资源，提高他们适应新教材的能力，促进教师的专业成长和研究能力的提高。

只有从顶层设计上注重乡村教师能力素质提升，才能在贵州省教育脱贫攻坚战场上真正使乡村教师能力素质得到提升。

2. 学校层面

积极和名师工作室、名校长工作室合作。据了解，现在全省已经有超过100个省级名师工作室，每年还评选乡村名师300名，到现在已经有900个乡村名师工作室，每年每个乡村名师工作室招收学员不低于20人。教育部门要支持名师工作室的活动，让他们到乡村去开展活动，用身边的名师引领教师专业发展，快速提升乡村教师的能力。

如编者曾和贵州省的一个名师工作室合作对乡村教师进行培训，他们从2015年5月建立后，招收学员143人，有48人获得专业提升，评上正高级教师2人，省级名师1人，省级骨干教师4人，市级骨干教师20多人，评上高级职称19人，该工作室深入威宁县石门民族中学、金钟中学、威宁九中、龙场中学，赫章县的河镇中学、赫章实验中学、财神中学、纳雍县的维新中学、织金县的织金六中、织金二中、织金五中、黔西县的定新中学、铁石中学、黔西一中、黔西思源实验学校，金沙的马路乡中学、官田中学、金沙一中、金沙中学、大方八堡中学、大方四中、大方新场小学、大方三中和七星关区的千溪中学等地开展培训活动，收到了良好的效果。

建议可以学习苏州线上教育中心以"苏州名师全过程全免费"为核心理念，统筹全市名优教师资源并贯通线上线下与课内外的全免费网络学习平台。中心的登录账号和密码，由学校统一发给学生，学生可以通过个人电脑、手机、平板电脑等端口登录。中心主要面向师生及家长提供名师课程资源、名师网络答疑、名师在线直播及学习行为数据分析等四大类全免费的教育服务。根据学生所在的年级，苏州线上教育中心将自动匹配对应学段各学科的章节及知识点，师生和家长不仅可以看到中小学生学习的全学段全学科课程视频资源，还能以文字、图片、语音和短视频等形式向教师提出学习中的疑惑，教师则会通过网络及时与学生沟通。

3. 深化高校与中小学合作

一般而言，贵州省高校在当地享有较好的声誉，中小学教师也比较认可，虽然两者在办学定位等方面存在有差异，但是高校拥有自己的优势，可以利用自身优势和周边资源与当地中小学展开深度合作。乡村学校可以积极深挖周边资源，促进本校教师专业发展。

4. 教学反思

教学反思是教师对教育教学实践的再认识、再思考，并以此来总结经验教训，进一步提高教育教学水平。教学反思是教师通过教育案例、教育故事、或教育心得等来提高教学质量，提高个人业务水平的一种有效手段。

教师的成长离不开反思，反思意识和反思行为是一种内在的品质，也是成为良师的途径之一。我们在教学活动中既有成功的体验，也有失败的教训，无论是经验还是教训，对自己来说都是财富，关键在于是否能作认真的总结，并进行分析研究。

复兴中学的一位老师在个人访谈中讲道："我对过去自己的教学行为进行了思考，思考自己过去的教学设计、教学手段、教学方法、教学评价、学习策略的指导以及课堂教学中存在的问题等，并对其做深刻的反思、探究和剖析。通过反思，找到了过去困惑和不解的原因以及解决困惑问题的方法，也对英语教学的认识有了进步和提高。这主要得益于你们课题组给了我理性的思考、前进的动力和进取的方向。"

提升教育教学水平除了要对乡村教师的教育教学能力进行提升，还要提高乡村学生的学习兴趣和积极性。毕竟学生才是学习的主体，只有把教师和学生的水平都得到提高，才能真正提高乡村基础教育的教学，才能有利于中国教育的公平。

5. 树立为学生服务的思想

老师要树立为学生服务的思想，一定要从学生的实际出发，为不同档次的学生提供不同档次的服务标准，这样一个班集体才会充满活力，每个学生才会充满自信心。在理念与态度上，教师要接纳学生，相信学生是一个有价值的人；让学生相信自己是一个有价值的人；老师即使对他的某些行为和想法不认同，但他在老师的眼中仍然是一个有潜力和价值的人。

用积极的眼光看待学生的一切：关注学生的需求，发展学生的优势，挖掘学生的亮点，善于赞赏与激励：赞赏每一位学生的独特个性和专长；赞赏每一位学生取得的点滴成绩；赞赏每一位学生付出的努力和善意；赞赏每一位学生对学习的质疑和对教师的超越。

6. 家校合力

育人者当育己，心育者当自勉。老师应成为学生心理积极暗示的楷模。另外也要做到家校结合，形成合力。首先要尊重家长，这样有助于消除双方的对立。教师和家长要做到统一思想；教师与家长要保持联系，双方一起助学生成长。

针对乡村学生留守儿童较多的情况，可以在校内成立类似于心理导师工作室。对入校的学生在学业、家庭、交友以及就业甚至家庭等问题都及时地给予帮助，给学生一个完整的规划及合适的建议，同时对于极少数出现心理问题的学生进行疏导。

7. 依课题为依托

乡村教师的一个短板就是科研能力，很多人不会从事科研，认为教学和科研是"两张皮"，很少有人会积极主动去申请相关科研和教改课题。可以在管理层面对课题研究与学校教学工作进行合理有效的整合。如行政管理与课题管理整合，教研与科研整合，师资队伍整合，校本学习与课题培训整合等。

建议教育行政主管部门要向乡村教师倾斜，为他们提供课题研究的指导并给予课题立项，让他们也加入教育教学课题的研究行列中来。这样可以调动乡村教师进行科研的积极性。

针对贵州乡村教师能力素质提升，贵州省教育扶贫任务是非常重大的，建议贵州省的相关教育部门要对乡村教师能力素质提升工作成立领导小组，随时进行抽查，检查工作的落实情况，确保各项政策落到实处。

三、高校教育帮扶反思

乡村教师教育教学能力的提升是教育扶贫的一个难点，其存在的问题很多，如：很多乡村学校不重视，不能按照国家课程设置的规定课时安排课；教育行政部门没有对乡村教师单独进行考核的标准。我们在教育帮扶中，有时候也是举步维艰。具体存在的问题如下。

（一）准备工作量较大

对于乡村教师能力素质提升而言，教师队伍建设是非常重要的。经过学院近2年的帮扶，湄潭县复兴镇中学教师在一定程度上实现了教学理念的转变，全方位地提高了综合实践活动的指导能力、学科教学的专业技能；促进了教师的职业期待和研究激情；学会了同伴之间的合作与分享；教师在反思中，由经验型逐渐向研究型转变，形成了一支有活力的教师团队。

学院发挥高校优势，勇担社会责任，把教育的种子播散到乡村学校，让星星之火燎原，为贫困地区扶智力、扶志，为贵州打赢脱贫攻坚助力。高校参与乡村教师扶贫，因贴近乡村教师、内容新颖、有典型代表意义的培训材料和资源不容易寻找，所以要花费较多时间，收集与整理相关材料。针对这一问题，在日常的教学及生活中要做一个有心人，注意收集与乡村教师素质能力提升有关的材料和资源。

（二）对乡村教师能力提升有效过程指导不够

希望乡村教师创造在职学习的机会，行胜于言、反思、总结、继续结伴而行；乡村教师要树立以人为本、以学生为中心的教学理念，进行以提升教学质量为中心的教改举措，以教师为本的教学设计与管理，实现学校教学中心地位的回归与完善。学院教师往往刻板地依赖程序性的指导策略，对活动中生成的问题不能设计有效的指导方法，这是值得我们今后研究的重点。

（三）持续跟进

经过实地考察，对于乡村学校文化建设、校园安全、课堂教学、营养餐计划、教师工作量、学生各种能力培养、教师工作评价制度、学生思想教育情况等方面都有所收获，以上这些方面将引导我们做进一步的讨论和思考，是需要我们进一步探究的课题。为了持续跟进乡村教师能力素质提升的情况，编者所在学院教育帮扶团队还将在下一步工作中开展更深入的调研和研究，发现新的途径，明确项目主题，坚定不移地把乡村教师能力素质提升长期有效地坚持下去。

第五节　永远在路上

教育部明确提出要把本科教育放在人才培养的核心位置、教育教学的基础地位、新时代教育发展的前沿地位，这标志着高等教育进入全面提高人才培养能力的新阶段。坚持内涵发展，不再追求规模和盲目扩招，聚精会神抓教师发展，全心全意促进学生成长、成才；坚持多元发展，充分发掘本校教育教学优势资源，服务国家外语人才多元需求，服务地方社会经济发展，服务学生个性化发展多元需求。

目前，英语教学迎来了一个新的发展的黄金时代，需要所有教师鼓足干劲，撸起袖子干，要做到不断创新。大胆探索外语教学新理论、新观念，大胆探索人才培养新模式、新机制，大胆探索智能技术与外语教育深度融合，充分激活教师的教学积极性和创造力与全体学生的动力与潜力。

在英语课程中，把中国文化的相关元素融入课堂，增加学生文化自信，教学设计就显得尤为重要了。教学设计的目的在于帮助学生个体学习，虽然学生被编成不同班级，但是教学是发生在每个学生身上的，教学设计目的是应对满足每个学生的需要，适合每个学生的特点，虽然这是最理想的状态，但是教师无论如何应将其作为自己的目标追求。教师需要对学生个体差异有足够的认识，保证每个学生的潜能都能得到发展。

英语作为文科的组成部分，与理科研究特点是不一样的，理科研究可以团队作战，集体攻克难关，易出高显示度成果。文科研究容易碎片化研究，经常是孤军奋战，难出高显示度成果，所以教师共同体的建设就是非常有必要的。为完成"教育强国"的宏伟大业，需要学校、教师所在学院或部门、教师三方形成合力，为提升我国高校教师队伍的发展做出各自的贡献。

教师是学生行为的样板，教师是鲜活的教科书。在教学中，教师不仅是付出和奉献，同时也是在获取，获取自身的成长，获取成功的喜悦，获取生命的价值，获取人生的快乐。我们也曾有年轻气盛的躁动、有屡遭挫折的痛楚，也有不眠不休的焦虑。教育即成长，教师工作不仅是职业，也不仅是事业，更是生命的历程。

教师的专业发展是教师一生都要坚持不懈的方向，只有教师先成长，才能对学生进行更好的知识传授，教学管理者要转变思想，做到尊重教师的主体性，力求真正理解教师的所想所盼，鼓励教师通过教师共同体互相激励，成为教师专业发展的推动力。

教师要从自身实际出发，提高自己的主体意识，积极参与各种教改和科研的实践活动，在不断提升教师师德师风修养的同时，落实"立德树人"的教育目标，逐步成为新时代素质较高的高校英语教师。实际上，大凡优秀的老师都能从教育中品味到快乐、享受到幸福，能在日复一日看似平常、平淡、平凡的工作中不断发现新奇、新鲜、新意，能体会到自己的教育智慧在学生身上得以验证的满足感和成就感。

结　语

Education is what remains after one has forgotten everything he learned in school.

——Albert Einstein

"我们忘记学校所教的东西以后，最终剩下的就是教育。"这是爱因斯坦说过的一句名言，编者认为学生从高校毕业之后，最终剩下的东西应该是信仰、思维、价值取向、理想、人格模式和审美趣味等这些，实际上就是人文精神。

英语教育必须适应不同历史时期的发展特点和发展需求。"一带一路"倡议的实施、人类命运共同体的提出、中国文化走出去战略、国家形象的构建、中国国际话语的提升等都与外语教育有着密不可分的关系。从国家需求看，我们在联合国等国际组织的管理层人数比率远远低于我们的会费比率，这其实与我们的大国地位相差甚远，所以必须培养高层次的英语人才。新时代下，英语教育面临着诸多的机遇和挑战。

面对外部压力，英语教育与教学到了需要冷静思考、总结和反思的关键时刻。英语教师教学的初心究竟是什么？这是一个只有回归到教育的初心才能实事求是地回答的问题。新文科、大外语、"全人教育"理念背景下，迫使我们思考英语学科门类的划分和从人文学科本体出发，追溯和反思人文学科的历程，与时俱进考量英语课程发展路径，因为唯有面对现实、积极应对，才能使英语教学做到名正言顺。新时代对外语教学和外语教育提出了新的要求，赋予了新的使命，因此英语教育与教学也应及时调整教学方法和策略，以便更好促进英语的教育发展。

外语人既要有深厚的知识与爱国情操同时又要有教育的艺术和超前的意识，大的视野格局，有责任担当，求新求变，因为教学不再是仅仅局限于以知识传授和能力培养为主要任务的外语教学，需要改变固有的思维、惰性，还要培养学生道德情操的大格局，成为"大先生"。创设学习共同体，打破思维局限，深度挖掘课程内容，基于教学内容的思想性与实践性进行学生核心素养提升教育，在新的国际环境和教育环境下，思考中国文化融入英语教学的特色、路径和效果监测使常识在新时代迸发新的生机、活力。

英语作为一门语言，是文化、道德的桥梁。语言的工具性、思想性等决定了英语在教育体系中不可或缺的作用，大学英语教育与教学并不是像部分学者所说的那样可有可无，同时英语是提高学生核心素养的重要组成部分。当然新时代背景下，我们要顺应时代要求，主动更新教育观念，构建适合国情的教育体系，注重英语教育的工具性与人文性，在教学中把中国文化融入英语教学，提高学生的文化自信。同时提高学生核心素养对老师的自我修养和专业素质相应地也提出了更高要求，教师在教的过程中也是自身修养完善和素质提升的经历与过程。

不忘初心，与时俱进。知识需要投资，学识才会慢慢增多。教师认真备课、认真批改作业，这不仅是教，更是学。教师自身一点点的提高可能一年、两年甚至五年都看不出来，但是十年、二十年之后就是厚积薄发，这样的冰冻三尺，今非昔比。教师自己拥有渊博的知识才能真正得到学生的尊重，教师就是要用自己言行来诠释学科育人的内涵，追求进步，所以教师教学其实就是教师终身学习的过程，唯有如此，中国的英语教育才能适应时代，迎来新的大发展时期。高校英语教师虽然任重道远，但是只要方向对了，我们就不怕路途遥远。

中华民族5 000多年的历史传承到今天，从根本来说就是文化的力量，中国文化博大精深，是世界上任何一个国家和民族所无法比拟的。学习英语，也是为了更好地了解自己的语言，了解自己本族的文化。

在技术高速猛进地发展的时代，唯有激发教师内心需求，才能实现终身学习、自我完善，跟上时代步伐，勇于教学创新、助力学生成长，提升育人质量。智慧教学只有起点，没有终点。教师发展是解决教育领域一切问题的基础和关键；智能时代的高校教师专业发展应该是基于数据驱动和人机协同下的科学发展、自主发展、跨界发展和生态发展。教师不仅仅是讲课的老师，还要做课程的学习者和管理者，要建设学生网络学习社群、网络学习共同体。经过2020年新冠病毒疫情之后，高校教师进行大规模的网络在线教学尝试，使得教师之后的教学模式不可能和疫情暴发之前的教学模式一模一样，也不应该和之前的教学模式一模一样的了，今天在线网络教学一定会成为高校师生实体课堂的重要补充。

通过在大学英语课程中自然融入核心素养教育，使学生端正学习态度和科学观点，将学生热爱党、热爱社会主义刻入灵魂，为大学生的世界观、人生观、价值观三观塑造和发展夯实基础，能够体现立足中国大地办大学的新的课程观。

为了激发学生的学习兴趣，作为教师更应该从教学内容和教学方法上有所创新，增加和学生的互动方式，不拘泥于只是教师一个人填鸭式教学，可以让学生也参与其中，布置小组任务，让学生自己课下主动寻找素材去学习，教师让学生以作业、小组汇报、录制视频等多种方式参加到课程建设中来。

淘汰低阶课堂、灌输课堂、封闭课堂、重知轻行、重学轻思的"水课"，打造高阶课堂、对话课堂、开放课堂、知行合一、学思结合的"金课"。理念再先进，工具再强大，没有老师的参与和实践，一切都是空谈。

提升学生核心素养本身就是一个润物细无声的过程，作为授课教师，更重要的是在教学过程中以身为范，以爱为引。现代学生都见多识广，所以教师提高学生辨别是非的能力就显得特别重要，教师重在育人理念，重在细微处。作为一名教师，特别能理解一位诗人说过的话：如果你种下的是葵花，秋天收获的会是一片金黄；如果你种下的是甘蔗，秋天收获的定是甜蜜，那如果种下的是一颗心呢？……我想收获的定是颗颗真心。世界上有一种力量，看不见，听不着，却可以打动人心，感化世界，那就是爱，教育没有爱，就像池塘没有水一样，因为教育是人与人心灵上最微妙的相互接触。

信息化背景下，在线网络教学如何让学生能自觉主动地进行学习？在线网络教学如何与实体课堂进行有机融合？英语课程知识如何与中国文化做到有机融合？慕课课程与实体课堂所教授的课程两者既有统一性又具有独立性，如何做到两者的有机融合？充分发挥各自的作用？使两者都能充分发挥课程育人功能？如何提高学生学习的有效性？如何使学生不仅要在课堂中听懂、记住，还能结合社会和生活实际进行深度思考和应用？……太多太多的问题都是今天高校英语教师所需要面临的课题。

最后编者想说的是，站在新的历史方位上，在实现中华民族伟大复兴、构建人类命运共同体的伟大事业中，英语教育界同仁必须肩负时代使命，付出更为艰苦的努力。或许您也会有这样的经历，当您漫步在校园里，会有三三两两的大学生，走过您的面前，一抹淡淡的微笑，一个轻轻地招手，一声甜甜的

"老师好"都会让我们感到欣慰。每到教师节和重要节日,您的手机上总会有学生发来的祝福和感谢,有些我们真的都已经记不清他们是谁了。我想这就是我们作为普通教师生活中的小确幸吧。为了遇见更好的课堂和培养更优秀的学生,更新观念,自我发展,我们永远在路上!

参考文献

[1] BROOKS N. Teaching culture in the foreign language classroom [J]. Foreign Language Annals, 1968(1).

[2] BROWN H D. Teaching by principles[M]. New York: Regents Prentice Hall. 1994.

[3] BROWN H. Douglas. Teaching by principles: an interactive approach to language pedagogy. Prentice Hall Regents[M]. Beijing: Foreign Language Teaching and Research Press. 2001.

[4] HALL E T. The silent language.[M] New York: Double day & Co, 1959.

[5] KRAMSCH C. Language and culture[M]. Oxford: Oxford University Press, 1998.

[6] MORAN P R. Teaching culture: perspectives in practice[M]. Foreign Language and Research Press, 2009.7.

[7] SAMOVAAR L A, Porter, R. E & STEFANI, L. A. Communication between cultures[M]. Beijing: Foreign Language Teaching and Research Press, 2000: 123.

[8] STERN H.H. Fundamental concepts of language teaching[M].Oxford: Oxford University Press.

[9] SINGH H, REEDC. A WHITE PAPER. Achieving Success with Blended Learning[DB/OL]. http://www.centra.com/download/whitepapers/blendedlearning.pdf, 2001.

[10] The role of forms of family capital in children's engagement with primary school:

Implications for poverty alleviation through education in Tanzania [J]. International Journal of Educational Development, 2010, 6 (1).

[11] 教育部. 关于加快建设高水平本科教育, 全面提高人才培养能力的意见 [Z]. 教高〔2018〕2号, 2018–10–08.

[12] 教育部. 深化本科教育教学改革, 全面提高人才培养质量 [Z]. 教高〔2019〕6号, 2019–10–08.

[13] 教育部. 关于一流本科课程建设的实施意见 [Z]. 教高〔2019〕8号, 2019–10–30.

[14] 人民网. 习近平: 做党和人民满意的好老师——同北京师范大学师生代表座谈时的讲话 [EB/OL]. [2019–05–16].http://politics.people.com.cn/n/2014/0910/c70731–25629122.html.

[15] 人民网. 把立德树人作为高校思想政治理论课改革的中心环 [EB/OL].[2019–05–16].http://theory.people.com.cn/n1/2016/1223/c82288–28972384.html.

[16] 人民网. 习近平总书记在全国教育大会上的重要讲话引起热烈反响——全力推动新时代教育工作迈上新台阶 [EB/OL].http://edu.people.com.cn/nl/2018/0912/c1006–30287255.html, 2018–09–12.

[17] 习近平给"国培计划(二〇一四)"北师大贵州研修班参训教师回信 [N]. 人民日报, 2015–09–10 (001).

[18] 教育部. 教育扶贫全覆盖情况 [EB/OL]. 中华人民共和国教育部, 2015–10–15.

[19] 从丛. "中国文化失语": 我国外语教学的缺陷 [N]. 光明日报, 2000–10–19 (3).

[20] 张烁. 习近平在全国高校思想政治工作会议上强调: 把思想政治工作贯穿教育教学全过程 开创我国高等教育事业发展新局面 [N]. 人民日报, 2016–12–09.

[21] 汪瑞林, 杜约. 凝练学生发展核心素养 培养全面发展的人 [N]. 中国教育报, 2016–09–14.

[22] 翟亚军. 大学学科建设模式研究 [M]. 北京：科学出版社，2011.

[23] 柯蒂斯·邦克. 世界是开放的：网络技术如何变革教育 [M]. 焦建利等译. 上海：华东师范大学出版社，2011.

[24] 费孝通. 文化与文化自觉 [M]. 北京：群言出版社，2010.

[25] 李朝辉. 教学论 [M]. 北京：清华大学出版社，2010.

[26] 龚亚夫. 英语教学新论：多元目标英语课程 [M]. 北京：高等教育出版社，2016.

[27] 戴炜栋. 高校专业教育发展报告（1978-2008）[M]. 上海：上海外语教育出版社，2008.

[28] 钟启泉. 核心素养十讲 [M]. 福州：福建教育出版社，2018.

[29] 胡文仲. 跨文化交际学概论 [M]. 北京：外语教学出版社，1999.

[30] 周鑫宇. 中国故事怎么讲 [M]. 北京：五洲传播出版社，2017.

[31] 叶志明，吴博，傅建勤. 用好慕课，加快提升优质教学资源均衡化之思考与解决方案 [J]. 高等建筑教育，2020，29（1）：3-8.

[32] 文秋芳. 新中国外语教育70年：成就与挑战 [J]. 外语教学与研究，2019，51(05)：735-745+801.

[33] 仲伟合，王巍巍. 新时代背景下我国高校外语专业教育的改革与发展 [J]. 山东外语教学，2018，39（03）：42-48.

[34] 仲伟合. 传媒全球化视野下的中国形象：定位、传播与反馈 [J]. 外语研究，2015（2）：3-6.

[35] 廖华英，陈凤. 非英语专业学生中国文化英语表达能力研究 [J]. 东华理工大学学报（社会科版）[J].2011，30（01）：67-71.

[36] 王昀. 英语专业学生中国文化英语表达能力的调查研究 [J]. 北华航天工业学院学报，2007（6）：60-62.

[37] 李志义. 解析工程教育专业认证的成果导向理念 [J]. 中国高等教育，2014(17)：7-10.

[38] 林健. 工程教育认证与工程教育改革和发展[J]. 高等工程教育研究, 2015（02）: 10-19.

[39] 甘娜. CDIO 在工程实践教学改革中的应用[J]. 黑龙江科技信息, 2019（10）: 25.

[40] 向明友. 试论大学英语课程体系建设[J]. 中国外语, 2016（1）: 15.

[41] 魏丽娜, 傅守祥. 新时代文化自信引领与人类命运共同体构建[J]. 观察与思考, 2019（11）: 15.

[42] 戴炜栋. 我国外语专业教育的定位、布局与发展[J]. 当代外语研究, 2013（7）: 15.

[43] 蒋洪欣. 关于新时代外语教育的几点思考[J]. 外语教学, 2018（2）: 7.

[44] 胡英歌. 人文素养在大学英语教学中的缺失与重构：以文章《品尝者》为例[J]. 产业与科技论坛, 2015（10）: 19.

[45] 彭湃.《为高阶学习而评价：表现性评价及其在高等教育学习成果评估中的应用[J]. 高等教育研究, 2015, 36（11）: 55-65.

[46] 李志义. 对我国工程教育专业认证十年的回顾与反思之一：我们应该坚持和强化什么[J]. 中国大学教学, 2016（11）: 10-16.

[47] 董耐婷, 韩燕. 工程教育认证标准对大学外语教育的启示[J]. 外语界, 2015（04）: 58-65.

[48] 刘丽珍, 罗胜杰. 工程教育专业认证背景下大学英语选修课需求调查新论：以湖南工程学院为例[J]. 湖北函授大学学报, 201, 30（17）: 192-194.

[49] 王丽丽, 杨帆. "互联网+"时代背景下大学英语教学改革与发展研究[J]. 黑龙江高教研究, 2015（8）: 159-162.

[50] 顾佩华, 胡文龙, 林鹏, 等. 基于"学习产出"（OBE）的工程教育模式：汕头大学的实践与探索[J]. 高等工程教育研究, 2014（1）: 27-37.

[51] 程超, 刘诗琼, 刘红岐, 等. 基于 OBE 理念修订人才培养方案：以西南石油大学勘查技术与工程专业为例[J]. 中国地质教育, 2016（1）: 41-44.

[52] 韩锡斌，葛文双，周潜，等. MOOC平台与典型网络教学平台的比较研究[J]. 中国电化教育，2014（1）:61-68.

[53] 祝智庭，刘名卓. "后MOOC"时期的在线学习新样式[J]. 开放教育研究，2014（3）:36-43.

[54] 康叶钦. 在线教育的新时代——SPOC[J]. 清华大学教育研究，2014（1）: 85-93.

[55] 田富鹏，焦道利. 信息化环境下高校混合教学模式的实践探索[J]. 电化教育研究，2005（4）:63-65.

[56] 俞显，张文兰. 混合学习的研究现状和趋势分析[J]. 现代教育技术，2013（7）:14-18.

[57] 黄荣怀，马丁，郑兰琴，等. 基于混合式学习的课程设计理论[J]. 电化教育研究，2009（1）:9-14.

[58] 张伟，王海荣. MOOC课程学习体验及本土化启示[J]. 现代远距离教育，2014（4）:3-9.

[59] 韩锡斌，翟文峰，程建钢. cMOOC与xMOOC辩证分析及高等教育生态链的整合[J]. 现代远程教育研究，2013（6）:3-10.

[60] 柏晶，谢幼如，李伟，等. "互联网+"时代基于OBE理念的在线开放课程资源结构模型研究[J]. 中国电化教育，2017（1）:64-70.

[61] 凤权. OBE教育模式下应用型人才培养的研究[J]. 安徽工程大学学报，2016(6):81-95.

[62] 纪灵军，黄文祥. 基于成果导向的地方本科院校学情调查实证研究：以C学院为例[J]. 常熟理工学院学报（教育科学），2016（11）:48-53.

[63] 王文礼. MOOC的发展及其对高等教育的影响[J]. 江苏高教，2013（2）:53-57.

[64] 杨芳，张欢瑞，张文霞. 基于MOOC与雨课堂的混合式教学初探[J]. 现代教育技术，2017（5）:33-39.

[65] 胡杰辉. 外语翻转课堂促学效能差异的对比研究[J]. 外语界，2017:88-96.

[66] 郭姣. "慕课"给地方高校带来的机遇、挑战与应对策略[J]. 中国成人教育，2017（8）：91-93.

[67] 陈水斌，殷明. 成果导向教学（OBE）在高职课程的实践及效果的比较研究[J]. 广东水利电力职业技术学院学报，2016，14（02）：39-42.

[68] 王文礼. MOOC的发展及其对高等教育的影响[J]. 江苏高教，2013（2）:53-57.

[69] 陈坚林，贾振霞. 大数据时代的信息化外语学习方式探索研究[J]. 外语电化教学 2017（08）：3-16.

[70] 郭姣. "慕课"给地方高校带来的机遇、挑战与应对策略[J]. 中国成人教育，2017（08）：91-93.

[71] 蔡基刚. 高校外语教学理念的挑战与颠覆：以《大学英语教学指南》为例[J]. 外语教学，2017，38（01）：6-10.

[72] 何克抗. 从Blending Learning看教育技术理论的新发展（上，下）[J]. 电化教育研究，2004（3）（4）：1-6.

[73] 郭冠平，张小宁. 生态视域下的混合式学习模型构建[J]. 现代教育技术，2013（5）：42-46.

[74] 陈坚林. 大数据时代的慕课与外语教学研究：挑战与机遇[J]. 外语电化教学，2015（1）.

[75] 赵丽娟. 从大学英语教学透视Blended Learning[J]. 电化教育研究，2004（11）：47-51.

[76] 甘容辉，何高大. 大数据时代学习分析与外语教学研究展望[J]. 外语电化教学，2016（6）：40-45.

[77] 马志强，孔丽丽，曾宁. 国内外混合式学习研究热点及趋势分析[J]. 现代远程教育研究，2016（4）：49-57.

[78] 孙众，尤佳鑫，温雨熹，等. 混合学习的深化与创新：第八届混合学习国际会议暨教育技术国际研讨会综述[J]. 中国远程教育，2015（9）：8-9.

[79] 李成坚. 信息化背景下的外语金课建设[J]. 山东外语教学，2019（5）：60-68.

[80] 杨学梅，胥国红．社会文化理论在MOOCs中的应用[J]．大学英语，2015（9）：113-116．

[81] 房萍．大学英语教学融入中国文化的实践初探[J]．淮南职业技术学院学报，2019（5）：76-77．

[82] 张婧．大学英语教学中"中国文化失语"现象原因分析及应对措施[J]．长春师范大学学报，2018，37（12）：134—136．

[83] 冯建平．学时学分压缩背景下大学英语"翻转课堂"思考[J]．中国培训，2015（9）：1-2．

[84] 黄新炎，李维屏．文学研究与学术创新：李维屏教授访谈录[J]．浙江外国语学院学报，2018（12）：74-77．

[85] 彭龙．中国外语教育发展的重要趋势[J]．中国高等教育，2017（7）：16-19．

[86] 蒋洪新．关于新时代英语教育的几点思考[J]．外语教育，2018（2）：49-51．

[87] 陈建中，蔡恒．吴宓的"博雅之士"：清华外文系的教育范式[J]．社会科学战线，1997（1）：255-263．（原载《清华周刊·文学院外国语文系学程一览》，民国二十五年至二十六年度），第315页。）

[88] 邵丽君，孙秋月．中国文化课程融入英语专业教学的行动研究[J]．中国教育学刊，2015：346-348．

[89] 于海洪，王殿东．大数据时代地方师范院校培养乡村教师的供给侧改革[J]．大学教育科学，2017（2）：62-67．

[90] 赵应吉．新时代"讲好中国故事"背景下中国文化英语表达教学现状调查及启示[J]．重庆第二师范学院学报，2019（4）：106-110．

[91] 张点．推进英语环境下的大学生中华文化传承教育[J]．高教学刊，2018（22）：68-70．

[92] 曹桂花．文化软实力视域下传统文化融入大学英语教学的困境及对策[J]．湖北工程学院学报，2019，39（05）：65-69．

[93] 郭敏．中国文化融入大学英语教学的必要性及实现路径[J]．内蒙古师范大学

学报（教育科学版），2014，27（11）：135-137.

[94] 陈相云. 在大学英语教学中融入中国文化的探索与实践[J]. 黑龙江教育学院学报，2017，36（09）：125-127.

[95] 周红. 中国文化教学融入英语类课程体系研究[J]. 辽宁工业大学学报（社会科学版）：2015，17（03）：97-99.

[96] 刘芳. 英语专业课教学中渗透山西地方文化研究[J]. 长春工程学院学报（社会科学版，2019，20（3）：114-117.

[97] 罗婧. 英语专业教学中融入中国文化的探索：以《英语国家社会与文化入门》下册第八单元的授课为例[J]. 海外英语，2018（08）：85-86.

[98] 李辉. 以茶文化为例谈中国文化融入大学英语教学的应用研究[J]. 福建茶叶，2018（8）：180-181.

[99] 杨利英. 新时期中国文化"走出去"战略的意义[J]. 人民论坛，2014（23）：186-188.

[100] 曹芳，瞿珏超. 基于新课程标准下的英语教学中传授文化意识的探究[J]. 语文学刊（外语教育教学），2013（3）：170-171.

[101] 张芮宁，秦伟. 浅析高校英语专业学生本土文化自信缺失的表现与对策[J]. 新西部，2018（21）：55.

[102] 罗向阳，吴军政. 大学英语教学中融入中国传统文化的策略研究[J]. 开封教育学院学报，2016（2）：99-100.

[103] 吴耀熙. 高校英语教学中的母语文化缺失现状调查及应用策略[J]. 英语教师，2018（10）：139-145.

[104] 席蕊. "中国风"对英语学习和教学的立体式融入[J]. 内蒙古师范大学学报（教育科学版），2019（7）：111-117.

[105] 李虔. 大学英语教学中"中国文化失语"现象实证研究[J]. 教育现代化，2019，6（58）：255-257.

[106] 范瑶，毛军社，吴沙沙. 赣南客家民俗文化融入英语专业教学的探索[J]. 现

代交际:2019(4):16-17.

[107] 牛沈明.浅谈中华优秀传统文化在英语教学中的应用[J].山西广播电视大学学报,2019,24(02):20-24.

[108] 王德易.高校英语教育中的"中国文化失语"现状研究[J].黑龙江教育学院学报,2015(3):16-17.

[109] 司树杰,王文静,李兴洲.中国教育扶贫报告2016[R].北京:社会科学文献出版社,2016.

[110] 薛二勇,傅王倩.发展公平而有质量的教育:中国教育改革和发展的形势与政策分析[J].中国青年社会科学,2018,37(03):22-30.

[111] 梁文鑫."互联网+"时代系统视角下乡村教师精准扶智机制与路径研究[J].中国电化教育,2019(2):36-41.

[112] 马多秀.我国乡村教师队伍本土化培养及其实践路径[J].中国教育学刊2019(1):93-96.

[113] 刘超,张卉,钱晨阳.乡村教师培训策略探析:以"送教下乡"为例[J].兵团教育学院学报,2016(5):63-66.

[114] 孙兴华,马云鹏.乡村教师能力素质提升的检视与思考[J].教育研究,2015(5):105-112.

[115] 桂勇,冯帮,万梦莹.《乡村教师支持计划(2015—2020年)》政策认同度的调查与分析[J].教师教育论坛,2016,29(05):37-42.

[116] 范先佐.乡村教育发展的根本问题[J].华中师范大学学报(人文社会科学版),2015,54(5):146-154.

[117] 刘佳."乡村教师支持计划"实施方案研究——基于31个省(区、市)"乡村教师支持计划"实施办法的内容分析[J].教师教育研究,2017(5):100-107.

[118] 于海洪,王殿东.大数据时代地方师范院校培养乡村教师的供给侧改革[J].

大学教育科学，2017（2）：62-67.

[119] 张松祥. 本土化：我国乡村教师队伍培养的必由之路 [J]. 大学教育科学，2017（2）：62-65.

[120] 沈晓燕. 城镇化背景下乡村教师知识分子身份的式微与重构 [J]. 教育发展研究，2018（20）：34-41.

[121] 吴会会. 动态嵌套的"三流耦合"：《乡村教师支持计划（2015-2020年）》制定过程透视 [J]. 教师教育研究，2018（7）：24-29.

[122] 韦吉飞，刘达. 多元城镇化中新生代乡村教师"经济杠杆"激励效应研究 [J]. 教师教育研究，2018（11）：67-74.

[123] 陈慧君，朱荣辉. 自治共同体：促进乡村教师发展的创新平台：以江苏省盐城市大丰港实验学校和大丰区小海镇南团小学两所学校为例 [J]. 江苏教育，2018（12）：49-51.

[124] 赵洪礼，曲波. "互联网"时代梯次化"知行培训"提升乡村教师信息能力路径探索 [J]. 黑龙江教育学院学报，2017（10）：20-22.

[125] 杨玉. 以"文""化"人：理工院校中国文化英语教学实践探究 [J]. 黑龙江教育学院学报，2012，31（09）：152-154.

[126] 冯建平，程超. 充分发挥党总支政治功能 服务脱贫攻坚教育主战场：以帮扶湄潭县复兴中学为例 [J]. 贵州农机化，2019（4）：60-62.